回望教育　依然美好

刘忠武　著

成都时代出版社
CHENGDU TIMES PRESS

图书在版编目（CIP）数据

回望教育　依然美好 / 刘忠武著 . -- 成都 : 成都
时代出版社 , 2025.6

ISBN 978-7-5464-3234-2

Ⅰ . ①回… Ⅱ . ①刘… Ⅲ . ①教育－文集 Ⅳ .
① G4－53

中国国家版本馆 CIP 数据核字 (2023) 第 047707 号

回望教育　依然美好
HUIWANG JIAOYU　YIRAN MEIHAO

刘忠武 / 著

出 品 人　钟　江
责任编辑　樊思岐
责任校对　李　航
责任印制　江　黎　　陈淑雨
装帧设计　新梦渡

出版发行　成都时代出版社
电　　话　（028）86742352（编辑部）
　　　　　（028）86763285（图书发行）
印　　刷　武汉鑫佳捷印务有限公司
规　　格　170mm×240mm
印　　张　17
字　　数　280 千
版　　次　2025 年 6 月第 1 版
印　　次　2025 年 6 月第 1 次印刷
书　　号　ISBN 978-7-5464-3234-2
定　　价　98.00 元

　　二十一年北京市昌平区城关小学教师的经历，是我教育人生中的精华。在这里我从青涩走向成熟，从一名普通教师成长为校级干部。如今，进入教育生涯的最后阶段，回望自己走过的教育之路，城关小学时期的过往历历在目。尽管有过辛苦，有过焦虑，有过彷徨，有过遗憾，但留下最多的还是美好。

　　每每读起当年写过的文字，一幕幕场景仿佛就在眼前。我把这些文字编辑起来，只为留下那一段幸福的记忆。

　　回望教育，依然美好……

　　　　九一年底来到城关，二十年来弹指挥间；
　　　　教书议事不断成长，不惑之年感慨万千。
　　　　来到城关压力不小，两年以后小荷露角；
　　　　音美组内朝气蓬勃，组长历练不断提高。

　　　　九六年末让我难忘，入党一刻热泪盈眶；
　　　　政治生涯新的起点，成长路上充满希望。
　　　　九八那年正好三十，评完职称心里踏实；
　　　　九九冬日澳门回归，我们喜迁楼房新居。

　　　　两年以后工作转折，二楼办公慢慢磨合；
　　　　各项工作不断尝试，又苦又累都是所得。
　　　　〇二、〇三年教委工作，一段经历感觉不错；
　　　　了解教育认识学校，开阔视野大有收获。

　　　　〇四年重新回到城关，校长器重给予重担；

尝试学校各项工作，誓为母校争优创先。
中层校级多个岗位，能力水平不断登攀；
教委领导赏识器重，一二年中阔别家园。

胸怀治校远大目标，带着自信奔赴新校；
转眼之际三十余年，重要阶段就在城关。
回忆当年美好经历，片片记忆浮现眼前；
幸福人生一段往事，弥足珍贵情谊无眠。

以此为序

刘忠武

2022 年 3 月 30 日

　　说明："九一年"指"1991 年"；"〇二年"指"2002 年;""一二年"
指"2012 年"。其他类推。

目录

第一章 学习培训 聆听窗外声音

序言

每一次学习培训都是与专家学者的相逢。学习先进的教育理念，分享高超的教育智慧，感受热烈的教育情怀，激发自己永远向上的前进动力。

2008年7月至2009年12月，我有幸参加了北京市昌平区中小学第二期中青年后备干部培训班的学习，开始了我作为学校干部的第一次正规的培训。这次培训规格高、要求严、时间长。培训期间我坚持读书学习、撰写体会，并结合自己的工作实践不断学习教育理论，不断认识学校管理。

2008年7月19日

参加"昌平区中小学后备干部班开班典礼"有感

一、需要

参加"昌平区中小学后备干部培训班"是我主动申请的。说实话，参加这个班不是为了当官儿，真的想要学习和提高。因为，我已经走上干部岗位四年多，几年的工作实践让我感到知识的贫乏、能力的欠缺。尤其任职副校长以后，这种需要更加强烈。学校教育工作需要副校长出招儿，学校发展需要副校长提出合理化建议，学校诸多问题的解决需要副校长拿出意见……拿什么？说什么？建议什么？内心时时有空洞感。真的需要学习，需要培训，需要提高！

二、"革命"

签到后，领到了许多资料，找了座位坐下。看到参加培训的人很多，在我眼中他们都是精英。看到培训方案的细致严密、培训内容安排得具体详细，看到每人桌上的六本新书，听了干训部苏俊山校长的简单说明，我感到，这将是一场"革命"，是学习的"革命"。一年的培训，安排的内容很多：读书、学习、感悟、反思、日志、体会、挂职、论文……培训的内容追求实效，培训的管理严格，培训的方式灵活多样。一年的培训不会轻松，我要做好"革命"的准备。

三、责任

教委徐大生副主任的开班典礼讲话以及分班后的单独交流，让我感到了责任。这个班是教委领导经过学校推荐、教委考察、理论考试、面试考核后确定下来的。这个班寄托着领导的希望，承载着全区教育发展的重任。李永生主任的"国际视野、战略眼光、品格卓越、才干超群"十六字希望，让我感到既精神振奋又压力很大。

听了几位领导的发言，记下几句深受启发的话："培训就是福利""要有敢为人先的勇气""更好地学习是为了更好的服务""干部自身的发展要终身学习终身教育""随时找差距，随时进步"等。

四、严格

从苏俊山校长的会前组织，到《学员守则》的三项要求和十六点"必须"；从会场的庄严气氛，到各位领导的严肃认真的态度，我感到这个班的管理是严格的。严格意味着寄予厚望，严格意味着赋予重托。

五、精英

"自我介绍"环节让我认识了一些学友，他们精干的外表、简练的语言、儒雅的风度，让我觉得他们个个是精英。我在班里算年龄大的，在这个团队中，我产生了一点点自卑，感到很有压力。

六、荣誉

当苏校长宣布我作为培训班的班长时，我感到很紧张，很快"敢为人先"的念头出现了。这种紧张突然变成了一种荣誉、一种信任、一种动力，我的心很快踏实下来。

孔子说"三十而立，四十不惑"。不惑之年的我在工作中还时时有些迷惑。我想在这个集体中学习、提高、成长，让自己不再迷惑，这将是最大的收获。

2009 年 4 月 19 日

重庆·巴蜀学习之旅

四月的巴蜀大地早已呈现出春天的气息。枝繁叶茂的树木挺拔，五颜六色的鲜花盛开，淙淙的溪流缓缓流淌，温暖湿润的空气沁人心脾。与初春的北京比起来，这里已经呈现出春天的美丽。美丽的不只是风景，还有学校和巴蜀文化。

一、一所美丽的学校——重庆巴蜀小学

4 月 10 日，我们一行 20 人来到重庆巴蜀小学。我对这所学校的认识是：这是一所美丽的校园。我们是从北门进入的，一进来就被错落有致的、蜿蜒曲折的台阶吸引了。高低错落的石阶两侧种着绿色的树、美丽的花，天然的层次让人感觉优雅而美丽。大气壮观的教学楼，沿途设置的雕塑和喷泉，长在楼前、路侧的凤尾竹，点缀在阳台、露台的绿植和小花，让人感觉这里温馨美丽，就像是一座大花园。

巴蜀小学建校于 1933 年，叶圣陶曾是这里的国文教师。周勖成是第一任校长。建校之初学校就制定了《巴蜀宣言》，一代又一代巴蜀人遵循着"创造一个新的教学环境，实验一些新的小学教育"的办学使命。校史馆记录着

学校发展的历史。古老的照片记录着学校发展的历程；知名的校友见证着学校的育人成果；座座奖杯彰显着学校取得的辉煌。"校园寻宝""大门征集""学生榜样""门口对联""雕塑名言""校名藏头诗"等无不彰显着巴蜀小学是一所文化的圣地。

学校的办学理念是"与学生的脉搏一起跳动"。在这样一个办学理念的指导下，学校实行"律动教育"。律动课堂、参与式教学、开学节、丰收节、项目学习、核心素养落地、一字目标个性路径、众创课程，这些做法都是在学生培养的定位下采取的有效策略，在为培养具有"公正诚朴、科学头脑、身手劳工、国际视野"的现代公民打下坚实的基础。

巴蜀小学，叫我怎能不爱它！

我爱巴蜀小学，爱它悠久的历史底蕴。这里是叶圣陶老先生的执教之地。几代人不懈的努力，成就了今天巴蜀小学的辉煌；我爱这里的学生，一堂课、一个表演，尽管是管中窥豹，已经感受他们的灵动和可爱；我爱这里的老师，一个个素质强大，又是那么美丽大方；我爱这里的环境，绿植、鲜花，让我们置身于百花丛中，享受这里的静美；我爱这里的办学理念，"与学生的脉搏一起律动"。一个"动"字，让所有的生命鲜活起来，课堂鲜活起来，课程多样起来，环境鲜美起来。

记得 2017 年来巴蜀小学的时候，老师们正在进行"寻找核心素养落地的力量"的主题研讨。今天，他们以"教育是做的哲学"为导向，不断丰富办学理念，不断深化教育实践主题。

我想说，巴蜀小学不仅仅是与学生的脉搏一起律动，更是与时代教育的脉搏一起律动。希望巴蜀小学越办越好，希望巴蜀小学"做的哲学"越做越好！

二、一所崇尚家文化的学校——巴蜀中学

在巴蜀中学，我们聆听了学校副校长"以文化建设统领学校的发展"的交流发言，了解到巴蜀中学是一所以学校文化征服人心的大气的学校。这里有学校以人为本，校长以教师为本，教师以学生为本的"三本"办学理念；积极营造"五种文化"，即：家的文化、敢为人先的文化、追求卓越的文化、求真务实的文化以及居安思危的文化。

听了校长的介绍，看了学校校史馆，感受了校园文化，我觉得巴蜀中学

确实是一所全国有名的优质学校。这里体现着全方位的优质：管理的优质、课堂的优质、教师的优质、学生的优质、设备的优质。这一切让巴蜀中学成为当地乃至全国的一面旗帜。

三、一所家校协同共育的学校——莲光小学

在莲光小学，我们聆听了校长陈娟所作"同频共振 育德成人"的工作分享，让我们感同身受。"现在的学生越来越不好教了；家长越来越难沟通了；教师越来越难当。老师们迫切需要的不是先进的教学设备，而是家校社协同育人的统一。时代变了，人不同了，教育变了吗？"

家、校、社协同育人是时代之需？带着这样的追问，学校努力探索家校协同育人的工作模式。学校敢于打破围墙壁垒，主动与真实的生活链接；重构路径和关键环节——价值协同、行动协同、评价协同。成立家社校同盟会，制定行动宣言；通过给家长赋能，给学生赋能，给教师赋能，鼓励教师基于学生的真实问题，创新解决方案；通过卓越教师修炼课程、现代小君子修炼课程、卓越家长修炼课程，实现学校、教师、家庭的全面发展和进步。

四、一点感受

走进巴蜀之地，看到了全国著名的巴蜀小学、巴蜀中学，感受了美丽优雅的校园文化，看到了这里干部、教师的工作自觉，看到了这里学生展现出的精神状态，与会者都为这样的学校发出赞叹。这样的学校才是真正的好学校！

只有出去了才知道外面的世界有多大，只有看到了优秀才知道自己有多大差距。学习交流再次让我对自己和我们的学校有了清醒的认识，不要停留在有一点点成绩就沾沾自喜上，不要鼠目寸光只环顾周边就觉得可以懈怠。"没有完美的教育""教育永远是不完美的"，在教育的路上我们需要不断学习、不断审视、不断改进、不断前行。

2013 年 7 月

学习培训 且思且行
——北京市中小学"十二五"书记研修班总结

2012 年 3 月至 6 月，我参加了北京市"十二五"第二期中小学书记高级研修班的学习，经过一段时间的学习培训，收获很大。

一、带着期许而来

每一次参加培训，我们都带着许多期待。期待着见到各位学友，期待着见到班主任老师，期待着领略各位专家的风采，期待着聆听窗外的声音，期待着获得前沿的时代信息……

也许我们在学校忙于各种事物，更多的时间用于计划、总结，忽略了知识的更新，淡化了理论的学习。我们的头脑中总是被填充得满满的，常常觉得工作中没有突破。头脑里总是那些老套路，缺乏创意和新的方法，遇到问题缺乏有效的解决办法。

也许我们常年从事烦琐的教育教学工作，不免产生一些职业的倦怠和消极的情绪。我们真的需要时间进行调整，需要有人进行开导，需要找到知音加以倾诉，需要进行学习得以升华。

也许我们都已经落后于时代，除了谈及学校的工作我们似乎都成了"傻子"。我们渐渐与时代有了差距；我们渐渐离社会的要求越来越远。我们真的需要增添新的知识，真的需要专家的理念引领，更需要精神上的激励鼓舞，让我们重新启迪智慧，重新获得办法，重新寻找自信，重新赢得希望。

二、带着收获而来

参加书记班的培训真的让我受益匪浅。在这个集体中我认识了许多教育同行，结识了很多教育专家，品味了大师的风采，增长了专业底气。每一次讲座都让我豁然开朗，每一次班会都让我收获无限。

张平教授主讲的"心理健康维护与情绪管理"让我懂得"教师是高压力人群，必须敞开心扉，交代自己"。在人际沟通分析当中，我明白了人的三种自我状态，即"父母型自我状态、儿童型自我状态、成人型自我状态"。我们每个人都是在这三种状态中不断地调整。教育工作者，在了解人的心理状态、心理情绪后，才能在工作中很好地让受教育者不再成为"受害者"，而教育工作者更不应该成为"迫害者"。

孙奎真教授主讲的"领导干部的创新思维"使我进一步懂得领导的职能是"决策、执行、检查"。决策中的四种思维分别是：惯性思维、理性思维、有限思维、创新思维。我懂得了学校领导者的决策能力与创新思维在工作中的重要性。

给我印象最深的是教育学院的杨雪梅教授。她温文尔雅娓娓道来的"学校文化建设的思考"撞击着我的思想，引发我深深的共鸣。她为我们梳理了学校文化的概念，列举了学校文化建设的载体。她告诉我们要改变已有的知识结构，从多角度思考和建设学校文化，并通过大量的案例让我们厘清了学校文化是什么，对我们今后建设学校文化起到了指导意义。她还提出我们要做一个文化建设的学习者、思考者、引领者。

三、带着思考而来

受杨教授的启发，我对学校文化建设有了一些思考。

1. 学校文化应该是全校师生的共同价值追求，是学校办学的最高境界，是每一所学校前进的目标。

2. 学校文化是一种"气场"，润物无声，沁人心脾。它可以感受到，不一定能摸到，是一种内涵外显于行的精神。

3. 学校文化是人的自觉行为、自我教育、自主成长。

4. 学校的文化价值在于它是社会整体文化的一部分，以学生为主体，以课外文化活动为主要内容，涵盖院校领导、教职工在内，以校园精神为主要特征的一种群体文化。学校文化的载体是环境、活动、课程、制度等，当这些实实在在的文化载体都建设好了，学校的文化自然就会显现。

5. 当我们感觉到教师变了、学生变了、学校变了，可又说不清到底是怎么变的，这时我们就可以说是文化浸染，是学校文化让学校变了。

其实，学校文化建设的过程就是建设学校、发展学校、提升学校的过程。每天改变一点点，我们就会一点点地改变，让我们共同努力，为学校的文化建设做出努力。

四、带着使命而来

短短几个月的培训学习，为我带来了全景的感悟、深入的思考、鲜明的观点，独特的见解。我的体会是：学习的任务是紧张的，拓展的体会是深刻的，研讨的氛围是浓郁的，参观学校的收获是巨大的。专家、老师严谨的态度，朴实的文风，睿智的思考，深厚的功底让我折服，他们的知识、经验、见识、品质让我敬佩。

学习培训是短暂的，我要把收获和体会变成积极的行动，在学校党建工作中发挥重要作用。在新的历史使命时期我要为"锻造党建力量，塑造党建文化，打造党建品牌，再造党建生命"做出自己的贡献。

2015 年 6 月 16 日

学习经典 感受文化

作为昌平区骨干教师，按照教委的要求参与了中国传统文化的网络学习。近一个月的学习使我受益匪浅，也使我深深地爱上了祖国的传统文化。在整个学习过程中，我的内心经历了无奈、喜欢、赞叹、遗憾的心理跳跃。

一、无奈—喜欢

人到中年渐渐失去了主动学习的热情，带着"骨干"的称号，无奈地带着一种被动的心理打开了"中国传统文化专题培训"的学习网页。听了叶嘉莹先生的《中华诗词之特美》第一讲，就让我一下子喜欢上了这次学习。叶先生生动的分析、激情的投入以及幽雅的吟诵，让一首首古老的中华诗词重新焕发青春的气息。我仿佛跟着先生走近了一位位远古的诗人，从他们的诗句中看到了当时社会的形态，体验到了他们当时的生活背景，更加理解了"词亦我心"。

一口气看完所有叶先生的讲座，越来越喜欢，越来越懂得其中的意境、语言的魅力、文字的力量。我发出了这样的感叹：中华诗词之特美，美在文字的简练，美在文字的意境，美在文字的深邃，美在文字的赋比。

为此，我还购买了叶嘉莹先生撰写的《人间词话》，这本书使我更加深入地理解了更多的中华诗词文化。

二、赞叹—遗憾

在"国学与修养"课的学习中，周毅教授的讲解让我赞叹。虽然没有亲临现场但仿佛就在现场，我能够听到现场的笑声，体验到现场的温度，感受到现场的气氛。教授幽默的语言风格、深刻精湛的学识，其与时代的融会贯通让我不忍停歇，一连看完所有的章节还觉得并不过瘾。可惜，内容有点少，感到很遗憾。

同样，"宋词经典""茶之路"等章节的学习依然充满着感叹和遗憾。感叹我们祖国的文化历史之悠长，感叹我们的传统文化内容之广泛，感叹我们祖国文化精神之博大。

我喜欢这次学习，喜欢授课的老师，更喜欢中国的传统文化。

2018—2021年"创新昌平·卓越校长"领导力诊断与提升项目

2018年11月17日

更新思维 重新上路

一、开班第一天

今天上午，"创新昌平——名校长领导力诊断与提升项目"开班了。说句心里话，我还真的想参加这次培训。距离上一次2015年参加的教育学院举办的校长培训已经三年时间了，之后没有参加过任何培训。这三年可以说是我比较轻松的时刻，也是学校按部就班、顺利发展的阶段。

学校的一切工作似乎都很顺利，就是偶尔觉得内心有点空虚，一种想参加培训班充实自己的念头时而显现。正巧，今年9月接到了教委政工科下发的关于举办"'创新昌平·卓越校长'领导力诊断与提升项目"培训班的通知。我没有犹豫，按要求报了名，想借此充实一下自己。

没过几天，政工科又发来了通知，要求50岁以下的校长都要报名，并采取笔试、面试、问卷调查等方式测评，然后根据综合成绩挑选前20名入选培训班。

笔试和面试的时候，我非常放松，没有做任何思想和行动上的准备。笔试和面试自己觉得都还可以，是自己真实的水平体现，没有丝毫的紧张和兴奋，没有丝毫的盼望和期待。

11月14日下午，突然手机微信里收到了"昌平名校长领导力提升群"发来的消息"各位校长好，祝贺大家入选创'新昌平·卓越校长'领导力诊断与提升项目。项目于 11 月 17 日上午在教师进修学校启动……"，忽然心里有一点点的兴奋。

11 月 17 日上午，培训班在教委 12 楼会议室启动了。赵德成教授和他的团队、教委李主任、韩书记、刘江宇科长以及入选的 20 位校长参加了简短的启动仪式。王涵校长代表学员发言，李成旺主任发表了讲话，赵德成教授解读了培训实施方案，然后第一次培训就开始了。

第一讲的主讲人是北师大教授张东娇，题目是《学校文化驱动模型与学校文化管理策略》。这一讲的内容是关于学校文化顶层设计的，重点讲学校文化的理念体系。之前听过张教授的课，也是同样的主题，本人还看过张教授的著作，因此听起来很熟悉。

最后，宋洪鹏博士宣讲了第一年的培训计划，主要以读书、通识培训为主，每两周集中一次，每次都要进行读书交流。本学期的活动都安排在休息日。

二、我的感悟

1. 打开赵德成教授发给我的调查反馈意见，感觉很是失望。我校的教师问卷调查结果每项都低于平均分值，这是我没想到的。原本觉得自己学校的老师对于学校的管理应比较认同，没想到其实不是这样的。教师是学校的第一资源，激励教师是学校工作的重要内容。教师的满意度是学校教师队伍建设的重要指标，它很大程度上反映了教师工作的积极性。

2. 在校长领导力测评中，"沟通协调""作风民主"方面的分数最低。这确实是我的最大问题，老师们的评价是客观的、真实的。

三、我的思考

1. 面对三年的时间，我将怎样度过其间的学习生活？"开放、读书、思考"是赵德成教授给我们学员提出的希望。我还要加一点——改变。

2. 通过学习改变自己，成为真正具有优秀领导力的校长。道理都明白，但要真正做到改变自我谈何容易？这其实是我自己的人格缺陷！

2018 年 12 月 1 日

特色，让学校更有魅力

一、上午讲座

主讲人：北京教育学院的陈丽；主题：特色，让学校更有魅力。

2018 年 12 月 1 日，"创新昌平·卓越校长"项目中的第一次校长领导力提升活动在昌平教师进修学校举行，来自昌平名校长班、青年干部班、青年人才班共三个班的学员共同聆听了陈教授的讲课。

陈丽教授做了题为"学校特色建设与教师专业发展"的讲座。陈教授指出，学校发展一般要经历三个层次，或者说三个阶段，分别是规范化阶段（求生存）、特色化阶段（求发展）和品牌化（出精品）阶段。现在多数学校已经走过规范化阶段，进入特色化阶段，或者在特色化与品牌化的中间阶段。

特色建设是校长面临的一项重要任务。通过提问，陈教授在初步了解在座校长对特色建设的思考之后指出，学校办学特色与学校特色项目不同。校长在创建学校特色时可以由特色项目延展成学校整体特色，也可以另起炉灶，基于学校的顶层设计而重新打造办学特色。当下，校长们可以结合学校文化建设，明晰学校的办学愿景与理念，特别是明确学校培养目标，然后在此基础上谋划学校课程和各方面工作，从而形成办学特色。

二、我的体会

1. 学校特色内涵包括：办学模式特色、点上项目特色、面上项目特色、整体特色。

2. 学校特色的建设路径：大处着眼，小处着手，从点入手，进入面，再进入整体。

3. 学校特色的构建决定因素是自我构建、自我塑造，"靠亲戚过不长好日子"。

4．行动决定因素。"知道自己前进的方向是一回事，知道怎样达到目的则是另外一回事！"如果执行力缺失，再完美的策略也只是空中楼阁。

三、给我印象最深的一句话

"给我一片天空，还世界一个精彩！"——尊重教育的宣传语。

四、读书分享

下午的活动有两个内容：一是读书分享活动，二是学员点评。本次阅读的图书是《让天赋自由》，作者是肯·罗宾逊。他赞美了人类天赋，希望每个人都人尽其才。更重要的是，他告诉教育者什么限制会使人类的潜能消退，以及怎样利用现有的时光挖掘自己的潜能。北京师范大学张蓝文同学结合自己在香港交换学习的所见所闻，对学校改进提出了一些建议。李岩、王洪燕和李春林三位校长进行了评议和拓展分享。李岩校长指出，作为教育工作者，可以从书中找到很多新理念、新观点、新思路和新办法，找到适合学生天赋发展的教育，找到点燃热情的自我。从评议可以看出，几位校长在活动前认真阅读了推荐图书，思考和评论相当深入。

2018 年 12 月 15 日

培养全面发展的人

一、教育改革的目的是什么？

2018 年 12 月 15 日，"创新昌平·卓越校长"项目在昌盛园小学举行了"核心素养背景下的学校整体改革"的讲座，主讲人是赵德成教授。

教育改革始终是个热门话题。为什么教育要改革？我想，由于世界发展得太快，教育要培养适应时代的人才。因为时代的快速变化，教育改革必须跟上！

2016 年开始，我国提出"学生核心素养"的概念。这一概念的提出为学校教育指出了人才培养的方向。尽管叫核心素养，但是"三个领域、六大方面、十八个要点"的内容还是显得很多。看来，还是用"全面发展的人"更为准确。

二、世界各国关于人才素养的认识

人们对于人才的理解各不相同，但又有很多的相同。因为我们所处的环境不同，人们对于世界认识不同。中国学生核心素养强调"人文底蕴、健康生活、责任担当"，充分体现出我们中国传统文化的特点和中华民族美德的特点。

三、学科素养是落实核心素养的重要途径

"饭要一口一口地吃，人要一天天地长，课要一节一节地上"。落实核心素养的关键还是在课堂。学校教育需要统筹安排和考虑，从课程到课堂，从过程到评价，让核心素养真正落地，让学生成为未来时代的建设者。

第二章　外出考察　开阔教育视野

　　读万卷书，行万里路。外出学习考察，目睹优质学校的校容校貌，近距离感受知名学校的育人文化，从中受到启发得到感悟。眼界决定视野，视野决定思路，思路决定行动，行动决定效果。

基于远郊区需求的"培学研做"一体化国际培训教育考察日志 2014年11月30日—12月20日

刘忠武

第一天（2014年11月30日）晴

出发：

　　早上8时30分，我收拾好行李，坐上出租车，按照组委会要求准时来到广电中心东门。同伴们很准时，都已到齐。9时，大巴车准时出发，直奔机场T3航站楼。

　　可能是因为第一次去美国，心里不太平静，一连几天都没有休息好，鼻子里直冒火，担心自己会不适应。

带酒：

　　出发前自己还真想带上点酒，想象着在大洋彼岸能喝上自家的白酒一定会是一种别样的滋味。妻子的劝阻让我放弃，没想到有这种想法的人还真不少。姚巍已经给大家准备好了！他还真有办法，把白酒装入旅行杯中，每瓶足足有一斤多，一共 6 瓶。一打听，很多人都带了白酒。这些人真行！看来酒的确是一种好东西，要是没有托运的限制，恐怕每人都会拎上几瓶。

登机：

登机前，我在附近的餐厅吃了一碗什锦鸡蛋面，每碗 38 元，总量和一碗方便面差不多。12 时 50 分我们开始登机，又进行了一次安检。这在国内航班是没有的。我在候机时接上的一杯热水也被禁止带上飞机。

进入机舱，原以为美国人制造的飞机一定很宽敞、很豪华，可现实却并非如此。座位比我们国内的航班还略显小一些，室内装饰也特别普通。机上乘务员有男有女有老有少，有中国人也有老外。不管是谁都非常有礼貌有精神，总是面带微笑，做起事来干净利落。

邻座：

我的座位是 35B，两边的邻座都是英语的高手。左边是一位中年女士，好像是香港人；右边的男士 30 多岁，好像是一位学者。他们熟练地玩着英文版的手机，并随时为我翻译广播里传来的声音。正是因为邻座的翻译，我知道广播里说了"机器出了一点小故障，飞机要推迟起飞"的消息。我的心惊了一下："这么长的飞行距离，可千万别出问题！"

一会又传了机长的声音："目前还是没有找到原因，但我们认为不影响正常飞行，经请示决定起飞。"我的心更惊了！想到"马航"事件，真有些担心。

起飞：

经过一个小时的推迟，2 时 45 分飞机终于起飞。起飞后的一段时间，飞机上鸦雀无声。或许是大家都累了，或许是都有些紧张害怕，或二者兼而有之。

第一次用餐开始了，这才打破了飞机上安静紧张的气氛。天色渐渐暗了，有的人看书，有的人看碟，有的人窃窃私语，有的人闭目养神。我开始拿起笔，记录前面发生的一切。

随手翻开窦桂梅的《我的教育视界》，再次把"美国教育随笔"部分读了一遍。就是想更进一步了解美国、了解美国的教育。看完这部分内容，时间已是晚上 7 时 40 分，飞机已经飞行了五个小时。

机上：

飞机整整飞行了 12 小时到达美国旧金山国际机场。飞机上的 12 小时尽管漫长，但我从身边两位邻座那里收获了很多。从美国的大学就业紧张到欧洲人的舒适生活，他们都很了解。虽然不是教育工作者，但他们对教育的了解不比我们教育人少。

右边的男士在讲到我国基础教育时，他的观点对我触动很大。他说："我们中国教师只注重考试结果。其实，老师只要再多问一问，老师考这道题的意义在哪里，要让学生知道结果从哪里来，这样的效果就会大不一样。"

他讲了自己教育孩子的两个小例子。

（1）走迷宫。他的孩子从小就对这样的题做得又对又快。一般的孩子都是从开始一点一点试着找，而他这样教孩子："这样的问题一定要知道出口在哪里，你从出口往回走一定是正确的。"说心里话，我自己对这样的题目毫无办法，知道一点点试着来是不科学的，但从来就不知道怎么办。今天我也明白了，做事情也是一样，我们一定要知道我们要到哪里去，然后知道我们从哪里来！其实，这不就是人做所有事情的哲学思维和根本目的吗？

（2）孙子兵法。他说自己经常给孩子讲《孙子兵法》里面的故事。他每次讲完一个故事总要让自己的孩子运用所讲的招数：设计一个在生活中如何运用该技法的例子。这是多么有水平的家长啊！我佩服他对于我国教育弊端的清醒认识。

左边的女士也非常有阅历，我时不时也加入她们的交谈中。她们的交谈让我受益匪浅。我觉得美国之行的第一项收获就是聆听她们的声音。

转机：

我们在旧金山机场转机。在前往洛杉矶的美国航班上，静观云海，像棉花团团，像雪堆漫漫，那样洁白、那样浓厚。

座位也比之前的飞机宽大了许多。难怪邻座说："老美国内的航班座位不是这样。"他们觉得亚洲人身体瘦小，所以座位设计得就小一些。

洛杉矶：

洛杉矶处在美国西南部，紧邻太平洋。尽管已经 12 月，每天气温 12—18

度，穿一件衬衫加一件外衣正好，经常看到穿短衣短裤的美国人。

据说美国每个家庭有3—5部车，平均每人就有一辆汽车。所以马路上几乎见不到行人，也很少见到公共汽车。偶尔见到的是跑步或走路的健身者。马路上车水马龙，速度很快，但却非常守规则。一旦遇到路口或人行横道，司机一定会停下来。即使没有行人通过，汽车也会慢下来，确保无任何危险时再通过。在每个路口的地面上都有 stop 的标识，大家都按规定操作。我们没有见到任何路口有摄像头或警察，但司机师傅们都特别自觉。我们的大巴一直在最内侧行驶，很少有其他车辆驶入。我们好奇这是为什么？原来，美国交通法规定，只有载人两名以上的车辆才能够走快行线，否则违法。

美国境内最多的是日系车，在国内见到过的丰田、本田、尼桑等系列各种车型随处可见。其次是美系车和韩系车，还有我未曾见过的车型。美国的车辆也是靠右行驶的，与国内相同。由于路面很宽，尽管车子多但并不拥挤，也没有喇叭声。马路大都是双向六车道、八车道、十车道。导游说"这些公路都是在二十世纪四五十年代修建的"。

我们住在郊区的宾馆里，宽敞舒适，条件很好。室内装饰简约大气，细致干净；室外设计古朴典雅，庄重沉稳。

第二天（12月1日）阴天

从早晨起来一直很迷惑，本来睡眠就不好的我再加上时差的原因，休息不好是意料之中。天气的阴沉更让人容易迷糊。

美国加州长滩分校非常漂亮。热带地区的树种，鲜花绿地；大气庄重的教学楼，宁静干净。

今日全天的课程是《美国教育》，主讲人是中国人吴仲和博士。今天的培训给我这样的感受。

1. 仪式简单

没有隆重的欢迎仪式，没有嘉宾领导的出席，更没有鲜花、横幅。长滩学校培训部的主任致简短的欢迎词，互赠小礼物，讲课就开始了。

2. 教授上课的风格

吴教授是一个很有亲和力的老师，来美国二十多年了，全家都在美国。

上课了，他首先向我们提问："关于美国教育你们最想知道什么？"大家纷纷提出问题，有教学改革方面的、有管理方面的、有教师培训方面的，也有教师待遇方面的。我也向教授提出想了解美国学校课程设置方面的问题。吴教授认真地记录着每个人的问题。

吴教授以探讨、交流、互动的形式向我们介绍了美国从基础教育到高中再到大学教育的基本情况。我们这些校长也毫不客气，提问、反问、互动、争论，非常活跃，这是在国内培训中少有的场面。吴教授态度认真，有求必答。一整天的课，吴教授始终充满激情。我们清晰地看到他额头的汗珠，的确是一位非常敬业的教授！

3. 讲义的不同

在吴教授给我们印发的讲义上，不仅有主要内容，还有学习者记录的地方，非常方便我们对照学习内容记录下自己的收获和感悟。其中一个小小的细节让我印象很深：讲义上写着"今天的讨论内容"。"讨论"二字让我们在课堂上真正体会到了教授上课方式的不同。

对于吴教授关于美国教育的介绍没有太多的感触。他所传递的信息，我基本不陌生，没有什么新鲜感，只是把在国内对于美国教育的一些了解通过吴教授加以印证而已。

第三天（12月2日）中雨

参观学校

早晨醒来轻松了许多，推开窗帘，下雨了。洛杉矶在美国西部，紧邻太平洋，这里属于地中海气候。夏天高温干旱，冬季温暖湿润，现在正是冬季时节，下雨是经常的事。

雨下了一天，不大也不小。上午参观了一所小学，由于导游的不敬业，我们连参观学校的名字都不知道。学校没有围墙，没有高楼，更没有宽敞的大门。不知不觉我们就进入了校区。

教室里学生正在上课，我们参观的是五年级。学生五人一组对坐着正在上数学课。学生显得很乖。走马观花地逛了一圈，没有细致了解就匆匆离开，没有太多的感悟。他们似乎特别不欢迎客人来访，没有我们中国人的热情好客。

　　这里的领队特别强调不要给学生照相，校长也一再叮嘱。他们对于学生肖像权的保护是特别在意的。其实，从孩子们的表情和主动和我们打招呼的样子来看，他们还是很愿意和我们交流的，毕竟是孩子嘛。其实，孩子都有童心。童心是美好的！

　　同样没有迎宾活动，更没有隆重的仪式之类的活动，冒雨在学校门口接受礼物，合影留念，匆匆上车。

继续培训

　　下午依然是吴教授的讲座。他以一个游戏开场，把大家的情绪很快调动起来。我主动上阵，其他校长也兴奋起来。一下子，大家都精神起来了。他说："美国好老师的第一个标准就是让学生上课有兴趣。"他正是用这种方式努力做一名好老师，尽管培训的是我们这样一群校长。我想他传递的正是一种理念。

　　下午的课程同样以提问为主。大家结合上午参观学校后的一些感受和体会又向老师发起了"围攻"，让我们对美国中小学教育有了更深一步的了解。

　　我记住了以下几点：

　　1. 美国人才的培养模式是：知识、技能、态度和智慧。在这几个方面中，他们把"态度"看作是最重要的，认为态度决定一切。

　　2. 美国教育的根本任务是：培养合格公民。吴教授给我们讲了这样一个例子来体现美国教育的育人观："一次期末考试，有三个中学生由于学习成绩较差不想参加考试，三个人就编了一个谎话说在去上学考试的途中汽车轮胎坏了，所以不能参加考试了。老师高兴地说，三天以后准备补考吧。结果三天以后，三个学生找到老师补考。老师让他们一人一个房间，老师出的题目是：考试那天，你们乘坐的汽车是那个轮胎坏了？"

　　3. 美国没有德育教育的说法，美国人认为所谓的"德育教育"其实就是一些礼貌问题和习惯问题。他们以"不影响别人为根本"。

　　4. "没有哪个人比我们大家更聪明"，这句话是美国领导者做事的原则。他们做事会充分尊重别人的意见和建议，保证各方利益的最大化。在我们日常的管理工作中，尽管也在遵循着这样的处事原则，但时常也会忽略意见和建议，容易造成独断、孤行。

第四天（12月3日）小雨

我们提前15分钟来到教室，准备聆听安东尼娅教授讲课，内容同样是《美国教育》。我们在教室里安静地等待。

忽然，一阵爽朗的招呼声从门口传来。真是"未见其人先闻其声"，一下子打破了教室的宁静，所有的人都向门口望去。她高高的个子，苗条的身材，金色的头发，连衣衫外加一件米色的外套。一个精神矍铄的老太太，非常有激情。

从安东尼娅教授的身上我感受到以下几点：

1. 热情的开场白让气氛很快活跃

她首先让我们全体起立随她一起跳一段热身舞。我们一点也不腼腆随着音乐连续跳了两遍，并得到了教授的表扬。大家的情绪一下子被调动起来，和老师的距离也一下子拉近了，没有一点陌生的感觉。在愉快的氛围中开始了今天的学习。她说："每天要以愉快的心情开始！"

2. 写出你的需求

开始，老师让我们写出关于美国教育想要了解哪些，把需求写在一张卡片上，之后张贴在前面。翻译读着大家的内容，安东尼娅教授迅速地记录。她与昨天授课的吴教授授课有着相同的环节——先征求学生意见，了解学生想法。

3. 授课形式多样

对于一天的授课，安东尼娅教授在上、下午各安排了两次活动和两次休息。其间，有小组交流想法，有分组互动上台表演，有全体起立游戏，有合作完成任务。频繁的互动和形式的多样把所有人的积极性都调动起来，课堂始终充满愉快而热烈的氛围。

授课结尾处，教授又以书写主要内容、总结重点收获等多种学习反馈的形式让我们记住今天所学知识的要点，既有趣又有意义，让我们记忆深刻。

今天的授课给我这样几点启示：

1. 转变方式，让学生对课堂有兴趣

我们的教育对象是学生，是6-12岁的孩子，让学生对课堂有兴趣是老师的最大成功。教师在设计教学环节时适当安排一些学生喜欢的活动，如唱唱歌、跳跳舞、做个小游戏、看一段小视频，都会激发学生的兴趣，提高学生的有效注意，进而提高教学质量。

2. 转变思维，符合学生心智特点

小学生一节课的有效注意时间为 8 至 10 分钟。这就要求老师们把 40 分钟的课堂分成三四个板块，必须在 10 分钟内帮助学生巩固学习相关的内容。做学校的管理者，需要制订具体的教学要求，要求老师们做好环节设计和具体的内容安排，再逐渐过渡，成为教师的自觉行为。当老师们见到教学成效时，一定会自觉地改变。

3. 转变课堂，让学生全身心参与

课堂上的教学设计应当体现积极参与的原则，有思维上的参与、行动上的参与，让学生以多种感官参与课堂活动。让学生真正成为学习的主体，真正在课堂上获得成长。

回顾几天来的培训课程，都是参与式、互动式的课堂，我们逐渐习惯和适应。我们都感觉效果很好，尤其是下午的课程，避免了瞌睡和疲倦。同理可知，我们的教师培训、学生课堂何尝不可以这样呢？其实，对照互动、参与、探讨——我们国内的英语课基本就是这样的模式，好好地向英语教师的课堂学习，也许会有满意的结果。

第五天（12月4日）晴

连续下了两天的雨，今天终于晴了。阳光下的加州碧空如洗。蓝天白云下，鲜花更加灿烂，树叶更加青翠。

今天上午我们聆听了大卫·卡伯教授关于"美国文化和社会情况"的讲座。下午是美籍华人林连连博士关于"全球观与教育领导力"的培训。两个讲座让我们再次深入了解美国社会及美国教育。

一、对美国社会的基本认识

1. 移民国家

美国是一个移民国家，美国人拥有枪支，一直延续到现在。所以，学生一旦在校园遭遇不愉快的事，就可能拿来父母的枪造成校园枪击事件。有调查证明，美国人有一半反对普通民众拥有枪支，也有一半人表示拥护。

2. 独立生活

美国是很讲究独立的国家。个人独立非常被推崇，孩子从小就受到独立思想的渗透，18周岁要离开父母独立生活。如果18岁了还在家里生活，就要向父母缴纳抚养费和生活费。随着时代的发展，现在已经有了一些变化，有些孩子也开始向家长或长辈申请资金支持。教授特意举了他的外孙女和外孙要求支援大学学费的例子。其实，大多数学生在大学期间都会申请奖学金或助学贷款，这个比例高达55%。

3. 教育孩子道德品质

美国人不管是家长还是教师，都会教育孩子要尊重别人。他们认为这是人最重要的道德品质。他们教导孩子："如果你想让别人怎样对待你，你就要怎样对待别人。"认为做人要诚实、守信用，人家才会尊重你。因此，做志愿者、做义工是美国人的必修课。

4. 家庭收入

美国家庭年收入平均是4.9万美元，年收入低于2.5万美元的两口之家或低于4.2万美元的四口之家就属于贫困家庭。贫困家庭可以申请减免税赋，以保障低收入家庭的生活质量。家里生育第二个孩子、孩子上学、积极捐款等情况是要适当减免税赋的。

5. 工作

美国政府规定成人每周工作5天，每天8小时，超过工作时间是要付加班费的。任何部门的员工在工作2小时后都要休息10分钟，中午要有1个小时的午饭和休息时间。法律还规定公民每年可以享受14天带薪休假，每年有10–12天的病假时间。病假时间可以转让，也可以延续到下一年，如果一直不休假，就要对其进行奖励，最后累积到其退休金里面。美国人大部分都会按时休息。

6. 关于教师

美国教师每年要休息3个月，很多人选择教师职业也是因为教师有相当长的假期。中小学教师的工资在各个州政府是不同的，但在同一个州基本是相同的。教师的工资略低于当地公务员。法律规定，工作3年以上的教师就可以成为永久性教师，是受工会组织保护的；大学任教5年以上就可以成为终身教授。

7. 关于住房

美国人一半以上拥有自己的独立住房。加州地区买一套 220 平方米的房子（别墅）大约要 49 万美元。这里的人买车买房基本上是要贷款的。因为贷款利率是 3% 左右，而房子升值在 10% 左右，所以他们觉得很合算。我们所在的位置属于加州县长滩市郊区。这里的房子非常漂亮，家家房前是绿地、鲜花、树木，都没有院墙、围栏，道路就在房子边上。

二、关于中美教育对比

下午讲课的是林连连教授。她是中国人，来美国 22 年了，现任教于加州理工大学，是该大学的终身教授。林教授经常到国内讲学，因此对于中美教育有着更多更清晰的认识，并有着自己独特的观点。

1. 关于跨国文化培训

现代社会已经处于全球一体化时代。因此，开阔全球视野、学习国际新理念、建立国际联系就成了跨国培训的主要任务。培训知识早已不是目的，因为知识是很容易过时的。只有视野开阔、理念创新才能提高管理智慧，提升管理领导力。

2. 关于教育领导力

对于教育工作者尤其是校长来说，教育领导力是非常重要的领导力。在通过带领团队完成领导目标的情况下，要遵循自我领导策略，采用不同的领导风格，认人、用人、培养人；在教育领域中要不断提升教育水平，实现卓越教学；在不同的环境下，针对不同的人要采用不同的领导风格，发挥高效领导力。

3. 关于中美教育对比

（1）就教育的特性而言：美国的教育是大众教育、公民教育，12 年的义务教育坚持把公民教育结合在学科教育当中；中国的教育是学业教育、精英教育。

（2）教育理念：美国教育是给每个孩子充分玩的时间，主张开发孩子的天性，让孩子追求感兴趣的东西；中国教育强调知识观，比谁记住的知识多。美国教育把孩子看成有待点燃的"火炬"，老师要点燃孩子灵动、智慧的火花；

中国教育认为孩子是有待填充的"容器"，教师缺乏激发孩子的思维，主要的任务是给孩子灌输更多的知识。

（3）教育目标上：美国教育以"做一个有教养的人"为育人目标，让孩子知道如何过上好生活。

（4）教学方法上：美国教育把孩子比作"种子"，老师、家长把种子撒在土地上，让孩子自由成长，属于"放养"；中国教育把孩子比作"花朵"，老师、家长把孩子放在温室里精心呵护。课堂上美国教师给孩子们足够的空间，让孩子成为课堂的主人，老师做好服务和指导。

总之，美国的教育像散文，形散而神不散；中国的教育像诗歌，句式整齐划一。美国的孩子在一点一滴的积累中，实现了从量变到质变的转化，即高中教育阶段孩子们显现出了强烈的人生目标并准备为之而努力奋斗（高中阶段已经选定自己将来做什么了再报考相应的大学），而我们的孩子上大学以后有少数人不能明确自己的目标！

三、几点思考

1. 我们的教育正在变革。开放的教育需要做出全面、系统、彻底的深层次的系列改革，否则没有意义。

2. 选择改革路径。我们从哪里来？要到哪里去？我觉得，教育改革应当从"出口"做起，也就是从我们要去的地方改起。把教育沿途经过的地方进行倒推并做好标注，一个环节一个环节地进行改进，明确各个阶段的目标、任务和做法，这样才是正确的改革路径。

3. 切忌"邯郸学步"。不要盲目学习人家的做法，要始终知道"我是谁"。其实，我们在学习人家的同时，人家也在学习我们。美国已经启动了"十万强"计划，政府每年派出10万大学生到世界多个国家去学习（老一代人才已经过去），其中主要包括中国、日本等亚洲国家。他们力争在国际竞争上占有人才主导地位。

我国的基础教育得到很多国家的认可，这是我们的优势和特点，千万不要丢了西瓜捡了芝麻，成为"邯郸学步"。

第六天（12月5日）阴

一、教授的话

今天继续在长滩分校上课，主讲教师是昨天那位可敬可爱的大卫·卡波教授。

我们按照导游的指引来到昨天上课的教室，不一会儿接到调换教室的通知，我们转移到同一楼层的另一间教室。教室里的设备依然是桌椅、投影和一套咖啡机。

为什么会调换教室呢？

这也许是美国教师的工作艺术吧。同一张面孔、同一间教室难免让人产生视觉疲劳，这也许是他们刻意而为之。

教授所讲关于课堂教学改革的内容，我们觉得并不新鲜。这些信息和做法国内都早已有之，所以感触不是很深刻。而78岁高龄的教授耐心、细致、热情的授课和解答问题的态度让我们非常敬佩。最后教授的总结让我印象深刻。

他说："文化就是我们自己如何看待自己；在美国人与人之间很信任，政府也很努力；对于美国人，赚更多的钱并不是目的，也不是文化的一部分；享受现在的生活，努力帮助别人才是美国人最大的快乐！美国得到别人的尊敬不是因为有钱，也不是因为信息技术等高科技。你们都是校长，是在做最好的事情。学校的责任是教育孩子要有思想，这对中国将有非常大的影响。"

教授的话引起我的思考，我们肩上的责任真的很重！

二、参观加州大学洛杉矶分校

下午我们来到加州地区排名第二位的公立大学——加州大学洛杉矶分校。这是一所综合性大学，在校学生3万多人，其中中国留学生5000多人。我们置身其中就像进入了一座优美舒适的大花园。古朴的学院大楼，具有欧美建筑特点的图书馆，地毯一样的草坪，各种肤色不同的学生……构成一幅庄重、典雅的大学校园图画。我们看到的学生或行走，或看书，或聊天，或几个人一起投飞盘、踢足球。

今天是星期五，学校下午没有安排课程，所以在图书馆自习的人很多。每个座位、每个角落都有学生在专心地阅读和查找资料。我们走马观花地转了一圈，没有深入了解，只能说"我来过了"。在校园标志性的建筑物背景下合影留念后，就匆匆离开了。

三、特别的日子

今天的课程没有什么特别的地方，但日子很特别。今天是导游王刚和上苑学校张肃爽校长的生日。上午课间休息时，我们为两位"寿星"送上了生日祝福，分享了生日蛋糕。晚上，全体成员的第一次酒会让我们之间的感情进一步拉近。海外他乡的聚会让我们更加珍惜在一起的缘分。这些人在大洋彼岸的美利坚合众国一起生活 20 天，我想今生只会有一次。

酒桌上大家都很尽兴。

第七天（12月6日）晴

今天是星期六，没有安排培训活动。今天的任务是逛商场——洛杉矶奥特莱斯商场。

汽车在高速公路上行驶了一个半小时，终于来到著名的奥特莱斯。这里是山脉的脚下，丝毫没有如国内购物中心那样气派的高楼，而是一片平房建筑。如果没人介绍，真不知这里就是商场。原来，世界上 180 多家名品店都是单独专卖，没有想象中繁华热闹的街道，没有人头攒动的景象。

走进街道才明白，原来去过的天津武清的佛罗伦萨小镇就是这样的景致。随便你走入哪一家，都是世界级的大牌店铺，彬彬有礼的服务员、高品质的各种商品、舒适优美的小街环境、络绎不绝的购物者组成奥特莱斯美丽的风景。

这里的服务员大都能讲上一些常用的汉语，或随手拿出提前准备好的写着"请出示护照""第二件半价"等提示语的标牌。原来，中国人来这里购物的太多了，而且购买力极强，商家特意为中国客人准备了重要的提示信息。据导游说，这里的商品大都是打折商品，虽然款式不是很新，但绝对是物有所值。我们这群人每个人都满载而归，连午饭都没有吃。

晚上回到房间，我忽然听到外面传来乐队演奏的声音，赶快走出宾馆凑上前去。原来，我们居住的宾馆对面，正在举行演出活动。一群中学生乐队刚刚演奏完毕，人们三三两两地开始散开了，只有"圣诞老人"在和大家依次合影留念。我和王洪燕校长也赶快凑上去留下了美好的瞬间。12月25日就是圣诞节了，我们猜测，他们是不是已经进入了节日预热状态呢？

沿着公路往前走，感觉今天的人明显比前几天多了，各家商店也都在营业。因为一直住在一家宾馆里，连续几天在这边遛弯，所以可以比较。前边又看到了两个活动场所在举行活动，其中有学生们的合唱表演。同学们穿着整齐的服装，认真投入地演唱着。我们听不懂歌词，但唱功绝对是合唱团的水平。一些家长和路人在观看孩子们的表演，一曲结束后，大家报以热烈的掌声和欢呼声。

我们看到高矮不同的一群孩子走上合唱台，最大的有十一二岁，最小的才四五岁。他们在没有伴奏的情况下自信、完整地演唱了两首歌曲，其中一首我听懂了，是《铃儿响叮当》。家长们热烈给孩子鼓掌。

忽然看到一辆彩色马车驶来，而"圣诞老人"正坐在马车上。车上的人微笑着和路人打招呼。彩灯闪烁，马蹄声清脆，这也许就是圣诞节的前奏曲吧。

第八天（12月7日）晴

今天是星期日，我们到美国加州著名的洛杉矶市观光。

一、认识洛杉矶

来美国一周了，一直住在郊区的同一个宾馆。这里的大学、商场、住宅都没有高层建筑，就拿我们居住的酒店来说，只有六层，这在当地已经算是高层建筑了。

我心中的洛杉矶应该是一个现代化的国际大都市，怀着美好的向往，我终于看到了1984年夏季奥运会的主办地——洛杉矶。

顺着导游指引的方向，我们看到了一片高层楼群。说是楼群其实也就十五六座楼。这里就是洛杉矶的市中心。政府大楼、电报大楼等都在这里。我真不敢相信这就是心中的"大都市"，这里除了几栋高层以外，其余建筑基本上都以五六层建筑为主，而且房子很旧，道路两旁，垃圾随处可见。原来，在市中心居住的大多是黑人，他们几乎都生活在贫困线（家庭年收入低于 2.5 万美元）以下，需要政府给予救助。难怪这里环境不好！我们到达这里已经是上午 10 点多，街上却十分安静，汽车也很少，丝毫没有大都市繁华热闹的景象。

我们沿途看到著名的 NBA 湖人队的主场比赛场馆、著名的音乐厅等。由于停车限制，我们只能在车内隔窗观光。

二、星光大道

来到洛杉矶著名的星光大道，这里其实就是一条普通的街道。街道两侧的人行道上印刻着全世界最著名的在电影、电视、广播系统做出极大贡献的 2186 名顶级艺术家的名字。他们的名字和其艺术种类的图标印在金色的五角星上，行走的人可以看到这些艺术家的名字。

此外，这些艺术家的手印、脚印和签名也分别印在奥斯卡颁奖大厅的地面上。我在这里找到了成龙、李小龙、冯小刚、吴镇宇、玛丽莲·梦露等明星的名字。

走入奥斯卡颁奖大厅，我们沿着台阶缓步前行，想象着每年电影明星们踏着红地毯走上领奖台的那一刻，多么荣耀的场面啊！

三、环球影城

午饭过后，我们乘车去美国著名的环球影城。由于导游没有过多介绍，我们都以为是小孩子的游艺场所和拍电影的一些场景呢。大家参观的意愿并不强烈。然而，环球影城带给我们的却是震撼、刺激、神奇和非凡。

按照导游的引领，我们首先观看了一场 30 分钟的实景演出——水上战斗。这不是电影，是一场由真人、真场景、真场面构成的"电影演出"。海盗船、高架钻井架、海水、飞机、汽油桶、熊熊大火、冲锋枪扫射，加上演员的精湛演技，紧张的场面扣人心弦，真实的情境让人惊叹。这让观众感到震撼！让人佩服这究竟是谁的设计！看似报废的破船烂铁居然都能够正常运转，由声、光、电、火构成的场面表现得非常真实。我们感觉只有在电影里才有的场面，在这里变成了真实的"故事"。

随后我们体验了 4D 动画，一无所知的我们才知道这是类似于国内"特特乐"项目的"飞船"体验。我们坐上"飞船",体验了一把在太空中飞驰的惊险刺激。撕心裂肺地喊叫,手心冒出的冷汗让大家久未放松的心驰骋起来。头上出汗了,笑容绽放了,没想到这一次的感受如此特别。

最后,我们乘上游览车观光整个影视城,感受世界著名影城的风景。

侏罗纪时代的自然环境、古朴典雅的欧洲建筑与街道、淳朴而熟悉的中国式建筑小屋、西方白雪公主与圣诞老人的童话世界、太平洋的波澜壮阔、水下鲨鱼的突然袭击、地震时的山崩地裂、太空大战后的悲惨场面……自然界中你可以看到的任何场景在这里几乎都能看到。这里给天下所有进入影城的导演们提供了应有尽有的环境和场所。难怪好莱坞是世界上最负盛名的影视城!

我们乘坐的游览车是专门为中国人安排的,中文讲解员也让我们倍感亲切。

第九天（12月8日）晴

今天是星期一,是一个阳光明媚的日子。第二周的学习培训开始了。上午我们继续在长滩分校上课,下午到加州洛杉矶市桃木谷学区访问。

这一天的培训和访问使我们对美国的教育研究和教育体系有了进一步了解。

一、关于行动研究

上午的主讲教授是美籍华人安淑华女士。她从行动研究的定义、目的、种类、方法、设计、案例等方面详细介绍了我们该如何进行行动研究?

中小学如何基于教师改变教学、改进学习方法等的研究就是行动研究。因为我们不是专业的理论工作者,没有专门的时间和精力做具体专业的研究。我们中小学管理者进行的基于教师教学、学生学习等方面的研究都属于行动研究。安教授的观点我非常认同。

今天上午的培训让我一下子对学校的课题研究有了新的认识。我们所谓的"课题研究"其实都属于行动研究的范畴。作为行动研究应当做好以下工作:

1. 题目。选好课题,确定研究内容。一般以目前存在的问题为主题,所以需要进行研究。

2．对存在问题的陈述。对于确定的研究内容，要说明为什么选此题目？是基于怎样的考虑。

3．找到存在问题的重要理论依据。对于准备研究的问题，找到相关的研究成果，至少列出两个或更多的关于此课题的研究成果加以陈述，做好该问题值得再次研究的论证。

4．列举有关该问题的知识。对于该研究还有哪些需要解决的问题要一一列举出来，表明此项研究的必要性。

5．确定哪些人将受益于新的知识。这项内容表明我们的研究基于怎样的受益人群，让我们知道可以受益于该项目的范围有多大。

6．对研究目的的陈述。陈述的内容包括参与着、研究场所、运用理论、主要变量以及总体目标等。

7．对研究问题的表述。包括研究方法的设计、数据收集、测试手段、数据分析等。

我认为，这些内容就是指导我们如何进行行动研究的范本，也就是我们国内常说的"开题报告"。我想，按照这样的规划，我们撰写行动研究的设计方案并进行我们的研究，一定会是扎扎实实的、具有实际成效的。这样的研究也一定是有意义和价值的。

联想到我们的老师大都属于经验型老师。但经验在哪呢？老师们一定会说"在我的心里"。由于经验在自己的心里，所以别人并不知道。很多时候，因为我们老师主观上不爱动笔，客观上没时间，所以老师们的很多宝贵经验和课堂上闪现的灵动和精彩没有被具体详细地记录下来。我们的经验不能成为别人学习借鉴的成果，甚至可能会遭到别人的质疑。

我一边听课一边思考着如何做好实验三校的行动研究，"关于智慧课堂教学模式的探索与实践研究""班级文化建设促进学生学习效果的研究"已跃入脑海。

课后，我要来老师讲课的PPT，想回去以后再认真学习。

二、访问桃木谷学区

桃木谷学区隶属于加州洛杉矶县洛杉矶市的一个学区，共有 15 所学校。包括 9 所小学、2 所初中、3 所高中和 1 所特殊学校。全学区共有学生 1.5 万人，属于中等规模的学区。整体排名在加州地区排 17 名，其中 2 所高中在全国排前 100 名。

学监总长全面介绍了他的办学理念——让学校更好地融入社区。他们很看重社区的力量。因为这里有法官、律师、工会组织成员、议员，积极争取社区的支持是办好教育的头等大事。这也充分体现了学校不是校长的学校，是大家的学校，是社区的学校。

他们正在进行课程方面的全面改革，正在制定整改学区的新教育方针、考试方法、教学改革方法等。

我们还了解到学区的任务有以下几方面：一是管理和评价全学区的所有学校；二是对全学区所有的教师进行专业培训；三是财政管理以及评估学生学业水平。

他们面临的问题是：改革要先争求社会各方面的意见和建议。因为课程体系的改革会让所有家长不适应，让他们接受和理解改革是相当重要的。第二，美国试图进行全国统一考试（目前各州统一），但各州教材不同，没有统一的考试大纲，没有统一的课程标准，改革谈何容易？

据说，美国特别欣赏中国的基础教育，欣赏我们基础教育的全面、系统、扎实。他们在学习借鉴中国的教育模式。他们认为美国现在的孩子太过松散，急于创新，对基础知识的学习不够重视。他们的"十万强"计划更多的是因为其他国家的教育和人才的逼近，他们需要学习借鉴其他国家的教育经验。适合的才是最好的。

第十天（12月9日）晴

一、参观威尔逊高中

1. 规模。这是加州地区非常有名的高中。学校建于 1925 年，规模很大，共有学生 4000 多人，教室 150 间。

2．校车。在学校门口，我们看到了停放整齐的黄色校车。据说，在美国最安全、最坚固的车辆就是校车。说它安全，是因为上车唯一不用系安全带的车辆就是校车。它可以和马路上任何一辆卡车相撞而安全无恙，可见它的安全性能有多强。这也证明美国政府对学生安全的重视。所有校车统一由本地（加州）一个专门的公司负责，沿途设站。孩子们都是免费乘车，这笔费用全部由政府承担。

3．上学。美国学生的上学方式也是独特的。法律规定16岁以上的孩子可以考取驾照，所以开车上学的孩子也很常见。孩子们有的乘坐校车，有的步行，有的骑自行车，还有的使用上滑板车，真是五花八门。这是高中，小学的情形不是这样。

4．课间。我们正赶上学生课间的"有氧休息"，孩子们从教室纷纷涌向室外。一堆堆，一群群，或吃着零食，或喝点饮料，一边沐浴着阳光，一边让大脑得到休息。大约15分钟后，铃声响起，孩子们纷纷走进教室。

5．海鸥。休息结束后，一只只海鸥从四面八方飞过来捡食食物残渣，成为校园里一道亮丽的风景。风卷残云之后，海鸥们四散飞去，这可能是它们每天定时定点的享受。老师、学生们都已习惯，没有人去打搅它们，人与动物得以和谐相处。

由此我想到我们的学校是否可以借鉴一下威尔逊高中的一些做法呢？"有氧休息"对孩子尤其是小孩子一定是有益的，我们可以尝试推广一下。很快，"实验三小上午有氧加餐办法"的设想诞生了。

6．课堂。这里的学生全部实行走班制上课。学生根据自己的学科程度自主选择课程，每个学生的课表是不一样的。所以我们看到课间学生们背着书包匆匆穿行于校园。这充分体现了学校在一定程度上尊重学生选择的权利。老师们在教室里等待孩子们的到来。我才理解刚才校长介绍学校有150间教室而不是说有150个班级。这也让我想起北京市十一学校的课程改革——每人一张课表的做法。李希贵校长的大胆改革是不是通过了解美国高中教育的特点后所受到的启示呢？

我们走进不同的学科教室，看到上课的学生都很认真地在学习，没有想象中那种自由松散的状态。但学生们穿拖鞋、染头发的个别现象还是有的。

二、《全球视野》下篇

下午，林连连教授继续给我们讲课。林教授讲的第一次课给我们留下了深刻印象。她学贯中西、知识渊博、经历丰富；她的评价全面而客观，她的讲述做到了理论和实践融合，通俗与高雅兼收并蓄。林教授全面分析了全球视野的核心属性，并从三个方面讲解如何拓展全球视野。她讲到每一个概念、问题，都会列举出一些例子。

不知不觉两个半小时就过去了，她说的每一句话都能引起我们的思考。中国的教育之路到底该怎样走？开阔国际视野，培养国际思维，我们要走的路还很长。

最后她向我们推荐了两本书《文化智商》（或《跨文化沟通》）和《开拓你的全球视野》，并希望所有的中国教育工作者都能读一读。

这一定是两本好书！

第11天（12月10日）晴

一、参观加州希尔初中学校

今天，我们参观了距离长滩分校最近的一所学校——希尔中学。我们每天到学校上课都要经过此地，经常远眺学生们上体育课，有时上篮球课，有时上橄榄球课，有时上足球课等。这些课经常是第一节课，孩子们穿着运动服认真努力地参与各项活动，不论哪类课都让人感到学生们很专心。学校"把学生的健康放在第一位"的宗旨真正落实到了课堂上。但我们只能乘着车隔岸相望，因为中间有一条河。

我曾多次想，为什么不到学校参观参观呢？今天终于来了！让我们有机会近距离观看和了解它。一位女副校长接待了我们，向我们全面介绍了学校的基本情况、办学理念、课程情况等，让我们再次了解了美国加州地区学生充分自主选择课程的做法。

1. 基本情况：这所学校目前只有初中，学生共448人。在加州属于较小规模的学校。学生的平均分数为2.0分，95%的学生学业水平为2.5分（最高分为4分）。

2. 教育理念：教育学生用安全、礼貌的方式参加学校里的一切活动。

3. 教风：严谨的教学是为了让孩子更加卓越。

4. 必修课和选修课：语文（英语）、数学、自然科学、人文科学和体育为必修课程，计算机、科技、绘画、合唱、器乐、跳舞、第二外语（西班牙语）、工程等为选修课程。

5. 学校设想：经政府同意，校方准备让学校逐渐变成高中学校，因为他们有资源优势。这里距离加州大学长滩分校很近，在学生的学业方面可以与大学合作，逐渐开设大学课程。目前学校只有六年级和七年级，2019 年这所学校将有第一批高中毕业生，数学和工程方面将是学校的重点课程。

我们按照学校的安排分别走进了他们的选修课堂，每个班的人数从几个人到十几个人、二十几人不等。我们看了科学选修课、数学、合唱、绘画等几个课堂，其中科学课人数最多。每个学科老师都很认真，学生们学得也很认真。其间我们看到了学生转场到其他教室的场面。大家脚步匆匆，迅速而有序，是像昨天参观威尔逊高中一样的场面。我得知他们的课间只有六七分钟，课间时间短的目的就是让大家抓紧时间。

二、听文波顿校长介绍他的特殊学校

下午的课程是介绍加州的特殊学校。主讲人就是该校的校长文波顿先生。他身体高大、热情、爽朗。从他先我们之前来到教室并热情地与我们打招呼握手来看，他一定是一位事业心强、做事严谨、豪爽的好校长。

这是一所特殊的学校，他们的任务是纠正有不良行为的学生。学校的学生有 150 人左右，都是 12 至 17 岁的学生。学校里有被法庭判处假释的学生，有因打架斗殴而在普通学校无法管理的学生，还有曾在社会上吸毒的学生等。所以，这所学校有点像我们国家原来的"工读学校"。

可以想象学校所面临的任务该有多艰巨。所以，学校会根据学生的年龄、行为上问题的严重程度等分成不同的班级，老师会有针对性地进行行为矫正、心理辅导、课业帮助。他们的目标是让这些学生尽快好起来，回到他们原来所在的普通学校。

学校的校徽是"追逐星星"，就是希望来这里的孩子都能做得越来越好，不断改正问题、矫正行为，成为对社会有用的人。所以，学校在做好安全、创设环境、尊重学生方面特别用心；用"菜园项目"等策略帮助影响学生；制定多元的评价方式促进学生进步。学校把发现孩子潜力、培养个性作为重要使命，想尽办法为学生提供机会。

他们通过对学生的亲切关怀让学生感到老师的爱心，用读书引导学生在人格方面的逐步健全，用培养学生获得成功的体验增强学生的自信，用庆祝胜利的方式鼓励学生进步。所有这一切，都源于教育的责任——让这里的孩子成为对社会有贡献的公民。

如果说老师的职业是神圣的，这里的老师应该更神圣；如果说老师的职业是辛苦的，这里的老师更辛苦；如果说老师的使命是光荣的，这里的教师更加光荣。其实，天下所有的教师都一样，承载着促进社会文明与进步的伟大使命！

明天要到这所学校去参观，让我们走进这所很有价值的学校。

第12天（12月11日）阴

一、参观加州地区的特殊学校

昨天，文波顿校长介绍他的特殊学校给我们留下深刻的印象，一是我们对这类学校的了解本身就很少，再加上这是美国的特殊学校，所以特别感兴趣。

上午9时30分，我们准时到达。文波特校长把我们高兴地迎进了学校。单从外观来看，这所学校明显比我们看到的其他普通学校环境优美，房子崭新。在这里我们见到了类似国内学校的校门、围栏、防盗门。走进校门，只见学生首先进入"安检门"，手机、滑板车、危险物品以及学校规定不允许带入教室的东西都需要在这里进行登记和寄存。来这里的新学生都要进行登记注册，经老师初步谈话后，再进入不同的教室接受不同的教育。

文波特校长一边介绍学校的情况，一边引导我们分别走进正在上课的两间教室。我们旁听了正在上语文课和探讨世界宗教问题的两节课。孩子们在老师的组织下认真地学习、讨论和查找资料。光从表面看，这些孩子没有什么不同。学生们非常友好也非常热情，主动和我们打招呼、合影、握手等。

今天，有200多名学生到大学和社区参加社会实践活动，所以学校里学生不多。但我们还是看到了有老师正在和学生、家长谈话。

让我们印象深刻的是教室里两位老师的讲话。他们所传达的学校以人格为本的教育观念让我们非常震惊。他们说得那样真诚、那样庄重。当着这些孩子的面说出"每个孩子都是允许犯错误的""他们更需要帮助和被人认可""让他们树立自信，找到他们将来的人生方向，成为对社区有贡献的人"等。这些老师的话一定会对学生产生深刻影响，尤其是当着我们这些来自异国他乡的教育工作者，这些孩子一定会产生强烈的向上愿望。这里没有歧视没有放弃，有的是人性的教导、人格的培育、希望的点燃，以及行为的转变。有教无类——这就是教育的价值。

我们还看了学校的健身房和学生小菜园。学校把这里所有的一切视为改变和影响学生的资源。学校对表现更好的学生的奖励是可以去健身房健身；或让学生自己种菜，体验劳动收获带来的幸福，懂得付出努力就会收获成功的道理。

今天我们看到的一切印证了文波顿校长昨天所讲的内容。我们纷纷和这里的老师、学生照相留念，从他们的眼神和手势中我们看到了友善、自信和快乐。校长拜托我们一定要把照片传到他的电子邮箱里，他要把这些照片拿给孩子们看。

经过询问，我们知道了文波特校长曾是一名橄榄球运动员。难怪他长得那样高大，而且一脸的阳光、自信和乐观。我们都很喜欢这位很受欢迎的校长，纷纷和他合影并送上各自学校的画册、学生作品等。

文波顿校长真的让人喜欢、让人敬佩。

二、参观百年农庄

下午参观长滩大学校内的一所百年农庄。走马观花地简单走走，马厩、草场、植物。园中各种植物随处可见，热带的棕榈、寒带的松柏、雨林带的芭蕉、沙漠地带的仙人掌。不同地区的不同植物种类错综交汇共同生长，构成一幅"世界植物大观园"。

现在是冬季，各类树木的树叶依然浓绿，可以想象明年春天以后这里将是怎样妩媚多姿。

没有太多的讲解，英文的宣传片介绍我们根本看不懂，只知道这是一处私人捐赠的农场！

参观结束较早，我们又一次来到了奥特莱斯，大家又一次疯狂购物。这已经是第三次奥特莱斯之行了。

第13天（12月12日）小雨转晴

今天的课程是"美国的高考升学体系"，主讲人是华裔教授余定静女士。余教授的讲座让我们对美国高考体系有了全面细致的了解。

一、美国的大学前的准备

美国的高中为四年，即九至十二年级。美国的大学招生要求学生在高中阶段就要向大学提出申请。大多数学生在十、十一年级时就要结合自身情况选择大学进行自主申请。学生可以同时申请多所大学，但需要你有足够的时间和精力去准备面试和笔试。所以，每个学生最后被哪所大学录取，要等到高中毕业，也就是每年的五六月份。非常出色的学生很可能提前就会拿到理想学校的录取通知书。

所以，美国高中的孩子非常辛苦。他们既要完成相应的课程，参加社会实践，还要为参加不同大学面试做相应的准备。而优秀的学生，同时拿到两所以上学校的录取通知书也是正常现象。

二、美国的大学教育体系

全美大学分为 EA、ED、MIT、UC 以及社区大学等。EA 是全美最著名的大学，包括：哈佛大学、耶鲁大学、普林斯顿大学等十几所。ED 也是一些著名的大学，如哥伦比亚大学、康奈尔大学等，一旦被这样的大学录取，学生就没有再选择其他大学的机会了，有点像我们国内大学的提前批次录取。MIT 大学是培养全球领军人物的大学，这样的学校要求学生在某一方面得非常突出，不需要全面发展。UC 是美国公办州立大学，这样的大学是为了保证各个州政府的孩子能接受大学教育，所以学生上州立大学一般比较容易。州立大学中 90% 的学生来自美国本州。最后还有社区大学是学生最后的选择，学制两年。如果你在社区大学努力学习还可以两年以后继续考取州立大学。

总体来说，在美国上大学容易，上好大学不易。学生报考哪所大学也非常自由。

三、如何进入大学之门

如果你想进入 EA 大学（最好的大学），首先要有很好的成绩。美国高考总分为 2400 分，想上最好的大学要在 2300 分以上。还要参加该学校的单独测试（写文章、答辩等）以及你在高中阶段所选修的课程和分数达到学校要求。最好的大学要求学生在高中阶段至少修完 15 门课程中的 12 门，像哈佛大学就是这样。每所高中安排的课程是不一样的，如果你想敲开理想大学的大门，选择一所好高中是非常有必要的。

在美国，不论哪所大学都特别注重学生的阅读和写作水平，注重学生的社会实践能力和老师与校友的推荐信。大学在注重学生学业水平的同时，也会考察学生的品格和德行。大学招生导师通过和你的聊天判断你是否对别人有帮助，是否有在社区做义工或帮助辅导小孩子的记录等。他们主张"除了利己还要利他"，这是录取学生的重要指标。

对于天才学生，以及体育、艺术等方面特别出色的学生，各大学也会相应地降低一些标准吸收他们。学校是非常欢迎这类学生的。他们大多是全面发展，极聪明又有特长。

美国大学的排名就是对大学的评价，学生每年的毕业率就是考评学校的重要指标。所以学生上大学也是很辛苦的。

目前，全世界想到美国留学的孩子越来越多，不管是家长的愿望还是学生自己的选择。从哈佛大学的情况来看，2006 年外国学生的录取率为 10%，2013 年的录取率为 5.8%。可见，外国学生要想考入哈佛会非常不容易。就连加州州立大学的外籍学生录取率也不到 20%，因此在美国上大学的竞争压力非常大。

余静定教授和她的合伙人成立了"常春藤联盟"组织，专门为不同学生建言献策，直到不同的学生考进最适合自己的大学。就她多年的经验总结：亚裔孩子的成绩相当好，但只顾读书不做其他是不行的。中国的"虎妈狼爸"没什么不好，但要孩子配合，能够让孩子理解和接受才行。

四、结业了

利用上午结课后的 30 分钟，学校为我们举行了简单的结业仪式。学校主管国际培训的副校长做了毕业讲话并为我们颁发结业证书。这是我接受的第一次境外培训。

结业仪式依然简短，没有横幅，没有领导，没有一切的形式内容。

下午，我们参观了尼克松总统的展览馆。这里是他出生和埋葬的地方——一座美丽优雅的家庭花园。参观的人络绎不绝，好像都是美国人。因为看不懂，所以又是走马观花。

第14天（12月13日）晴

今天特别高兴，因为昨晚睡了个好觉。这是到美国十几天来第一次睡着。推开窗帘，啊！又是一个阳光灿烂的好天气。

今天星期六，我们要到美国的滨海城市圣地亚哥去游览。

终于见到高楼大厦了。滨海城市的干净、美丽和现代的气息迎面扑来。冬季的圣地亚哥温暖舒适，海边上参观者、健身者比比皆是，有在海岸上晒太阳的，有在海水中踏浪扬帆的。点点白帆在水中荡漾，疾驰的赛艇在浪尖飞驰。

我们登上邮轮，沿着圣地亚哥海湾欣赏美丽的海上风景。天湛蓝，水碧绿。跨海公路像一道彩虹连接着海峡两岸，这既是一条连接东西两岸的动脉，又是一道镶嵌在圣地亚哥海湾的美丽风景。

在一艘退役航母的甲板上，停放着很多架飞机，航母是供游人参观的。上面有很多人。

回来的路上，夕阳西下，红彤彤的天空仍是那样美丽。

第15天（12月14日）晴

到达华盛顿

完成了在加州州立大学长滩分校的学习培训，洛杉矶时间 12 月 14 日凌晨 4 点，电话铃声把我们从梦中叫醒。两周以来刚刚适应了时差，昨天晚上好像又睡着了。

赶快起来收拾行李，洗漱完毕，5 点我们从住了 12 天的宾馆出发去洛杉矶机场，乘坐飞往美国首都华盛顿的飞机。大包小包大箱小箱真是不少，手提肩背，平均每个人有三件以上的行李。大约40分钟后，我们到达洛杉矶机场。

行李太重了，几乎每个人的箱子都超重了。好家伙！每件行李超过50磅一律要加200美元，而且一点儿没商量。我们赶快重新调整行李物品的分配。无奈把准备带回去给孩子们吃的糖果忍痛割爱丢掉，同时扔掉的还有从国内带来的防感冒药品以及多相电源接线板。终于合格了，顺利办好托运，弄得我满头大汗。

乘上飞往华盛顿的飞机，从空中俯视，我又见到了千姿百态的云海景观，又看到了年龄很大依然从事航空服务的男女乘务员。

走出华盛顿候机厅，寒风袭来，树木枝叶早已落光。黄昏时的华盛顿怎么像极了北京？是的，华盛顿的纬度与北京相近，同属于北寒带。这里四季分明，夏热冬寒，只是与北京有着13个小时的时差，北京的白天正是华盛顿的夜晚。

不管是洛杉矶机场还是华盛顿机场，人都不是很多，没有川流不息的人群。据导游介绍，华盛顿州人口才60万，约等于北京昌平区人口的三分之一。

导游张晓鹏是1995年来美国的。听他讲美国华盛顿的四季美景、治安生活等，他对这里非常喜爱。确实如此，我们所到之处都非常干净整洁。这里公民的文明程度很高，百姓安居乐业。在9·11事件之前，美国总统府白宫、国会办公大楼等行政场所，人们是可以随意参观的。9·11事件后，政府机关、各大场馆、学校等都加强了防空安全意识。所以，现在参观白宫需要提前预约、排队购票，因为每天参观白宫的人很多。

来到宾馆，房间里的摆设依然古朴、素雅，虽然不华丽但感觉很舒服。陈年但不旧的书桌、软床，古老的收音机、台灯以及空调告诉我们，这些肯定是多少年前的物件了。

第16天（12月15日）晴

第17天（12月16日）雨

12月15日，参观弗尼吉亚社区大学和两所小学。

12月16日，参观弗尼吉亚初中和高中学校。

今天，是我们到美国首都华盛顿开始考察的第一天。华盛顿与洛杉矶有3个小时的时差，也就是说北京早华盛顿13个小时。

今天，我们参观了三所学校，对比在洛杉矶参观的学校，华盛顿的学校可谓"天壤之别"。这才是真正能体现美国教育的学校。

上午，我们来到华盛顿州的弗尼吉亚社区大学参观。这是一所伫立在森林中的学校。也许大家不相信，这所大学不是我们想象中的在闹市、在人群密集的城市中，确确实实是在森林中。学校周围是自然林区，树木很茂盛，走进这里一下子会让人安静下来。其实，这才是学校应该有的环境。

这所学校对我们的到来非常重视。董事会领导、校长、副校长都在学校早早地迎接我们，不但给我们准备了学校特制的笔记本、电脑包、圆珠笔等，还特意准备了早点，让我们非常感动。还有一点让我们觉得很特别，学校在给我们准备的材料袋里放了几块糖果，很是贴心。

学校的校长给我们介绍了学校的情况并一一解答了大家关心的问题。随后引导我们参观了教师办公室、图书馆、教室。这里给我们的感觉是到处都非常干净，窗明几净，一尘不染；学校的装修高档、大气、美观；教学设备先进；校园面积很大。

美国的社区大学非常普遍，学费低，门槛低，学制为两年。考不上4年制本科大学的孩子，都可以来社区大学学习，两年修完以后还可以继续进入4年制的州立大学继续读书。社区大学的课程与很多大学都是接轨的，学分也认可。所有社区大学和很多大学都有协议，学生在社区大学修完指定课程并且合格后，是可以进入本科大学的。社区大学给了孩子再次进入大学读书的机会。这也印证了"在美国上大学容易，进好大学难"这句话。

参观社区大学以后，这里的领导还带领我们参观了两所小学。一所小学是4至7岁孩子的学校（低年级段），一所是和8至10岁孩子的学校（高段三至五年级）。同样是干净整洁，同样是高端大气，同样是场地宽裕。学校也都在森林旁，从任何教室都可以看到林木。在学校门口，我们看到了两棵枯树躺在那里，校长说是学校建造时特意保留下来的，用它们来教育学生保护树木，热爱大自然。

我们在参观小学低段时，正赶上孩子们用午餐，学生排队有序，进餐安静。

学生上下楼也是排队走路，小心谨慎。在一节阅读课上，孩子们在教室里或跪地或盘腿，或托着腮或扶着地，不管什么姿势，孩子们都听得特别专心。

同样，初中和高中的学校也非常棒。在高中学校里，我们欣赏了学生乐队演奏的《铃儿响叮当》，好像是特意为我们准备的。在音乐课上，孩子们在分组用电子琴演奏自己创作的乐曲。不管哪间教室都铺着地毯，不仅安静，更是干净、安全。

从这几所学校里，我发现了这样几个特点。一是楼道里没有张贴很多东西，避免杂乱。二是楼道内镜子特别多。校方告诉我，这是要让学生随时看到自己的仪表，不管是走路的姿势、说话的姿势，还是穿衣戴帽等。三是课间时间很短。每节课间隔 5 分钟，就是学生收拾书本，转换教室的时间，学生也可以喝水、上厕所等。如果学生在课上想去厕所而举手示意，老师是允许的，但每次只能一个人，须拿着手牌，快去快回。四是学校非常注重安全。自从有了一系列校园安全事件以后，美国政府对学校安全非常重视。外人很难进入学校，我们来访都是要进行登记的，然后会在我们的胸前贴上学校的标志，表示这是学校的客人。（我们的学校可以借鉴，让学生知道）上课期间教室的门是上锁的，别人想进来必须用钥匙。可是从里面推是很好开的，所以不用担心紧急情况时学生如何逃离。门的设计既安全又科学。

两天时间，我们参观了从小学、初中、高中到社区大学共五所学校，真正看到了美国的学校，了解了美国的教育体系，近距离看到了美国的学生生活。他们一点也不轻松，在一所小学，我们看到了八节课的课时安排，每节都是50 分钟。当然，这里面还包括学生转场的时间。学生们在学校里过着快节奏的学习生活，同时也是充满快乐和兴趣的生活。

第18天（12月17日）晴

今天的活动主题是参观华盛顿主要建筑群。华盛顿是美国的首都。我印象中的白宫、国会大厦、五角大楼应该是雄伟、壮观的样子，然而，亲眼见到后才知道了它的真实情况。

汽车从我们住宿的宾馆到华盛顿中心区域大约 40 分钟的车程。沿途一直是树林，一幢幢别墅在林间伫立。房子依然是在森林里。看得出美国人是非常崇尚自然！

渐渐地，我们看到了高一些的建筑，导游告诉我们华盛顿市区到了。虽然是高一点的建筑物，最多也不过 10 层楼房左右。因为美国政府规定，所有建筑的高度都不能超过美国华盛顿纪念碑，也叫作"无字丰碑"。纪念碑是纪念 1776 年美国独立战争中为国捐躯的烈士的。所以华盛顿根本看不到耸入云端的高大建筑。

我们参观了林肯纪念馆、美国联邦最高法院、航空航天展览馆、自然博物馆，以及隔路参观了白宫、国会大厦等著名建筑。每个建筑都是白色的，庄严、肃穆。白宫是历任总统办公和居住的地方，但一点也不奢华。据我目测，白宫就只有普通四层楼房的高度。占地也不多，周边都是绿地和公路。据说在 9·11 事件之前，人们可以从白宫的前后左右任意穿行，根本没有什么戒严、禁行的限制。所有的政府办公机构人员也可以任意进出参观。9·11 事件的发生让美国政府警惕起来，他们觉得危险就在身边。所以白宫的四周是不允许随意穿行的，如果想参观必须提前申请预约，并经过严格的安全检查。我们看到有一些市民、车辆停在里面正在接受警察和警犬的"安检"。

林肯纪念堂、华盛顿纪念碑、国会大厦分别从西到东排列在一条中轴线上。在华盛顿纪念碑北侧是白宫，南侧是杰斐逊纪念馆，五大建筑构成"十字架"的形状。在纪念碑与国会大厦的中间地带是一片很大的草坪，平时这里供市民踢球、散步、沐浴阳光。我们见到很多人在这里跑步和散步。沿着草坪两侧各有一条小路，中间还有一些长椅供行人休息，真是很惬意。今天的阳光特别明媚，尽管是冬天，我们感觉这里依然美丽。国会后面的人工湖水面清澈，波光粼粼。有许多白鹭时而飞起，时而浮游水面，见到人并不躲闪。我们还穿过了华盛顿市区的波托马克河，从河里和绿地上见到了成群的大雁。

导游介绍，华盛顿其实不是什么城市，而是一座大花园。当春天来临时，四处的鲜花五颜六色，好看极了。所有建筑都是这个大花园中的点缀。这话我信，因为冬季的华盛顿依然草地青青、水光潋滟，一些叫不上名字的小花依然开放。蓝天白云、绿地湖水、群鸥飞舞、白色建筑群，让我们可以想象，这里的四季会有怎样的美景！

在绿地的四周，是国会下设的所有部委大楼和华盛顿所有的博物馆，以及教育部、科技部、安全部与国家图书馆、历史博物馆、自然博物馆、航天博物馆、美术馆等。只要你有时间，逛一逛方圆几公里你就可以全面了解美国。由于时间关系，我们参观了国会最高法院、航天博物馆和自然博物馆。前来参观的人很多，大部分是家长带着孩子来参观的，也看到了一些有组织的学生队伍。美国所有博物馆都是不收费的。只要经过安检就可以自由参观。我们在航天博物馆看到了莱克兄弟的第一架飞机、第一个航天载人飞船、第一架邮政飞机、第一架战斗机等，很多个第一都在这里陈列着。

自然博物馆里展出的动物、植物以及海洋生物等样本，种类非常多。每一个场馆里面又有很多个小馆。各个场馆都布置得很好，所有的标本都活灵活现，并结合电视进行模拟演示和说明。

让我们非常震惊的是，这里的人非常多，而且大部分是家长带着自己的孩子来参观。

第19天（12月18日）晴

今天是在美国华盛顿的最后一天，我们已经完成了在美国培训的所有行程。今天的任务是去奥特莱斯购物。

之前的几天主要是为同事、家人和孩子们购买礼物，毕竟来美国一次，多少是一些心意。今天主要是为自己。本来没想多花钱，可又一想，难得来美国一回，今后也不一定有机会，更何况这里产品的质量、样式都很好，同样的商品比国内要便宜很多，尤其是一些"大品牌"。

思想一"解放"，一下子花出去1000美金，算起来我已经花了4500美金，折合人民币27000多元。可能在这些人里面，我的消费还是较少的。

第20天（12月19日）阴

昨天晚上花了很长时间收拾行李，担心超重带来麻烦，最后还是樊海龙校长替我分担了一些。早晨7点起床，吃完早点，8点我们准时出发赶往华盛顿机场。（华盛顿共三个机场）

我们的行李有点多，旅行社不得不找来一辆大车专门拉行李。导游说这是他见过的旅行团购物最多的，创了纪录。航空公司规定每人只能托运两件行李，每件行李不得超过50磅。另外还可以带两件小行李上飞机。我们每个人行李都不少，所以每个人都累得满头大汗。

接受安检，乘坐航站转运火车以后我们在 c3 登机口准备就绪，大家的心一下子踏实了。转眼之间，大家又去购物店进行最后的"扫荡"。

候机时看到了一群同样的国内旅客，大包小包的，说着相同的话，谈论着购物的体会。

12 点 40 分飞机准时起飞，将近 14 个小时到达北京，一种回家的迫切感油然而生。我们乘坐的飞机是波音 777，这里的座位明显比国内宽敞，在里面坐着一点都不觉得拥挤，比来时舒服多了。飞机上同样是年龄很大的男女服务员，有黑人有白人。同样，微笑是他们的名片。

我坐在靠窗的位置，目睹了飞机滑行、加速、离地、起飞的全过程。高空之上又一次看到美丽的云海。天是出奇的蓝，没有一点遮挡。

北京时间早晨 9 点 30 分左右，我打开悬窗拉板，看到远处的天际线渐渐发红、发亮，知道我们又回到地球的这一边了。经过 14 小时的飞行，我们安全顺利地到达首都国际机场。

首都机场的人山人海又一次让我想起美国机场的清静与空旷。我在想：如果我们有美国同样的人口数量，我们的国家会是什么样？如果美国有 13 亿人口，他们将会怎样？

祝愿人民的生活越来越好，祝福伟大的祖国永远繁荣富强。

2014 年 12 月 19 日（华盛顿时间）

考察报告

开拓教育视野
——赴美教育培训汇报

美国教育概况

（一）关键词：义务教育

美国早已普及 12 年义务教育，也就是从小学到高中。他们的学制是：小学 5 年，初中 3 年，高中 4 年。一般的小学开设学前班 1 年。学前班年龄一般为 5 岁。其间，我们就参观了一所 k-3 年级的学校。

美国是最早实行义务教育的国家。从二战结束以后（1945 年）就开始施行全免费的 12 年义务教育。12 年的全免费义务教育标志着其国力的强盛以及政府对教育的高度重视。（加上学前班 1 年，实际上是 13 年的义务教育）

中国是在 1986 年颁布《义务教育法》以后，开始实行义务教育的，是 9 年义务教育。

美国奥巴马政府提出"不让一个孩子掉队"的教育计划，反映出他们的教育理念和教育决心。从我们参观的学校来看，各个学校的做法真是处处体现着这样的教育理念。

（二）关键词：课程

1. 美国基础教育的课程分为两大类：必修课程和选修课程（与我们相似）。必修课程包括：语文（英语）、数学、科学（自然科学和人文科学）、体育；选修课包括：音乐、美术、电脑等。

2. 各州课程不同。美国没有全国统一的教学大纲，各个州单独制定课程标准。所以美国没有全国统一高考，各大学录取都是学生自己申请，参加所申请学校的考试。如果你想报考多所大学就要分别参加考试，所以一个学生也有可能同时收到几所大学的录取通知书。因此，美国高中制4年，因为要有1年左右的时间向自己心仪的大学提供各种材料并参加该校的考试，所以美国高中孩子们很辛苦。

（三）关键词：教师

1. 学历：美国教师学历要求是本科毕业，但研究生毕业的很多。

2. 工资：新毕业的教师年收入在5万美元左右。中小学教师工资各个州政府是不同的，但在同一个州基本是相同的。老师的工资略低于当地的公务员。法律规定，美国教师每年要休息3个月，很多人选择教师也是因为有相当长的假期。工作3年以上的教师就可以成为永久性教师，是受工会组织保护的，是很难被开除的；大学任教5年以上就可以成为终身教授。

3. 工作：美国小学教师分为全科教师和专科教师。全科教师要教语文、数学、科学等学科，体育、音乐等为专科教师。这一点跟我们比较相近。教师的工作量很大。

美国政府规定成人每周工作5天，每天8小时，超过工作时间是要付加班费的。任何部门在员工工作2小时后要休息10分钟，中午要有1个小时的午饭和休息时间。法律还规定公民每年可以享受14天带薪休假；每年有10～12天的病假时间。病假时间可以转让也可以延续到下一年，如果一直不休假就要对其进行奖励，最后累积到你的退休金里。美国人大部分都会按时休息的。产假也是如此。

（四）关键词：评价

美国基础教育的评价主要通过学区进行。其间，我们访问了桃木谷学区。桃木谷学区隶属于加州洛杉矶县洛杉矶市的一个学区，共有15所学校。包括9所小学、2所初中、3所高中和1所特殊学校。全学区共有学生1.5万人，属于中等规模的学区，在加州地区排17名，其中2所高中在全国排前100名。

他们非常注重社区对教育的评价，也非常看重社区的力量。因为社区里有法官、律师、工会组织成员、国会议员等，积极争取社区的支持是办好教育的头等大事。这也充分体现了学校不是校长的学校，是大家的学校，是社区的学校。

我们还了解到学区的任务有以下几方面：一是管理和评价全学区的所有学校；二是对全学区所有教师进行专业培训；三是财政管理以及评估学生学业水平。

他们面临的问题是：改革要先争求社会各方面的意见和建议。因为课程体系的改革会让所有的家长不适应，让他们接受和理解改革是相当重要的。第二，美国试图进行全国统一考试（目前各州统一），但各州教材不同，没有统一的考试大纲，没有统一的课程标准，改革谈何容易？

据说，美国特别欣赏中国的基础教育，欣赏我们基础教育的全面、系统、扎实。他们在学习借鉴中国的教育模式。他们认为美国现在的孩子太过松散，急于创新，对基础知识的学习不够重视。他们的"十万强"计划更多的是因为其他国家的教育和人才的逼近，他们需要学习借鉴其他国家的教育经验。适合的才是最好的。

例如：希尔初中。这所学校目前只有初中年级，学生 448 人。在加州属于较小规模的学校。学生的平均分数在 2.0 分，95% 的学生学业水平在 2.5 分（最高分为 4 分）。

（五）关键词：课堂

初高中基本上都是"走班制"。学生根据自己的学科程度自主选择课程。每个学生的课表是不一样的。每学期可选择不同的课程学习。所以我们会看到课间学生们背着书包匆匆穿行于校园。这充分体现了学校在一定程度上尊重学生选择的权利。老师们在教室里等待孩子们的到来。我才理解刚才校长介绍学校有 150 间教室而不是说 150 个班级了。这也让我想起北京市十一学校的课程改革——每人一张课表的做法。李希贵校长的大胆改革是不是从美国高中教育的特点中受到的启示呢？

我们走进不同的学科教室看到学生都很认真地在学习，没有想象中那样自由松散的状态。但学生们穿拖鞋、染头发的个别现象还是有的。

（六）关键词：课间

1. 无课间。请大家看一张马纳塞斯中学的课表。

每节课 50 分钟，中间没有休息。只有学生转场时间 5 至 7 分钟，喝水、小便等在上课期间随时可以，但上厕所一次只能允许 1 人，待一个人回来后另一个才可以去。

2. 有氧课间。我们在威尔逊高中正赶上学生的"有氧休息"，孩子们从教室纷纷涌向室外。一堆堆一群群，或吃着零食或喝点饮料，一边沐浴着阳光，一边让大脑得到休息。大约 15 分钟后，铃声响起，孩子们纷纷走进教室。

3. 海鸥。休息结束后，学生们留下了食物残渣，一只只海鸥从四面八方飞过来捡食食物，成为校园里一道亮丽的风景。风卷残云之后，海鸥们四散飞去。这可能是它们每天定时定点的享受。老师、学生们都已习惯，没有人去打搅它们，人与动物得以和谐相处。

4. 上学。美国学生的上学方式也是独特的。法律规定 16 岁以上的孩子可以考驾照，所以开车上学的孩子也是常见的。学生们上学有的乘坐校车，有的步行，有的骑自行车，有的使用滑板车……

2015 年 1 月

感受巴蜀学校的育人文化
2016 年 3 月 29 日六校联盟赴重庆、成都学习考察报告

三月的巴蜀大地早已是一片勃勃生机，树木茂密，草地浓绿，五颜六色的鲜花盛开，淙淙的溪流缓缓流淌，温暖湿润的空气沁人心脾，与初春的北京比起来，这里已经呈现出春天的美丽。

一、一所全面优质的学校——北碚区人民路小学

3 月 21 日早上 7 点 30 分，我们一行 34 人前往重庆北碚区人民路小学，一个小时以后到达学校。学校的王副校长和一位主任接待了我们，并分别带领我们参观了学校。然后大家集中听取校长严卫关于学校文化建设的报告。

通过严校长的报告，我们了解到这是一所在重庆非常有名的学校。学校

曾被评为全国人文校园示范学校，学校的足球队参加全国比赛获得过第四名，中央电视台体育频道曾专门报道过学校足球运动开展情况。学校的办学理念是：和谐管理，和谐教育；培养目标是：人爱、人和、人德、人才。学校把"人人成为高素质的社会公民，完成高质量的人生旅程"作为办学使命。

听了严校长的介绍，了解了学校校园文化，看到孩子们常态课的表现，我觉得人民路小学确实是一所优质学校，可谓全方面优质：管理优质、课堂优质、教师优质、学生优质、设备优质。这一切让人民路小学成了当地教育的一面旗帜。

人民路小学给我留下了这样的印象：学校虽小，办大教育；学校虽小，但很精致；学校虽小，成绩斐然；学校虽小，声名远扬。

二、一所美丽的学校——重庆巴蜀小学

3月22日，我们来到重庆巴蜀小学。我对这所学校的认识是：

1. 一所美丽的校园

这是一所美丽的校园。我们是从东北门进入的，一进来就被错落有致、蜿蜒曲折的台阶吸引了。高低错落的石阶两侧种着绿色的树、美丽的花。大气壮观的教学楼，接二连三的雕塑和喷泉，长在楼前、路侧的凤尾竹，点缀在阳台、露台的绿植、小花，让人感觉这里温馨美丽，就像一座大花园。

2. 一所文化的校园

巴蜀小学建校于1933年，叶圣陶曾是这里的国文教师，周勖成是第一任校长。建校之初学校就制定了《巴蜀宣言》，一代又一代巴蜀人遵循着"创造一个新的教学环境，实验一些新的小学教育"的办学使命。

校史馆记录着学校的发展历史。老照片记录着学校的发展历程，知名的校友见证着学校的育人成果，座座奖杯彰显着学校取得的辉煌成绩。

校园寻宝、大门征集、学生榜样、门口对联、雕塑名言、校名藏头诗等无不彰显着巴蜀小学是一处文化的圣地。

3. 一所未来的校园

学校的办学理念是"与学生的脉搏一起跳动"。在这个办学理念的指导下，学校实行"律动教育"。律动课堂、参与式教学、开学节、丰收节、项目学习、核心素养落地、一字目标个性路径、众创课程，这些做法都是在学生培养目

标的定位下采取的有效策略。他们在为培养具有公正诚朴、科学头脑、国际视野的现代公民打下坚实的基础。

由于学校名气很大,学校先后开设了五所分校,已经成为"巴蜀教育集团",慕名前来学习、培训的全国各地的教育同仁络绎不绝。今天和我们一起来学习的就有山西、四川以及集团分校的老师近百人。

三、一所尊重生命的学校——成都师范银都小学

3月23日,我们来到成都师范银都小学。双方各上一节语文课,老师们一起观课议课。第一节课由银都小学语文老师钟敏执教三年级《最后一片叶子》。课堂突出体现"以问题为导入,按照学生的思维顺势而为";昌平实验二小郝芳超执教四年级语文《可贵的沉默》,课堂突出体现"顺学而导,培养情感与表达"的特点。两节课都非常精彩,带给学生和老师们愉悦的享受。而后听了文莉校长"尊重生命 彰显个性"的学校文化建设报告。

银都小学2000年建校,实行小班化教育。"尊重生命,彰显个性"是校训,也是办学理念。学校倡导"自由、超越、创造"的生命个性:"让生命花开七彩,为每个孩子最优化的个性发展"是全体银都小学工作人员的梦想;"健康、聪慧、高尚、快乐"是他们的育人目标;学校倡导"安安全全、干干净净、整整齐齐、安安静静、生机勃勃"的学校风貌。

在教师团队建设方面,学校传承师范"大气、正气、争气和生长力"的文化精髓;塑造"木秀于林是一种景观,秀木成林是一种壮观"的教师队伍。在学生个性成长方面,学校创造性开展国际课程,创造性开设个性化课程以及提升精品课程。

四、一所充满诗意的学校——银都紫藤小学

3月24日,我们到成都银都紫藤小学参观、听课、交流。这是一所刚刚成立的学校。

紫藤小学,沿袭银都小学的传统,"一所天生的现代化好学校"。学校倾力打造全球教育科技顶尖系统——智慧教室。

通过听课、参观校园以及主题交流,我深深喜欢上了这所学校。这里精心装点的一花一草,这里热情服务的每一位干部,这里每个人诗情画意的发言,

让我们这些与会者仿佛走进了诗意的校园。

不管是校长黄敏丽以"紫藤花开 共生共融"为题的发言，还是总务校长李贵远以"成就他人 静待花开"为主题的表达，以及马红滔老师以"学生教师的幸福成长"和家长代表以"紫藤桥，连着你和我"的主题分享，都是那样娓娓道来，都是那样诗情画意，都是那样充满幸福与激情。

五、几点感受

见识。走进了巴蜀之地，我们看到了全国著名的巴蜀小学、银都小学，看到了美丽优雅的校园，看到了这里干部教师的工作自觉，看到了这里的学生展现出的生命状态，我们与会者都为这样的学校而赞叹。这样的学校才是真正的好学校。

充实。将近一周的学习，内容精彩，活动紧密，听课、交流、参观、讲座、报告、分享，每天都非常充实。

美食。考察之余，我们品尝了重庆的火锅、成都的小吃，在学习之余享受了地地道道的四川美食。

认识。只有出去了才知道外面的世界有多大，只有看到了优秀才知道自己与优秀有多大差距。学习交流再次让我对自己和我们的学校有了清晰的认识。不要停留在一点点成绩上沾沾自喜，不要鼠目寸光只顾周边就觉得可以懈怠。"没有完美的教育""教育永远是不完美的"，在教育的路上我们永远需要不断学习、不断审视、不断改进、不断前行。

第三章　读书心得　汲取名家力量

阅读开阔了我的教育视界。阅读让我学到了管理艺术，阅读让我了解了名校的办学特色，阅读让我领会了名家的教育思想，阅读让我学到了优秀校长的治学方略。

阅读打开教育视界

其实，我并不是一个爱读书的人。当老师时偶尔看一些教育杂志和报纸，了解一些教育信息、教育动态倒是经常的事。然而，自从走上学校管理岗位（副校长）以后，我才开始有了要阅读、想阅读、必须阅读的念头。

一、我所阅读的书

我所阅读的书主要分为三类：学校建设、教育管理丛书，名校长办学经验丛书，名人励志丛书。当然也有一些其他的书，那是极少数。

我之所以选择这些书，是因为工作需要，可以从中丰富、补充自己在工作中的知识和经验。

近一段时间来，我阅读的书有：教育政策研究丛书《特色 建设 攻略》《特色 行动 影响》；教育管理丛书李希贵的《为了自由呼吸的教育》《新学校十讲》，朱永新的《教育如此美丽》，李镇西的《做最好的老师》，窦桂梅的《我的教育视界》，佐藤学的《静悄悄的革命》，苏霍姆林斯基的《给教师的建议》；励志类丛书卡耐基的《人性的弱点》、杨莉的《赢在敬业》、麦克林的《成就更好的自己》、王石的《成功就是自己和自己较量》以及家庭教育方面的《特别恨心特别爱》《规则与爱》等。

二、我的读书方法

其实，我看的东西不少，看完以后能够记住的东西却很少，因为我的记忆力很差。当某某人提起某本书或提到某个作者的一些观点、思想时，自己明明看过却记不住细节。为了弥补自己记忆力差的弱点，我总喜欢在书上作标注，随笔画出自己觉得有用的文字，并把此页折叠。一本书看下来总会画得乱七八糟，折得页脚参差不齐。所以学校虽然制定了买书报销的政策，但由于我的这些习惯，那些书我只能自己购买。每次都是高杰帮我在网上购买，写上自己的名字并准备留存起来。

每次读完整本书以后，我会在笔记本上做专门的摘抄，把自己认为有启示的话或者好的教育管理方法记录下来。直到现在，我还会时常打开自己以前的笔记本。那些内容时常会触动自己，给予我许多灵感，对我的工作帮助很大。而且，看到杂志、报纸上的重要内容，我也会摘抄下来。

我还会在笔记本的扉页上摘录经典的语句，用于提示和激励自己。如"花因风雨难为色，人为贫寒气不扬""假如你的能力一般，敬业可以让你走向更好；假如你本身已经很优秀，敬业则带你走向更加辉煌""成由勤俭破由奢，止奢当自少年始""只要你有足够的爱心和耐心，每个孩子都会改变"……在我的每一个笔记本的扉页上，都有这些至理名言。这样做一方面用来激励自己，另一方面也可借机会把这些名言警句传递给我的老师们。

三、读书后的一点行动

读书确实给我的工作带来了很多启示。其实，不管是教育学生、教学方法，还是学校管理、文化建设，不都是学来的吗？读书的真正目的应该就是指导实践，也就是要有改变，要有行动！

通过读书我受到了启发，才有了"学校文化建设大讨论"的校本培训，才有了学校"早读、午写、晚唱"校本课程的实践，以及学校"新成功教育"设想的目标雏形。

我还把自己读过的书及时推荐给学校的老师和学生家长。目的就是让我们的学生能够受到良好的学校和家庭教育，让他们健康快乐地成长，拥有幸福美好的童年。

在我的电脑里，有这样一个文件夹——"我的零思碎想"，内容是把自己学习过程中受到的一些启示和灵感及时梳理出来，形成较为完整的系统思考，如关于"智慧课堂－合作学习"课堂评价的思考，关于"班级文化建设"的思考、六年级毕业课程设想等。这些零思碎想有的已经变成我们学校的行动，有些还在思考和筹划之中，我会在适当的时候结合我们学校的实际情况不断推出新举措。

总之，阅读应该成为我们生活的一部分。它会为我们每个人打开自己的教育视野。它不仅让我们知道有什么，更让我们懂得该怎么做，相信通过阅读，改变会悄悄发生在我们每个人身上。

2014 年 6 月 22 日

《彼岸的教育》读后感

刚刚读了《彼岸的教育》这本书，我开了眼界，发现了自己的不足之处。

一、教师的成功之道

《彼岸的教育》这本书让我认识了霍夫曼这样的老师，书中介绍说："在其职业生涯中使数千名学生的生活熠熠生辉。"这才是我们所说的"桃李满天下"。作为教师，他获得了他所教的绝大部分学生的认可，并使数千名学生获益匪浅，甚至影响他们的一生，这是非常难能可贵的。

一位老师，在他的职业生涯中，教出一两个杰出的学生并不是一件难事，但是教出一批杰出的学生就了不起了，那说明他找到了教书育人的方法且掌握了其中的精髓。

二、教师的"师爱"

英国著名的伊顿公学校长利特并不认为学术能力是成为一名优秀教师所必须具备的重要条件。

罗恩·克拉克的做法是：他在接受一个相当棘手的班级又没有额外支持的情况下，为班级制定了严格的班规。他不在乎学生是否喜欢他。他认为：我不是来这里跟他们做朋友的，我是来这里教他们的。最终他获得了学生们的尊重。

克拉克的话其实反映了教师和学生来学校的真正目的。教师关爱学生的最好的方式，就是通过帮助学生掌握知识，来提高学生的学习能力，这就对教师不断提高自己的教学能力提出了要求。也就是说，教师对学生的关爱，不仅仅表现了对学生学习行为与日常生活的关心，更重要的是体现了"师爱"最本质的内容，也就是教师对自己专业发展的关爱。

"严是爱，松是害"，我认为对学生严格就是爱学生。在要求学生的同时严格要求自己，这样才可以谈"师爱"。

三、教师的素质

通过对书中第四辑的学习，我清楚地认识到教师的专业能力不单纯地等同于他的学术能力，而应该是各方面综合素质的体现。在今天的教育教学过程中，对我们教师来说，教学内容是由大纲和教材规定的，学生和老师没有太多的选择权。为了上好每节课，教师需要学习学科以外的很多知识，提供给学生丰富的教学资源来充实课堂。

教学方法是一门艺术。既然是艺术，那就不能生搬硬套地复制，需要我们不断补充学科以外的知识来提高自身素质，完善属于自己的教育理论。教师在教学工作中，选择好的教学策略，决定教学组织形式，创新教学方法，才能让学生感到常教常新。这是教师必备的素质。

这本书告诉我：国家不同，文化各异。《彼岸的教育》让我们多了一些见识，引发了一些思考。最终我认为是我们观念的不同，才导致做法的不同。我们始终应立足实际，做好自己。

教育中的"活动育人"

——读杜威的《教育名篇》有感

"活动"的概念作为一项重要教育原则，并没有什么新颖或惊人的东西。特别是"自我活动"这个概念，长期以来一直是代表最高教育理想的名称。可是人们解释活动的意义，常常过分看重形式，过分从内在方面去看，因此始终是一个空洞的理想，对实际毫无影响；有时还变成一个空洞的词句，只得到口头上的推崇。

作为一名小学教育工作者、管理者，在 20 多年的工作中，我深深体会到参与、实践、体验、内化的自我反思式教育的重要性。一次学生性群体活动、一次个性展示机会、一次学生自主班会所给孩子们带来的教育远远超越教师精心准备的"劝告性演讲"。在读完杜威的《教育名篇》一书后，我坚定了自己的组织活动原则——学生喜欢、形成系列、追求真实。

作为学校干部，必须是师生品行的楷模，是师生精神魅力的引领者；必须满怀工作热情，必须学会求同存异，在繁杂的看似事务性工作中始终保持清醒的头脑；必须做到快乐工作，感染师生快乐生活、学习；必须有"工作纷繁我不烦，别人倦怠我不怠"的饱满激情。

一、规范活动框架——组织育人

作为普通学校，我认为干部必须谱好"四步曲"，这是开展主题活动的组织基础保障。建议如下：

1. 坚持完善升旗制度、强化国旗护卫小队训练制度。相关学生干部参与指导、培训。

2. 发挥少先队组织作用，建立"每人一岗"，为队员提供服务集体、服务他人、锻炼能力、培养积极进取精神的机会。坚持小干部轮换制，加强队干部培训管理，以激励手段增强队干部的自信心，提高小干部的工作能力，为学生创造更有吸引力的锻炼机会和条件。

3. 坚持小干部例会制度，培养学生参与学校管理、做学校小主人的意识。

4. 进一步加强宣传阵地建设——"红领巾文明一条街""益民打气站""红领巾绿化基地建设"，整合现有教育资源，不断丰富网络、校报、广播站、电视台、专栏、班级板报的宣传内容。

二、搭建活动框架——环境育人

学校干部要善于在实际管理工作中积极探索组织工作创新思路，不断摸索适合学校实际、切实可行的工作途径。以师生为本，努力倡导"在实践中体验，在体验中感悟，在感悟中自我发展"的育人模式。营造氛围、形成系列、打造工程、严管善导，利用学生切身的生活体验，进行行之有效的教育活动，让学生在广泛参与道德实践活动中学会自我定位、自我调控、自我创造、自我发展、自我完善。

三、填充活动框架——体验育人

在兴趣的引导下，让学生在合作中学习，在学习中互动，在互动中实践，在实践中体验是组织活动的总体思路。我国伟大的教育家孔子说过："知之者不如好之者，好之者不如乐之者。"爱因斯坦谈到成功的秘诀时也说过："兴趣是最好的老师。"我国围棋棋圣聂卫平也说："是兴趣，引我闯入围棋世界。"兴趣真有奇妙的力量，它使人从平淡中发现瑰丽，它给人们带来勇气、信心、动力、成功。

组织一次精彩的活动，好比写一篇感人的文章。

选题。教师要把自己放在与学生平等的位置上，要善于和学生交朋友。教师要培养学生的主体意识，尊重学生，让学生真正成为活动的主人。让他们参与策划活动，这是成功开展活动的必要前提。活动主题体现着每学期教育工作的主打思想，每学期一主题，每学期一系列，它融合在学校整体工作中，是学生校园生活的快乐润滑剂；它体现着社会的进步、时代的要求；它融合在大背景下，是学生生活实践的快乐源泉。活动忌大、宜活、喜新。

拟提纲。教师要结合活动主题，以学生的视角，挖掘主题思想，让学生们在活动中亲身体验。鼓励学生学会自主地进行思想信息的沟通，相互交流学习体会，相互进行思想火花的碰撞，展示自己，认识别人，并使自己的思想感情得到升华，促使其主动实现道德品质内化。

行文。教师要始终和孩子们在一起，读懂孩子们的需求，学会孩子们的审美，这样才能充满信心地"下笔如有神"。组织活动时，要求组织者准确把握好节奏，组织要细致，活动要精致，要提高驾驭活动的能力、处理突发状况的能力，与孩子心贴心、手牵手，缓步走，体现爱国精神、民族精神、团队精神、拼搏精神。

修改。活动组织结束，干部、教师要善于总结，自觉养成反思的良好工作习惯，找亮点，查不足，为今后开展主题活动提供经验保障。这是提高工作效率的重要环节。

学生们在生、鲜、活的体验实践中，内化着品德，内练着修养，事理尽在活动中，情在教育中。活动育人，内容宽泛、形式多彩，学生们在看、练、玩、读中领略人生哲理，快乐健康成长。

《帕夫雷什中学》读后感

"活教育学"这几个字是本书留给我最为深刻的印象。"活"是一种生命的状态，"活"是一种情感的灵动，"活"是一种思维的创造。

一、苏霍姆林斯基是伟大的

这本书是他几十年如一日、丰富多彩的教育实践，是他以创造者的姿态不断探索、不断总结、不断完善而形成的凝聚着集体教育智慧的结晶。在他的感召下，帕夫雷什中学的教师成了本学科的教学权威；老师人人是多面手，能够指导学生开展多种活动；老师人人都能写文章，能做一定意义上的学术报告；老师人人都热爱学生，注意发挥孩子身上最强的一面，注意保护学生的自尊心。苏霍姆林斯基自豪地说："我校集体是一个志同道合的创造性友好集团，这个集团中每人都为集体的创造做出他的个人贡献；每个人借助于集体的创造在精神上得到充实，同时他又使他的同事们在精神上充实起来。"

二、培养和谐发展的人

教育工作的目的是什么？那就是使每个学生都能在道德上、智力上、实际能力上和心理上做好劳动的准备，发展他们的个人素质、意向和才能；开发每个学生的天赋和才能，使他们享受到为社会、为人民的幸福进行饶有趣味的、充分发挥了智力的创造性劳动的幸福。学校培养的是全面和谐发展的人，这一思想贯穿本书始终。苏霍姆林斯基为学生提供了充足的课余活动时间，为学生建立了许多满足精神需要的课外兴趣组。这是多么令人兴奋的事情啊。那里的老师是幸福的，那里的学生是幸福的。

三、教育需要用心去经营

很多时候，我们有想法有愿景，却始终不能让一颗浮躁的心静下来。帕夫雷什中学是苏联乌克兰境内的一所十年制普通乡村学校。苏霍姆林斯基的大部分教育生涯就是在这里度过的。他以这里为基地，实践并发展他"自己的教育信念"；他以这里为取材源泉，抒写了他那生动感人的教育诗篇。

我们应该以敬畏的姿态来享受我们的生活状态，热爱每个孩子，热爱与他们一起度过的充满着灵动的日子。记得书中写了苏霍姆林斯基将一个当初数学很弱的孩子教成了后来的"数学家"，这需要怎样的教育智慧啊！

《帕夫雷什中学》一书与"苏霍姆林斯基"这个名字联系紧密。苏霍姆林斯基的名字和影响早已越过了国界。时至今日，翻读他的《帕夫雷什中学》，我们依然能感受到人性的真谛、智慧的芬芳。

《校本研修面对面》读后感

刚拿到这本书时，我觉得书名很普通，没有引起我读它的兴趣，看了"前言"以后观点发生改变，我才开始慢慢品读。读着读着觉得书中的内容离我们很近，越读越觉得我们能够从中找到很多解决问题的办法。总体感觉它像我们工作中的朋友帮助你解决问题，像我们同室的教师帮你找到方法，像一位教育专家帮你不断提高认知。

读了这本书我有这样的感觉，似乎不是自己一个人在读，而像是在和一位专家对话。它以五个话题的形式出现，和我们畅谈了十六个方面的内容。文中的五个话题包含了我们在教学中方方面面的内容。文章的语言表达方式很通俗，没有让人费解的专业术语；文章的语言风格平实，没有居高临下的说教。

这本书告诉我们，校本教研研究什么？不是让我们研究什么高深的理论，更不是说要我们研究多么时髦的课题。这本书告诉我们校本研究就是要研究课堂上的小问题、小现象，把现实中蕴涵的真问题解决好就是研究。通过对一些小现象的研究，让老师们找到真正解决课程的切入点，把理念变成行动，把抽象变得具体。对于教师而言，首先研究自己的问题，从细小的内容入手，解决一点点问题，就能实现一点点发展。

例如：学生回答问题时没有主次，条理不清怎么办？通过研究得出的方法是：让学生在答案前面标上序号。再如：学生做记录时往往过于烦琐，不会精炼表达怎么办？通过研究得出的方法是：限制字数，规定每条记录的字数。这些问题是多么细小、多么常见呀，得出的方法却能够让我们借鉴，帮助我们解决问题，提醒我们改变方法。这就是研究，这样的结论可以推广，这样的研究就有价值。

这本书还告诉我们今天的教育工作者面对新课程的态度是：要善于学习，更新观念；要实事求是，科学对待；要积极探索，勇于实践。知识从学习中来，理念从认识中来，方法从实践中来，研究从探索中来。而最根本的是：不管我们做什么事情都要本着实事求是的态度，以科学认真的精神，不断适应课程发展的新潮流，把握新观念，学习新内容，尝试新方法。

我还有这样的感觉：如果你是一位老师，这本书会告诉你如何进行教学反思；如果你是一位教学干部，这本书会告诉你如何组织反思研究；如果你是一名教研组长，这本书告诉你如何开展教研活动；如果你是一位科研人员，这本书告诉你如何具体策划一次研究活动。一个个对话的下面是一个个鲜活的案例，一个个鲜活的案例后面是一段段经典的评价和总结。

这本书的每一个话题都有"学习提示"，告诉我们学习的主要内容和精髓所在。每一段对话的前面又都有"阅读前的问题思考"，让我们带着问题读书，带着问题思考。每一个对话内容里面都有相关的"阅读链接"，让我们领略这一篇又一篇的管理文章，让我们欣赏到一篇又一篇的经典美文。

这本书坚持有框架、有体系、有理论、有事例。文章从老师们的困惑和问题出发，围绕问题和困惑开展讨论，让我们获得工作中的帮助，引发成长中的智慧，获取工作的快乐和生活的幸福。

这本书具有导向性、针对性、操作性，更具有可读性。相信我们每个读者都会从中受益。

读《夏山学校的百年故事》有感

利用很短的时间快速浏览了《夏山学校的百年故事》这本书。说是快速，其实是只读了一个晚上，差不多读了整本书的三分之一。原本我是不喜欢读国外的关于学校教育的书籍的，原因是读不懂，语言表述不习惯。再加上国情、文化背景、办学理念、社会需求的极大差异，可借鉴的内容不多。只不过通过这些读物开阔一些自己的视野而已，一切都停留在"知道而已"的层面，可学习可效仿的东西实在很少。

接到要当本期读书分享活动主持人的任务后，我不得不赶快行动，一目十行，快速浏览。这本书居然让我不像以前那样读不下去，而是读得还比较有兴趣。原因在于这本书真的是学校的故事，是学校校长记录的和孩子们发生的一个个鲜活生动的教育故事。其实，就是一个个"事件"，一场场"灾难"，一个个真实的对话、情景、场景，一个个特殊孩子的活生生的形象出现在眼前，让我们这些教育工作者能够想象得到这是真的。我们的学校里也曾经拥有这样的孩子。同理心、认同感使我找到了夏山学校校长的语言密码。

我佩服校长的勇气、胸怀、细腻和智慧，更羡慕他敢于接纳、认可、放纵和顺应孩子的理念、策略和方法。

一、我的摘录

我从书中提取了以下 20 句话，作为我对这所学校的印象。

1. 学校的教育哲学吸引了国际上众多的教育家。（国际影响力）

2. 让学校来适应孩子，而不是让孩子去适应学校。（先进的理念，真正以学生为本）

3. 夏山学校是按照孩子自己对成功的定义来衡量学生。（学生观、学校的成功哲学）

4. 学校实行弹性的上课制度、自助管理等做法至今仍领先于这个时代。（校长的办学理念、管理策略超前）

5. 学校始终贯彻了这一做法——以孩子为本。（坚守信念，持之以恒，不受外界的干扰，不随波逐流）

6. 学校大约有 25 名男生、20 名女生，大多属于外籍生源。（学生复杂，背景各异，差异化显著，小众的学校）

7. 被称为"无为而治的学校"，聚集了一群无法无天的原始人。（可以想象这群孩子该有多难管理）

8. 生长在自由环境中的孩子不会轻易受到别人的影响，因为他们根本不知道什么叫害怕。（这样的孩子该有多恐怖）

9. 孩子们讨厌任何给予老师们的特权。（平等的师生关系）

10. 夏山的孩子们对陌生人格外热情。这是我和教职员工们骄傲的源泉。（孩子们还是善良的；平常接触的人真是太少了）

11. 所有来自成人世界的干涉或指导只会培养出一代机器人。（个性化培养的理念下的认识）

12. 没有人强迫孩子上课，下午完全是自由的时间，四点是下午茶……（孩子们的生活真是自由、惬意）

13. 夏山学校很少有顺风顺水的日子。（对于校长而言那该是怎样的日子）

14. 为了收支平衡，我们只接受来自中产阶级家庭的孩子。（小众的教育，我们学不来，中国也没有）

15. 在夏山学校的生活永远是付出。（能够想象校长、老师们的辛苦）

16. 要是你对人有统治欲，你就不适合做校长。（校长的独特想法，常人很难做到）

17. 在夏山学校虽然推崇自由发展，但并不意味着没有约束。我们对学生的生命安全做足了防范措施。（安全第一的思想真正落实到位。这点我们

真的要学习）

18．他们的家庭环境也是如此，父母是支持他们的。（学校的理念做法得到了家长的认可支持）

19．我们发现，那些到了 15 岁还不会或不愿意学习阅读的男孩子，通常在操纵机械方面很有天赋。（多元智能理论的证明，孩子总有他天赋的一面）

20．故事说明知识本身并没有个性和人格重要。（证明确实如此，我们同意这样的观点，但我们没做到，夏山做到了）

二、我的感受

1．四个"奇"

夏山学校有着一位神奇的校长，创办了一所神奇的学校，带领着一群奇葩学生，创造了教育史上的百年奇迹。

2．存在即合理

这样一所具有百年历史的学校，尽管饱受争议，但它依然独树一帜。时间足以说明一切，如果不被认可，要么被取缔，要么被合并，要么无学生可招以致自然消亡。夏山存在百年足以证明它的价值！

3．小众与大众

社会上总有一些特殊的孩子，这些"小众"学生不适合在所谓的"大众"学校里生活。夏山做到了真正的以学生为本，顺应了他们的天性，最后成就了这些学生。真正体现了因材施教的教育原则。

三、我的思考

1．我们也有像夏山学校里那样的孩子吗？答案是肯定的。我们的孩子中也有性格上自由狂妄，行为上放荡不羁，习惯上一塌糊涂，学习上无可救药……因为"林子大了，什么鸟都会有"。

2．我们是否有这样一所学校来真正顺应那些特殊孩子成长的需求？答案是否定的。期待我们中国也能有一所这样的学校，不拘一格，打破常规，独树一帜，创造奇迹！

2019 年 1 月 6 日

读《卓有成效的管理者》有感

读书，因人而异；读书，可详可略；读书，有深有浅；读书，收获迥异。我是这样理解《卓有成效的管理者》这本书的。

一、封面呈现的信息

1. 题目引发的思考

看到《卓有成效的管理者》这本书的书名我就在想，这本书一定是在讲有关如何当好一名管理者，如何使一名管理者的工作和事业卓有成效，卓有成效的管理者该具有怎样的能力和素质，作为教育工作管理者的我们该怎样让学校的管理卓有成效，这本书一定是写给领导干部以及各类所谓的"管理人员"的！

2. 腰封传递的霸气

这本书的腰封上写着这样的推荐语"启蒙中国现代管理的第一人"；"当今中国一切活跃着的组织最迫在眉睫的问题正是德鲁克向我们描述的如何管理的问题"；"超越时空的德鲁克，管理者永恒的导师"以及"全世界的管理者都应该感谢这个人，因为他贡献了毕生的精力……"。再加上德鲁克本人的照片，配上作者自己的学说——"只有中国人才能建设中国，只有中国人才能发展中国"。

这些腰封上霸气的推荐语，"第一""只有""超越""永恒"的字眼儿，足以证明作者的伟大，足以证明这本书的价值。由此让人产生了无比期待的阅读渴望。

二、书瓤显示的数字

1. 数字"100"

拿起这本书，翻开彩页部分，由德鲁克本人的 15 张照片拼成的"100"的数字呈现在黑色的背景上。这象征着作者将近百年的人生（95 岁）。他把自己的全部献给了领导学、管理学的研究和实践上。同时，他是一个世纪中具有远见卓识的"百年一人"。

谁敢担此称谓？谁能担此称谓？唯有彼得·德鲁克。

2. 数字"38"

翻开第二页，"2017年5月第一版第38次印刷"的小字，虽不显眼，但很重要。"38"这个数字让人惊讶。这个数字足以证明这本书的畅销程度，足以说明德鲁克在全球的享誉度。

3. 数字"6"

翻开这本书的目录，从"推荐序一"到"推荐序六"，从没有见过这么多的推荐序。推荐序的作者有国内著名的企业家（张瑞敏），有大学的院长、博士（赵曙明），有德鲁克管理学院的创始人（邵明路），有教育领域的专家、教授（包政、陈春花）。全书167页的内容，有16页的推荐序，少见！

这些名人大咖的序言，足以证明这是一本经典的关于管理者的必读书。

三、书中表述的观点

观点一：卓有成效是可以学会的。

观点二：有效的管理者善于掌握自己的时间。

观点三：有效的管理者一定注重贡献。

观点四：有效的管理者能使人发挥其长处。

观点五：卓有成效的管理者善于集中精力——要事优先。

观点六：卓有成效的管理者做的是有效的决策。

以上就是管理者卓有成效的要素。

四、阅读得到的感受

1. 解开了初始的疑惑

原以为这本书是写给领导和管理者的，读完之后才明白，这本书是写给我们自己的。卓有成效的管理者是谁？其实就是我们自己。"管理者能否管理好别人是从来没有被真正验证过的，但管理者却完全可以管理好自己。"仔细一想，真的是。

2．找到与作者的共鸣

作者把管理者日常的事物、单位的各种人员的百态写得淋漓尽致，我们似乎都可以在本单位找到那样的例子。他说出了我们作为单位管理者的真实情形。我们深有体会，但难于准确表达，而德鲁克做到了。

例如：德鲁克说："管理者就是贡献价值。管理者本身的工作绩效就是依赖于许多人……"

"没有完美无缺的人，管理者要学会容忍他人的短处；发挥上司所长，发挥自己所长……"

"有才能的人往往最无效，因为他们没有认识到才能本身并没有成果。""我们无法对知识工作者进行严密和细致的督导，我们只能协助他们。"这些经典的语句让我们仿佛找到了知音，不断回想。

3．有功于译者的高超

尽管这是一本国外译本，但这本书读起来朗朗上口。读者看得懂，就像我们自己的语言体系，"普通话"很标准，读来颇感亲切，易于理解，足以见证译者深厚的中英文功底。

4．找到同感的窃喜

这本书中让我喜欢的一句话是："管理得好的工厂（或单位），总是单调乏味，没有任何激动人心的事情发生。"这句话让我感同身受。自我觉得我们的学校就是这样的。没有高端大气的校舍矗立，没有轰轰烈烈的现场会展示，没有赏心悦目的理念文字。之前悲观的以为是平平淡淡碌碌无为，现在自我安慰是静心办学润物无声。我暗自窃喜："这样下去没有错！"一份淡定和一份自信油然而生。

五、带给我们的启示

1．我们很多所谓的管理者都在实践"如何管理别人而非管理自己"的错误管理哲学。不是我们想这样，因为真的不知道！现在既然"醒了"，那就"起床"吧。

2．做一名卓越的管理者，从管理自己开始。管理自己的时间，管理自己的认识，管理自己的行动。真正的管理其实就是自我管理。

3．做到了才是真知道。德鲁克的管理理念都着重于最后的结果，都必须落实到实践上来。因为，管理的重点不在于知，而在于行。

让我们的"行"从现在开始，从每一节课开始，从每一小时开始，从每一天开始，就像一首歌中唱到的："把握生命里的每一分钟，全力以赴我们心中的梦……"

2019 年 1 月 8 日

世界怎么了？我们怎么办？
——读《今日简史》引发的思考

一、对于书名的考虑

这本书的书名叫《今日简史》，读完以后我觉得它的副书名《人类命运大议题》更适合做这本书的正书名。

因为这本书中所谈到的科技颠覆、生物技术和信息技术革命、世界霸权主义、核战争的威胁、宗教和文化让人类彼此分化成为各自的阵营、地球生态环境的恶化、我们该如何生存下去等，都是人类的大问题。这些议题事关人类生死，事关整个世界的和平，事关整个人类居住的地球环境，任何一个都是大议题！任何一个都是令人深思的大问题！作者站在全球、人类、世界、生态的视角向我们呈现事实，诉说本真，从而引发所有人思考。

二、习近平总书记的重要讲话

读了这本书我联想起习近平总书记经常说的那句话：今天的世界，正在经历着百年未有之大变局！

习近平总书记曾在联合国总部发表演讲时发出过"世界怎么了？我们怎么办？"之问。我想从这本书里应该能够找到一些答案。

1. 变局之一——科技的颠覆

"科技颠覆之所以令人担忧，是因为信息技术和生物技术的双重革命。让人类这个物种遭遇了有史以来最大的挑战，从而对自由主义逐渐失去信心。

信息技术一旦和生物技术携手，可能很快就会让数十亿人失业，同时破坏"自由"和"平等"的概念。大数据算法可能导致数字独裁，也就是所有权力集中在一小群精英手里，而大多数人不只是被剥削，还面临着更糟糕的局面，如草芥般无足轻重。

虽然科技带来了许多美好的承诺，但我想特别强调的还是威胁和危险。引领科技革命的企业和企业家自然高声讴歌科技创造的美好，但对于社会学家、哲学家和像作者一样的历史学家，却想尽快拉响警报，指出所有可能酿成大错的地方。

作者用之后的"理想的幻灭""等你长大了可能没有工作""数据霸权与社会公平""谁该拥有数据"的内容表达了作者想说的因为科技的发展带给人类的种种颠覆。作者在文中第7页写道："由于人类并不了解全球生态的复杂性，过去所做的种种改变已经在无意中干扰了整个生态系统，让现在的我们面临生态崩溃。"

在文中第19页写道："人工智能不仅能够侵入人类，更拥有独特的非人类能力，使得人工智能和人类之间的差异不是程度高低的问题。人工智能特别重要的两种非人类能力是'连续性和可更新性'。而人类都是个体，很难将所有人彼此连接，从而确保他们能够得到最新信息。相反，计算机不是彼此独立的个体，它们很容易集成为一个单一、灵活的网络。我们面临的不仅是几百万台计算机和机器人取代几百万个工人，而是所有个体的工人都会被一套集成的网络所取代。"

作者在"数字独裁"中还假设了"机器人杀手""恶意撞人的汽车"；在"人工智能和自然愚蠢"中指出："如果我们太注重人工智能而又不太注意发展人类的意识，那么计算机有了极其先进的人工智能以后，可能只会增加人类的自然愚蠢。在未来几十年内，机器人可能会找出我们最深层次的恐惧、仇恨和渴望，再用它们来对付我们。从最近的全球选举和公投就可以预见未来：黑客通过分析选民数据，运用选民所有的偏见，就可以操纵单个选民。末日的景象可能就在一次次鼠标的点击中平凡的来临。"

这些话并非危言耸听，好多事已经实实在在地发生。科技的颠覆让我们享受了很多便利，同时也可能带给我们糟糕的变局。

2．变局之二——政治上的挑战

作者在书中阐述："到了 2018 年，对于社群崩溃、不平等日益加剧、社会两极分化和全球理想幻灭等问题，工程师和算法似乎还完全束手无策。人类政治家还有很多工作要做，但我们需要新型的政治家。因为现在的人类社会已经拥有共同的文明。这个文明不是什么和谐的社群，而是充满了内部分歧与冲突。不同的文明成员会有不同的世界观，无法兼容。"

文明冲突对政治的影响十分深远。尽管我们提出文明是世界的大同，总书记也多次提出：人类命运休戚与共，我们都是地球村中的成员。但我们距离形成世界文明究竟还有多远？那可能将是人类永远的追求！人类自身的价值认同、人类文明程度的进步、民族主义、宗教信仰以及文化认同，将成为这"世界大变局"中的重要因素。

3．变局之三——绝望与希望并存

书中讲述，尽管我们面临的各种挑战前所未有、各方分歧激烈，但只要我们控制恐惧的程度，虚心面对自己的想法，必能成功应对。

核战争、生态崩溃和科技颠覆，这三个问题中的每一个问题都足以威胁人类文明的未来。如果它们交织在一起，更有可能因为相互促进彼此结合，让人类面临前所未有的生存危机。

习近平总书记在十九大报告中指出：世界正处于大发展大变革大调整时期，世界多极化、经济全球化、社会信息化、文化多样化深入发展，全球治理体系和国际秩序变革加速推进，各国相互联系和依存日益加深，国际力量对比更加平衡。同时，世界面临的不稳定性和不确定性突出，世界经济增长动力不足，贫富分化日益严重，地区热点问题此起彼伏，恐怖主义、网络安全、重大传染疾病、气候变化等非传统安全威胁持续蔓延，人类面临许多共同挑战。

因此，作者在书中表达："不同的挑战可能因为相互影响而加剧，也对某个挑战所需的善意可能因为其他挑战造成的问题而消失。"这就是绝望与希望并存的时代。

三、续写人类的新故事

面对今日世界的大议题，面对如此多的挑战，面对重重困境，我们该何去何从？答案是肯定的：认识世界的真相，智慧地生存下去。

1. 让清晰的见解成为一种力量

今日时代，知识爆炸，信息泛滥，真假难辨，鱼目混珠。每个人都可以对这个世界发表自己的看法，对全球所有的大小事情都可以说出个一二三四，但其实我们每个人对世界的了解少之又少，而且随着社会的发展，只会越来越少。我们总以为自己懂得很多，原因是把存在于别人大脑中的知识也看成是自己的了。正是由于泛滥的知识多，才需要我们有清晰的见解，有科学的分析，才能有正确的判断。让我们回到文中序言的开头："在一个信息爆炸却多半无用的世界，清晰的见解就成了一种力量。"这是作者想告诉我们每个人的重要观点。

2. 保持谦逊的态度

这本书的作者还告诉我们"无法回答的问题"通常要比"不容置疑的答案"对人更有益……想治疗人类的愚蠢，办法之一可能就是谦逊。大千世界瞬息万变，在自然面前，保持谦逊和低调做人的态度才是人类的生存之道。

3. 对中国的赞许

本书作者谈到中国，对当今中国是尤为赞许的。他在文中这样说："至于正在崛起的中国，则呈现出几乎完全相反的景象，一方面保持国内的政治稳定，一方面对世界其他地区更为开放。事实上，如果要说自由贸易和国际合作，看上去中国更像是全球化的积极倡导者。中国在西方世界的冷嘲热讽、另眼相看的环境下，依然走出了自己的路、扬出了自己的风采。"这段话令我们为之骄傲，为之自豪。

回想习近平总书记说的话：当今世界正面临百年未有之大变局，人类面临许多共同挑战。面对严峻的全球性挑战，面对人类发展的十字路口何去何从的抉择，各国应该有以天下为己任的担当精神，积极做行动派，不做观望者，共同努力把人类命运掌握在自己手中。

4. 我们该做点什么？

作者在这本书的序言中写道："这本书，我希望着眼于此时此地，重点在于当下时事，以及人类社会近期的未来。现在正在发生着什么？今天最大的挑战和选择是什么？我们该教给孩子们什么？"其实，这也是我们作为教师必须思考的问题。我们究竟要教给孩子们什么？我想，每个人心中都会有一个答案。而我的回答是：面对时代，适应变化，拥抱未知，乐观前行！

2020 年 12 月 18 日

读《笑着离开惠普》的几点感悟

可以说，我没有读完这本书，只断断续续读了一些章节。我从中了解到惠普公司人性化的管理理念、"德才兼备德为先"的选人用人原则以及"让每一个离开惠普的员工都说惠普好"的企业文化。仅从这本书的书名、前言以及后记来看，我有这样几点感悟。

一、"笑着离开"的背后

这本书的书名很特别，《笑着离开惠普》。这笑着的背后应该有这样几层含义：

1. 喜爱。作者高建华在惠普工作 17 年，如果没有喜爱我想他不可能坚持 17 年。

2. 挑剔。我觉得作者是个挑剔的人，他之所以三进三出惠普，足以见得作者的挑剔、不满足。同时也证明作者是个真正的人才，思想活跃，能量巨大，有更高的事业追求。他是个对好工作的要求非常苛刻的人。也正是这样挑剔的人，促使惠普领导者努力提升管理文化，让惠普变得无可挑剔，让挑剔的人离开时也要笑着。

3. 优秀。作者评价："惠普就是这样一家集盈利、健康、快乐于一身的卓越企业。"这样的评价很高。这样一个很挑剔的员工，能给惠普这样的评价，说明惠普真的优秀。

4. 伟大。我们知道，水平越高的人越难管理，能力越强的人越有个性。之所以惠普能够成为卓越的企业，一定是有很多能人在企业当中。如何管理好这些"能人"是很考验领导者的水平的。我想惠普的领导者一定是个伟大的领导。在书中"选人就如同选钻石""德才兼备德为先""管理者必须以身作则""善待员工的离职""制度不应该惩罚好人""健康比挣钱更重要""以最高的道德标准约束员工"等章节，都体现着惠普领导者的高明领导艺术和人性化管理理念。不得不用"伟大"一词来形容惠普。

二、人性化的管理理念

对于学校管理者，我们知道有很多种管理。制度管理、精细化管理、网格化管理、量化管理、绩效管理、人性化管理、文化管理等。在所有的管理中，归根结底都是对人的管理。

我认为，既然是针对人的管理，最高级的管理就应该是"人性化管理"。在这本书中作者说道："惠普为什么能让每一个离开的员工说公司好？秘诀是什么？我认为最关键的一点就是得益于惠普的人性化管理……本人在17年时间里曾经三进三出惠普，可能在其他企业是无法想象的。"

正是源于作者体验到了惠普切切实实的"人性化"，才有他对公司的高度赞美和无限感恩。这样的赞美和感恩我想不光是作者高建华一人的感受，相信每一个惠普人都能感受到。

那我们不得不说，惠普的创始人——比尔·休利特，他的管理理念成就了惠普，成就了惠普人。"我们不可能阻止员工离开公司，因为人才流动是正常的现象。我的愿望是：让每一个离开惠普的员工都说惠普好。"我从字里行间能够感受到创始人——比尔·休利特的理念在惠普得到了健康的发展。

三、我们该学习什么？

回到现实，回到我们的学校。我们的管理可以说都是对人的管理。我们可能也遵循着"人性化"管理的理念，采用着不同的管理方式。有人讲：如果我们还没有见到"真正的人性化管理一定会带来高效益"这样一个结果，那说明"我们人性化的管理实施还没有真正到位"。我认同这句话，而且从自身的工作经历和学校管理中的案例来看，这句话是对的！

人性化管理对于管理者来说要求更高。因为人性是最难捉摸的，每个人的性格特点都不一样，每个人对人性化的理解也不相同。你以为很人性了，可他并不认为；你认为已经一视同仁，他可能认为一碗水没端平，等等。总之，人性化管理对学校领导者管理者来讲是个大命题。

正因为如此，我们需要不断学习，不断改变管理理念和方法，让老师感到更多的理解、信任和尊重，最大限度地让他们发挥工作的主动性。不管老师们是退休，或是调动，或是离职，都能够笑着离开。最好还能怀着一份感恩，感恩学校！

2021 年 5 月 21 日

小学视角与中学课程
——前锋学校课程体系之我见

2019 年 6 月 28 日，第一次"正式"走进前锋学校，以诊断者的身份参与前锋学校的课程研讨。当小学视角遇到中学课程，说实话，真有几分忐忑。

一、印象中的前锋

1. 印象之一：一所真正的"大"学校

多次走进前锋，除了开会还是开会。知道前锋大，只知道会场大，操场大。走进才知，前锋真的很大。

前锋之大，在于地大。占地 125 亩，建筑面积 5 万平方米，教学楼、宿舍楼、综合楼、艺术楼、体育馆，一应俱全。

前锋之大，在于人多。72 个教学班，2300 多名学生，294 名教职工，市、区级骨干 68 人。

前锋之大，在于线长。从小学，到高中，十二年一贯，全区寥寥。

2. 印象之二："全人育人 行前致锋"的办学校思想

走进前锋才知，这是一所深深烙有"红色基因"的学校。学校原为部队子弟学校，前四任校长都是现役军人，所以才有了"全人育人 行前致锋"的办学思想，才有了"实干担当 追求卓越"的学校精神。这是我们一般学校所没有的办学基础。

3. 印象之三：昌平城区东部的"明珠学校"

昌平区教委曾提出要打造昌平城区东部的"明珠学校"。经过几代办学者的努力拼搏，我觉得它是了。它有了明珠般璀璨夺目的成绩，有了明珠般晶莹靓丽的校园文化，有了明珠般货真价实的地位。

二、小学视角与中学课程

1. 李岩校长的课程意图

（1）意图之一：用特色课程提升学校办学品质。

前锋学校是一艘"航母"，是一条大船。所以学校设立了具有前锋特色的"阶梯课程"。他想用纵向贯通的立体课程凸显十二年一贯制学校的课程之"贯"，用特色课程提升学校的品质。

（2）意图之二：用课程体系推动学校发展。

前锋学校是一所大学校，几千名学生，几百个老师。他想用一套完整的课程体系，把所有的教师、学生、课程、活动、社会资源统统装进课程体系当中，让所有人、所有部门、所有环节运转起来，以此推动学校的整体发展、全面进步。

（3）意图之三：他对学校的课程体系还不满意。

这样大体量的学校，需要多少课程才能满足孩子们的需求？这些6到18岁的孩子同在一所学校，需要多少不同营养的课程才能满足每一个孩子们的"胃口"？

当我们看到一份完整的《前锋学校十二年一贯制学校课程体系研究成果》时，我在感叹！这哪里还需要什么案例诊断！这分明是一次成果推介！

当然，金无足赤，人无完人。李岩校长对他们学校的课程体系还是很满意的。他想让学校的课程达到"听起来条条是道，做起来路路畅通，推敲起来无懈可击"的境界。

2. 来一次锦上添花的建议

前锋学校的课程很丰富，也自成体系，我觉得没问题。既然今天的主题是案例研讨，必须说出个子丑寅卯，那我也不妨来一个锦上添花的建议。

（1）取消"五星课程"的提法，与学校总的课程框架不搭调。"五星课程"放在那里很突兀。

（2）学校的课程划分需要统一标准。基础核心课、贯通特色课、实践创新课、融合课程、主题课程、阶梯课程、个性课程，不知道是按照什么来划分的。或者按照"课程形态、课程内容、课程性质、课程任务"来划分也可以，但是分类标准一定要统一。

（3）学校的最大优势是十二年一贯制，所以最大的课程亮点也应该是学校想重点推进的"贯通课程"。

我赞成李岩校长关于"贯通课程"的想法，建议学校整体设计"贯通课程"。形成小学、初中、高中不同阶段的贯通课程体系。能够从小学一直贯通到高中的课程应该成为学校的精品课程。这其中肯定会有阶段性的淘汰，也会有阶段性的补充，一直"贯"下来的一定是精品。

三、对于前锋学校课程分类的想法

1. 课程设计的依据

《中国学生核心素养》已经发布，我们学校所有的课程目标的最终指向应该是培养学生的核心素养。这也是我们所有学校设计课程的依据。基于这样的导向，我觉得学校的课程应该以"核心素养"所指向的"三大领域、六大方面、十八个基本要点"为目标来设计课程。

2. 重新对学校的课程进行分类

按照"核心素养"六大方面的素养内容，根据学校现有的课程基础，建议把学校课程分为：

（1）按照课程结构分为三大块。即国家基础课程、行前贯通课程、致锋精品课程。基础课程就是国家课程、地方课程；贯通课程就是学校的特色课程，也是学校的校本课程，应该是学校重点实施的具有学校一贯制特点的贯通课程（有的贯小学、初中九年，有的贯初中、高中六年）；精品课程就是学校十二年一直"贯"下来的精品。

（2）按照课程内容分为六大领域。即语言与人文、数学与科技、品德与社会、艺术与审美、体育与健康、实践与创新。六大领域包含了所有课程，这应该是和"核心素养"的培养目标相统一的。

3. 形成横向为"课程内容"，纵向为"课程结构"的前锋学校"行前志锋"课程体系（见下表）

前锋学校"行前志锋"课程体系表

结构／内容	语言与人文	数学与科技	品德与社会	艺术与审美	体育与健康	实践与创新
致锋精品课程						
行前贯通课程						
国家基础课程						

把学校所有课程分别"装在"相应的格子里，形成学校完整的课程体系。

四、对前锋学校的几点忠告

1. 不必困惑，坚持课程改革是做的哲学。我们已经做得很好，不必纠结于说法有点不统一。

2. 不唯专家，坚持学校的事情"我"做主。不必被专家的意见所左右，他们的建议借鉴着听，选择着做。

3. 不断完善，坚持教育是慢的艺术。课程体系需要不断丰富，课程结构需要不断优化。我们已经很好，相信以后会越来越好。

前锋，加油！

2019 年 7 月 13 日

第四章 闲适随想 抒发闲情雅致

教育需要一点闲适。教育的闲适是摒弃了急功近利后的一种自然，是摆脱了紧张忙碌后的一种恬静，是拒绝了平庸肤浅后的深刻。闲暇时的旅行、轻松后的随想别有滋味。

庆 功
——有感于六年级教师座谈会

今天的时代，是一个催生英雄的时代，是一个充满希望和生机的时代。百舸争流，千帆竞发，方显英雄本色。

"城小"人挟裹着时代前进的风云，涌动着社会进步的激情。他们以卓越的胆识、宽广的眼界、雄放的气魄、高远的志向拼搏向前；他们力争潮头，不需扬鞭自奋蹄，坚持躬耕不辍地探索与实践，为学校的繁荣与发展辛勤劳作着。学校这个"铁饭碗"早已被打碎，给我们留下的只有残酷的"竞争"。学校的竞争就是教育质量的竞争；教育质量的竞争就是教师的竞争。

今年，六年级全体教师再次为学校争得了荣誉。他们是响鼓，不需重锤敲打；他们没有辜负社会、学校、家长和全体同仁对他们的重托；他们很好地发扬了"城小"精诚团结、奋勇争先的团队精神，以忘我的付出、精湛的技艺、饱满的热情和沉着应对的气质再一次向社会证实"城小"教师是一流的。

六年了，回想大家为取得优异成绩而苦涩拼搏的每一个难忘的日夜，几人知，晚睡早起？

付出必有回报，今天我们在这里，就是为城小的六年级语、数、英教师和所有曾为此做出无私贡献的干部、教师庆功。我代表学校说一声：谢谢了！

2007 年 7 月

写给俱乐部三岁生日

俱乐部成立三年来，我的感受应该是最深的。新老校长的大力支持让我感动，男女教师的积极参与我很知足。我们的队伍越来越壮大了，人员结构越来越复杂了，重量级人物越来越多了，对外的影响越来越广泛了……

可以说，校内活动使我们增进了感情，校外比赛扩大我们的影响，篮球比赛使我们强健体魄，足球比赛提升我们的威望。

在校内，俱乐部成为一个焦点，吸引了许多老师的眼球；

在校外，俱乐部成为一个亮点，让别人羡慕、称赞。

对自己而言，俱乐部是一个让大家高兴快乐的场所；

对学校而言，俱乐部是一个充满生机活力的团队。

俱乐部是一股力量——有战斗力，因为我们经常打胜仗；

俱乐部是一种团结——有凝聚力，因为谁有事大家都蜂拥而至；

俱乐部是一种和谐——有影响力，因为许多人都知道城关有个俱乐部。

俱乐部三岁了，从婴儿长到了幼儿，该学点东西了。不要停留在吃吃喝喝、玩玩乐乐。我们应该成为一个有强健体魄、高尚素质的精英团队。四肢发达不是我们的目的，体育比赛也不应该是我们的全部。希望我们都能够做个有心人，在俱乐部里不断学习发展，成为一个有思想的人。希望我们不但成为学校活动的骨干，更要成为教学的骨干、教育的骨干、学校发展的骨干。希望俱乐部能为学校的发展增添力量！希望学校因为有这个俱乐部而更加自豪！

2007 年 12 月 26 日

写给俱乐部五岁生日

两年前的今天，也是在这玉来山庄，同样是在座的各位宾朋。当时的我可以用心潮澎湃、激动万分来形容，因为那是俱乐部的三岁生日。三年间，我见证了俱乐部从筹划到组建、从开始到发展的过程。我高兴、欣慰，因为俱乐部人数不断壮大，俱乐部成员结构也在不断丰富。

三岁前的活动可以说精彩，三年前的声势可以说浩大。俱乐部的成立可以说是城关的一个亮点；俱乐部的活动可以说是城关的一道风景。那时的我们耀眼，自豪，令人羡慕。

如今，俱乐部五岁了。少了一些张扬，多了几分淡定；少了一些比赛，多了几分思考。虽然没有了两年前的激动不已，也少了两年前的频繁活动，但永远不变的是我们对俱乐部的真挚情感。

五年，是转眼过去的日子，更是激情洋溢的日子。

忘不了同事间遇到困难时彼此那热情的问候；

忘不了活动以后推杯换盏彼此间那真情的表露；

忘不了俱乐部成员登顶莽山的壮举；

忘不了俱乐部车队驶向绥中的壮观；

忘不了篮球比赛我们远赴五台山；

忘不了足球比赛我们拼抢在沙滩；

四中的球场留下我们失落的记忆；

十三陵的校园纪录我们成功的喜悦。

面对强手我们没有发软，再严峻的挑战我们都勇敢面对；

遇到弱旅我们没有松懈，再轻松的游戏我们也严谨以待。

"以球会友"的锦旗我们插遍十几个兄弟学校；俱乐部比赛的照片刊登在市、区报刊。东西南北我们走遍昌平；五湖四海我们广交挚友。

近期的比赛不那么频繁了，近期的聚会不那么密集了。因为我们彼此之间的感情已不用单纯的活动来维系。我们已经通过活动凝聚了人心，通过活动聚集了人气，通过活动营造了和谐，通过活动促进了发展。

五年来，俱乐部的成长离不开学校的大力支持，尤其是前后两任校长的鼎力相助。俱乐部要活动，学校提供时间保证；俱乐部要比赛，学校提供车辆保障；俱乐部要服装，学校提供资金支持；俱乐部要外出，学校帮助解决食宿。一桩桩、一幕幕，我们怎能忘记！让我们把最衷心的感谢送给孙校长、柏校长。

五年来，俱乐部的发展离不开各位兄弟姐妹的热情参与。一呼百应让我感到俱乐部的存在价值；一拍即合让我感受到俱乐部的魅力所在。

今天的日子很特别，恰逢西方的圣诞节。圣诞老人说"幸福是拥有一个好身体，一个好家庭，一群好朋友，一份好心情"。在这里，我祝福今天所有的人都能成为一个幸福的人，都能拥有幸福的一生！

最后，祝我们的俱乐部生日快乐，祝孙校长生日快乐，祝大家圣诞节快乐！

2009 年 12 月 25 日于玉来山庄

红色经典 红色记忆

红色经典，红色的记忆；
红色经典，永久的回忆。
红色时代是革命的时代，
红色时代是壮举的诗篇。

今天，让我们唱响红歌，感受红色时代的气息。
让我们聆听红歌，重温红色时代的旋律；
让我们体味红歌，接受红色时代的洗礼；
让我们表现红歌，释放红色时代的激情。

红色经典带给我们的是激情澎湃；

红色经典留给我们的是不灭的灵魂。

红色精神照亮我们前进的方向；

红色精神鼓舞我们奔向崭新的明天！

我们早已抑制不住内心的激动和喜悦，

我们早已跃跃欲试想要歌舞。那就来吧！

红色的歌声让人荡气回肠，把我们带回到激情燃烧的岁月；

红色的语录让人激情飞扬，使我们重新想起一代伟人的风采。

2008 我们坚定地走过，

2009 向我们豪迈走来！

今天的城小处处充满着欢声笑语，时时洋溢着欢乐祥和，

今天我们讴歌幸福生活，尽情地享受改革开放 30 年的丰硕成果。

新的一年刚刚开始，祝愿每一位老师身体健康，

祝福每一个家庭幸福快乐，

祝愿我们的学校越办越好，

祝福伟大的祖国繁荣昌盛！

2008 年 12 月 31 日

城关的脊梁

看，那一个个伟岸的身躯，那一张张英俊的面庞；

看，那一个个潇洒的动作，那一张张灿烂的笑脸。

你们，一群充满阳刚之气的男子汉；

你们，营造和谐创造快乐的主力军。

二十位男子汉，活力四射、奋发向上的男子汉们，

是你们，让我们的校园一年四季生机盎然。

尽管是冬日的清晨，尽管是滴水成冰的日子，

你们矫健的身姿依然奔跑在 200 米的环形跑道上。

看，东方刚刚泛起鱼肚白，你们就已经活跃在可爱的校园里。

天渐渐亮起来，田径队、足球队、篮球队、独轮车队的队员们，也陆续加入你们的行列。

在你们的指挥下，孩子们有序地完成着训练任务。

放学的铃声一打响，操场上再一次沸腾起来。

是你们组成的体育俱乐部开始活动了，

是你让每天锻炼 1 小时不再是孩子们的专利。

感谢你们，让我们的健康意识、锻炼意识不断增强；

感谢你们，让我们感到校园如此鲜活诱人。

二十位男子汉，坦荡豁达、无私奉献的男子汉们，

是你们，让咱城小之家显得和谐圆满，

是你们，让我们女教师走到哪里都能无所畏惧、勇往直前。

因为有了你们，

每年的"三八"节活动才丰富多彩，年年别出心裁。

因为有了你们，

每次活动都精彩纷呈，让人回味无穷。

还记得，党员活动到房山，你们扶老携幼挑重担；

还记得，外出旅游的火车上，你们轮流站岗，让女教师们进入甜美的梦乡。

是你们，让我们体会到家的温暖；

是你们，让我们体会到男女搭配的科学合理。

二十位男子汉，多才多艺、团结进取的男子汉们，

是你们，让我们知道男人的聚会重在切磋技艺。

酒前赛诗会，相聚别有味，这恐怕也是我们城关男人的独有风采；

一首首小诗韵味十足、情意绵长，从中也足见你们的生活品位在日日上涨。

是你们，让我们见识了学者型男人酒桌上的风采；

是你们，让我们见识了工作生活怎样充满诗情画意。

风流倜傥的男子汉们，城关小学的脊梁们，

今天，你们也有了属于自己的节日——男人节！

祝愿你们，越练越帅、屡创佳绩；

祝愿你们，永远年轻、才华横溢。

祝愿你们，家庭幸福、万事如意；

感谢你们，城关小学的脊梁！

2009 年 11 月 11 日

2009 年 12 月 12 日—20 日

行走在湖南—湘西的路上
——长沙韶山、张家界之旅有感

一次学习之旅

2009 年 12 月 14 日，我们驱车来到湖南长沙铁道学院附属小学，欣赏了两节精彩的音乐课。长沙一师附小的陈杰老师用她深厚的教学功底、精湛的教学艺术、灵活的教学手法、巧妙的教学设计把我们带入儿童音乐的殿堂，让我们享受了一节快乐的音乐盛典。她的语言是那么富有感染力，她的神态是那么吸引学生，她的评价是那么及时适度。孩子们全身心地浸润在曼妙的音乐课堂，感受着音乐的美好。我们听者的心和孩子们一样，激动、热烈！

面对第一次校外交流，尝试第一次异校讲课，对士荣而言是一种考验，更是一种挑战。士荣的态度是认真的，精神是紧张的。还记得出发前他反复地修正教案，也记得他把教案存入手机里在火车上默默翻看。同样还记得他独自一人在宾馆楼道里做最后的教案温习，更记得讲课当天由于紧张他没有吃一口早饭。

士荣进步了。课前教学设备的问题没有影响他的情绪；学生课堂回答问题的状态没有干扰他的思维。他的表现是从容的，情绪是高昂的。在他的启发和引导下，课堂气氛逐渐活跃，学生情绪不断迸发。他的指挥出神入化，他的伴奏大气磅礴。

课堂交流是相互学习，异地讲课是锻炼队伍，相互借鉴是共同提高。交流之外我们感受到了热情。长沙学校的领导、老师很亲和，眼里都是笑意，我们感到的是温暖和幸福，那是湖南人民的热情，那样亲切、自然。

一次红色之旅

伴着《万岁，毛主席》的歌声，汽车飞驰在奔向韶山的路上，亲切熟悉的歌声伴着清脆悦耳的笑声回荡在绿野之外。来到两位主席出生的地方，感受这片土地的神奇；了解伟人读书的故事，钦佩他们早年的壮志雄心。

广场前我们庄严地敬献花篮，向伟大领袖深深鞠躬，围绕铜像缓缓行进，毛主席呀毛主席，您是我们心中永远的红太阳！

红色之旅勾起我们红色的记忆；红色之旅教育我们传承精神。红色歌曲让我们聆听革命时代的旋律；在红色土地上行走让我们受到红色革命的洗礼。我们感慨万千，我们激情澎湃。我们放歌，我们起舞，就是要体会红色时代的壮举，就是要释放红色时代的激情。了解历史，珍惜现在，学习伟人，立志报国。

一次文化之旅

湖南有三湘四水的田园美景，有西汉马王堆的巨型墓葬，有充满韵味的凤凰古城，有神仙沐浴的人间瑶池。走到哪里都是道道风景，走到哪里都是民族文化的积淀。

岳麓书院，千年学府，历史深远，人才辈出。看着古朴的院落，欣赏着御书楼阁，吟诵着千年楹联，感受着文化气息。

　　湖南一师附小，人才辈出的地方，毛主席读书的学校，革命家诞生的摇篮。"十年树木，百年树人"，湖南第一师范学院培育和造就了一大批优秀人物。他们献身革命事业，彪炳千秋；他们从事文化教育，硕果累累。我们坐在主席曾经上课的座位上，站在主席当年住宿的门口回忆从前。再艰苦的岁月也要读书，再恶劣的环境也要学习。"要做人民的教师，先做人民的学生"，这不正是对我们作为新一代人民教师的教诲吗！

　　来到凤凰古城，追思着传统文化，体验着百味人生。惊奇呀惊奇！那是一道别致的人文风景，那是一座古老的人间仙境，那是一部记录从前的史书，那是一个充满传奇的故事。一个诞生名人，演绎大事迹的小小边城，足以让人惊叹！

　　古老的石板路印证着它经历的年代，别具一格的吊脚楼显示着它的风格。沈从文的故居、熊希龄的旧舍记录着这里是名人生活过的地方。平静流淌的沱江冲刷着古老小城的沧桑与兴盛。苗家老人高高盘起的头带，苗家阿妹满身精巧的银饰。美丽的小城在这里驻守，丰满的湘西文化在这里展现。我们祝愿这清幽的沱江水永远流淌，这依山傍水的小城永存。

　　观看苗族、土家族的歌舞表演，更深切地体会到湘西人的勤劳和智慧。欢快热烈的苗族歌舞、惊心动魄的走火吞剑、撕心裂肺的哭嫁，这一切都在湘西，是历史、故事、传奇，更是文化。

一次风景之旅

　　尽管已是冬日，湘西这里依然温暖。虽然细雨绵绵，掩不住风景依然。三步一景，五步一画，那美景让人流连忘返。

　　行走在金鞭溪景区，徜徉在峡谷之中，享受着泉溪温情，呼吸着清新空气，聆听鸟语猴啼，欣赏奇山异石，感受鬼斧神工，赞叹人间仙境。真是"云绕深谷雾绕峰，冬日依然绿正浓，武陵绝顶峰称奇，金鞭溪景郁葱葱"。

　　天子山，拔地而起，凌空而上，仿佛人间仙境。

　　宝峰湖如人间瑶池，风光无限。乘坐小船荡舟于高山平湖之上，欣赏着美景陶醉在碧波之中，与阿妹对歌体会着乡野情调，观宝峰飞瀑定格在记忆之中。

　　黄龙洞被称为"世界溶洞奇观"。定海神针举世无双，钟乳石笋千奇百怪，地下河水源源不断，四海龙宫瑰宝蕴藏。

　　一道道风景让人目不暇接，一处处奇观让人叹为观止，一幕幕景象让人流连忘返，一段段传奇让人惊魂神往。

一次快乐之旅

　　腊月十二日下午，我们踏上南去的列车，整齐的行李箱里，装载着我们快乐的心情，一张张洋溢的笑脸散发出内心的喜悦。

　　还记得火车上丰盛的晚餐，也记得下车后彼此的关照。景点拍照必不可少，抢购围巾四五十条；宝峰湖上欢乐对歌，刀具店里收获不小；吃烦了团餐我们外出聚餐，东北的饺子好吃不腻；晚上的生活丰富多彩，洗脚捏背确实解乏；白酒红酒增进感情，兄弟姐妹难得同行，歌厅跳舞迸发情感，全体投入得意忘形；旅游外出放松心情，开阔眼界净化心灵，一览祖国美好前景，积蓄力量不断前行，誓为城关教育发展，齐心协力共扬美名。

2009 年 7 月 16 日—23 日

在西北的幸福之路上徜徉
——青海、甘肃之旅有感

（一）火车篇

7 月 16 日的傍晚，我们踏上西去的列车，
尽管夜色垂幕，也挡不住我们向外张望的双眼。
十二张洋洋的笑脸，洋溢出内心的喜悦，
十二颗跳动的心儿，迸发出奔赴大西北的迫切！

火车上的晚餐相当丰盛，

啤酒瓶"当当"撞响的感觉那是相当的幸福。

十二人的团队整整"一打"，行李箱正好是六人最好的餐桌。

啤酒、烧鸡、方便面、花生、黄瓜、甜烧饼……

孩子们开怀畅饮鲜橙多，大人们举杯同饮燕京啤。

夜色中车轮滚滚的轰鸣与我们的鼾声相伴，

车厢内形态各异的睡姿体现出我们全身心的放松与自在。

36 小时的车程我们并未觉得很长，

四顿车餐让我们两天都有几分醉意。

"双升"的场面激烈热闹，神奇的魔方让有些人兴致着迷。

让疾驰的列车再快些吧，让我们快些投入大西北的怀抱之中！

（二）敦煌篇

柳园下车奔敦煌，夜里司机赶路忙。

稍事休息奔景点，迫不及待我们心儿慌。

鸣沙山呀月牙泉，敦煌市内奇景观，

大漠的驼铃叮当响，壮观的驼队排成行，

扯开嗓子把歌唱，原来拉骆驼的不是那歌中唱到的黑小伙儿。

金黄的沙子闪闪亮，静静的泉水沙中藏。

神奇的沙山让人迷惘，神秘的泉水让人惊叹。

独特的地势成全这一对"情侣"，

大自然的造化创造出这人间奇观。

抑制不住内心的喜悦我们大声歌唱，

掩盖不住心底的激情我们把情感释放。

滑沙、滑草带给我们的是欢乐、神清气爽，

摩托、飞机留给我们的是惊险、刺激。

驾驶着吉普车驰骋在茫茫沙野，

一股股狼烟折射出我们激情飞扬的心。

登顶沙山我们一览全景，抚摸飞天我们感受神女。
紧张的心情瞬间消失，而内心的刺激永远珍存！

次日来到莫高窟，写下小诗把怀抒。
莫高窟，明天下，敦煌因此名气大；
不同时代建此窟，神奇伟大是壁画。
大大小小千尊佛，留给后人是财富；
感谢祖先创奇迹，建设祖国我们后人深感责任和压力。

（三）兰州篇

黄河之水天上来，兰州一段平静得让人有些抹不开；
黄河的水浇灌着神奇的西北大地，母亲河养育着坚强的华夏儿女；
靠勤劳他们把沙漠变绿洲，靠智慧他们把天堑变通途。
坐上黄河岸边独有的羊皮筏子，听着老人唱着动听的西北"花儿"；
顺流而下我们感受黄河的力量！疾驰而上我们体会黄河的奔涌。
扬手抓几把水，四溅的浪花代表着我们心花怒放；
大声地呼喊，诠释着我们自在飞扬的心。

站在黄河岸边，耳边响起战争年代那烽火硝烟，一股民族自豪感油然而生。扯开横幅，我们一同唱响那震撼人心、气势豪迈的《黄河大合唱》，"风在吼，马在叫，黄河在咆哮……"

嘹亮的歌声响彻黄河两岸，吸引无数的人驻足观看。黄河的历史如此灿烂辉煌，黄河的精神鼓舞我们永远向前！

站在黄河母亲雕像面前，欣赏着那精湛的雕刻艺术，感受着黄河母亲的温文尔雅、安静祥和。看今天，我们可以自豪地说：金戈铁马，黄河咆哮的时代已然一去不复还，幸福的生活永远属于我们华夏儿女。

"古老的水车悠悠转，羊皮筏子赛军舰，吉祥葫芦高高挂……"
啊！一首多么美好的诗句，一幅多么美好的景象啊！

"哗啦啦的黄河水，日夜向东流，黄河的儿女哟，永远跟着太阳走！"

（四）青海篇

伴着《青藏高原》的乐曲，汽车飞驰在天路之上，酣畅淋漓的歌声伴着清脆悦耳的笑声回荡在天路之外。梦中的天堂哟，我们已经投入你的怀抱。

茫茫的大草原，用它的宽广、博大包容着我们；

金黄金黄的油菜花，用它的灿烂欢迎着我们。

身着黑色毛裙的高山牦牛以及穿白色纱裙的白色羊群，或成群结队，或星罗棋布，或低头食草，或奔跑嬉戏，在绿色的草原上构成一幅美丽的图画。不！那不是画，那是一幅真实的美景！

牛羊的悠闲自得，放牧人的扬鞭牧歌，让人感到那是一种宁静、一种祥和、一种享受、一种幸福！

晴朗的夏日，我们看到青藏高原的蓝天、白云，那样清澈、透明；

蒙蒙的细雨，我们感受到世界屋脊的云雾缭绕，那样妩媚、神奇。

"是谁带来这远古的呼唤，是谁留下这千年的期盼，难道说还有无言的歌，还有那久久不能忘怀的眷恋……这就是青藏高原！"

再次来到青海湖，接受圣湖的洗礼，虽然没有看到信徒朝拜的壮观场面，没有看到信徒磕长头的虔诚之举。但一座座五色飘飞的玛尼堆足以见证昔日的壮观，足以说明青海湖在当地民众心中的地位。

我们再次拉开横幅，留下这美好的瞬间，向人们心中的圣湖致敬，向永远生活在这里的同胞致敬！

（五）憧憬篇

2009 年暑期去西北，青海甘肃风光美。

沙山月泉莫高窟，嘉峪关口真雄伟。

黄河九曲过兰州，顺流直下向东流。

今昔两岸差别大，黄河儿女雄赳赳。

青海湖水咸又清，人间圣湖有神灵。

塔尔寺里有三绝，百世流芳香火兴。

不虚此行去西北，感受祖国山河美。

旅游同时增感情，没去那才真后悔。

一团二团有远见，来年期盼新路线。

城关精神要发扬，踏遍神州定实现！

男人节随想

——写在城关小学第二届男人节之际

男人节，一个不为众人所知的节日，

男人节，一个属于城关小学男教师的节日。

2009 年 11 月 11 日，一个创举的时刻，

一个赋予"光棍儿节"新的内涵的日子。

身为城关小学的男教师，

我们自豪。

这里有 100 名乡亲相爱的兄弟姐妹，

这里有 18 位朝夕相处的朋友兄弟。

男人节的诞生体现出城小领导对男教师的关怀，

男人节的设立倾注了城小教师对男教师的热爱。

2009 年 11 月 11 日，

多么令人难忘的时刻！

欢声、笑语、歌舞、红旗……

鲜花、祝福、举杯、欢腾……

一幕幕场景依然再现，

一幅幅画面还在眼前。

各级领导的到来使我们名气大增，

多家媒体的参与让我们风光无限。
历史的壮举也许就始于我们，
史册的铭记可能就源于今天。

第二个男人节如期而至，
我们从昌平来到海淀。
又一个 11 月 11 日，我们从教室奔赴远山。
虽然红叶已经飘落，
尽管香炉山笼罩暮色。
欢乐的笑声代表着我们愉悦的心境，
矫健的步伐昭示出我们豪迈的青春。

虽然我们已过不惑之年，
但我们的心依然年轻。
虽然我们承载着家庭、工作、事业、责任，
但我们更珍惜彼此的缘分。

在一起，我们有说不出的欢悦道不尽的情怀，
在一起，我们有喝不完的美酒享不尽的甘甜。
是城小这个集体聚拢了我们，
是幸福这种状态吸引着大家。

身为城小的男儿啊，我们无比自豪！
作为城小的教师啊，我们无比骄傲！
这里有属于我们的自由呼吸，
这里有施展才华的广阔天地。

在第二个男人节到来之际，
我向所有的男教师发出倡议，

要自强、自立、自觉、自悟，顶天立地；
要率直、率真、率先、率意，所向披靡！
做一个名副其实的城关男人，
在祖国的教育岗位上留下我们坚实的足迹，
不愧于人民教师的光荣称号！

最后，把一首诗献给今天所有的人，
让我们永远记住今天——2010年11月11日。

秋风萧瑟草木残，霜打层林更鲜妍。
白云朵朵绕楼寺，红叶片片撒亭轩。
男人设节在城关，三合鑫山庄搞联欢。
鼓舞士气登高去，推杯换盏在香山。

2010年11月11日

贺刘红艳、谷春艳

花开枝头落满坡，两只燕燕重造窝；
一对新人结伉俪，幸福甜蜜好生活。

红艳春艳四十多，追逐爱情不退缩；
人到中年遇知己，彼此珍惜要把握。

新郎新娘心宽阔，个个身体很健硕；
携手打造新天地，今后日子肯定火。

福地大潮人脉多，喜宴欢庆宾朋坐；

新婚之喜送祝福，美酒佳肴可劲撮。

2011 年 4 月 8 日

相 守

在时间的长河中，20 年根本算不上什么，

然而，在人生的旅途上，20 年可以说是一段不短的历程。

20 年的相亲相爱，

20 年的风雨兼程，

20 年的炽热情感，

20 年的幸福生活。

20 年，让我——英俊的小伙儿变成富态的丈夫，

头发的稀疏斑白见证着时光荏苒，身体的变化预示着人到中年。

20 年，让你——多情的姑娘变成善良的妻子，

眼角的丝丝皱纹见证着岁月如梭，然而那光荣绽放的笑容让人感到我生

活的幸福。

20 年的艰苦奋斗，让我们拥有宽敞的居所，

20 年的努力拼搏，让我们过上富足的生活。

20 年的勤勤恳恳，让我们享有舒心的工作，

20 年的风风雨雨，让我们拥有坚固的爱情。

20 年，不算短暂，

20 年，值得回味。

20 年，我们经历着生活，改变着生活，

20 年，我们创造着生活，享受着生活。

20 年，我们收获着爱情，坚守着爱情，

20 年，我们经营着爱情，讴歌着爱情。

花前月下，记录着我们浪漫的爱情，
柴米油盐，见证着我们平凡的生活。
女儿的降生，为我们美丽的爱情赋予生命的意义，
女儿的成长，为我们幸福的家庭增添生活的乐趣。
少了一点虚幻浪漫，多了一些平淡自然，
少了一点诗情画意，多了一些朴素真实。
对酒、吟诗，我们的爱情生活中充满浪漫的情调，
谱曲、歌唱，我们的精神世界里蕴涵高雅的境界。
我们用歌声唱出生活中最闪亮的音符，
我们用创作书写爱情里最华美的乐章。

是女儿让我们收获爱情的果实，
是女儿让我们感到生活的责任。
因为女儿让我们看到家庭的希望，
因为女儿让我们憧憬美好的明天。

20 年，我们幸福充满心间，
20 年，我们爱意布满眼帘。
珍惜这相守的 20 年，
珍惜这幸福的 20 年。
相濡以沫，无须山盟海誓，
相守一生，无须海誓山盟。
让我们珍存这爱情和友谊，
让我们珍存那幸福和甜蜜。
我们把幸福细细品味，
让时光见证，
让岁月体会，
让我们相守无怨无悔！

第五章　撰写事迹　讴歌榜样人物

撰写他人事迹，追寻榜样足迹。人类的惯性，就是不断地审视别人。看着看着，你就会不自觉地向着那个人前进的方向走去；走着走着，不经意地你就会成为那个人的样子。

脚踏实地，在教育的天地里演绎无限精彩
——记昌平区城关小学党支部书记、校长孙永山

孙永山同志，1948年12月出生，今年57岁，1968年参加工作。从教37年，1970年加入党组织。自调入城关小学这所区属重点小学以来，他教了10年高年级数学和音乐，而后又被选聘为一校之长。其间，他心中甘苦体会颇深，经验教训不乏其多。十多年的校长岗位，他脚踏实地，在教育的天地里演绎着无限精彩。

孙校长一直认为：作为一名校长，要办好一所学校，就要充分发挥工会组织的作用。因为它是党联系职工群众的桥梁和纽带，要建设好学校就要发挥工会的作用。

在学校工作中他始终把做人的思想工作放在首位，把教育、引导教师树立创新意识放在重要的位置。每学期，学校通过党支部和工会联合，坚持狠抓政治、业务理论的学习和现代信息技术教育。通过召开职工代表大会、民主生活会，使广大党员干部和全体教师进一步提高了对当前形势的认识，大家充分认识到：今天的教育就是为提高明天的生产力素质，高素质的生产力

是中华民族在新世纪生存的需要。教育的责任是培养人，教师的天职是育人，教师们"以人为本""以德从教"的思想进一步得到巩固，加快了从传统型教育向现代教育转变的步伐，逐渐形成了"边学习，边实践，在学中干，在干中学"的良好学习氛围。党支部和工会在教育引导教师努力更新教育观念的各项工作中注意发现典型，树立先进，全校形成了讲学习、讲政治、讲原则、讲正气的良好风尚。

他还认为：要当好一名校长，要有一种能力、一种境界、一种胸怀、一种奉献精神。作为一名校长，他密切联系群众，听取和反映职工的意见和要求，依靠职工开展工会工作，全心全意为职工服务，带领全体教师积极投入教育教学工作中；采取相应的措施和方法，达到宣传、教育、团结、引导教职工为学校发展多做贡献。用现代教育理念和"三个代表"统一大家的思想。多年来，在他的支持倡导下，学校通过工会组织开展庆祝教师节、庆祝"三八"节、庆祝元旦等行之有效的活动，把全体教职工团结起来，努力积聚"城小"的人气和精神凝聚力。

学校工作的出发点和落脚点一是有利于学生的成长、成材，二是有利于教师的成才和发展。加强学校教职工队伍建设，是学校工作中一个永恒的主题。孙校长当校长以来确立的指导思想是：紧紧依托"名师工程"打造城关小学的教师队伍，学校先后组织并开展了"结对子""拜名师""外出学艺""系列讲座""研讨"等行之有效的"学、帮、带、促"活动，构成了以"软件"促"硬件"的理想格局，办学规模和态势逐步扩大，青年教师很快成长起来，教育教学质量稳步提升。目前，学校有昌平名师 1 名、北京市骨干教师 4 名、昌平区学科带头人及骨干教师 30 名。

说起区级骨干教师，论学校规模，我校是中等偏上水平，可论起骨干教师的数量，我校在全区是名列前茅。别的学校是调进骨干教师，我校是调出。一进一出，减缓了我校"名师工程"的步伐，却为一大批青年教师脱颖而出提供了难得的机遇。孙校长没有放弃这个机会，经全面分析后，在征得区教委领导和教研室同意后，上报的比例突破了专任教师的 7%，达 24.8%。学校没有埋没任何一个有希望的人才，高出计划比例 17 个百分点，这在全区也是惊人的成绩。

有了这支队伍，多年来，我校在全区教育教学各项比赛中、在教学质量监控活动中均名列前茅。这已经形成了一定的品牌效应，同时营造了一个新的奋发向上的教师群体。

在管理学校工作中，孙校长始终坚持要求学校工会工作要围绕学校的中心组织开展活动。团结教育广大教职工，实行科学管理，规范教师言行。为落实《中小学教师职业道德规范》，结合实际，校长主持起草了"城关小学教师职业道德评价方案"；为了科学管理教学，起草了"城关小学教学评估管理办法"；为了两个文件的顺利实施，学校广泛征求教职工意见，听取了教职工的合理化建议，再反复修改，使广大教职工自觉地按照文件要求去做。健全的制度，科学的管理使我校得以顺利向前发展。

学校的管理工作要处处体现一个"序"字。坚守三个"从严"，从严治校、从严治教、从严治学。在多年做领导工作的实践中，孙校长始终以法治为根本，以情治和德治贯穿校长工作的始终。根据学校的实际情况（教师中积极上进的多，不思进取的少；不安于现状、在不断追求中去完善和发展自己的多，无所事事的少；遵纪守法，在工作中追求实际、讲求实效、永不满足是教职工群体的主流），实行宽松式管理。这种管理使老师们始终处于一种和谐、温馨、团结的氛围中，工作的创造性、积极性得以充分发挥。教师的工作本身就是一种创造性的劳动，有了好的心情，有了积极乐观的处事态度，人的创造性才能得以发挥出来。正是在这种氛围下，我们的干部教师创造出了一个又一个奇迹。

几年来，学校围绕强化提高学生的整体素质这个理念，继续并坚持在全校开展"古诗诵读""英语听读训练""体育节""艺术节""科技节"，以普及带提高，其中以"古诗诵读""英语听读""小学生篮球""足球""乒乓球""独轮车""童声合唱""红读""科技制作""铜管器乐"等活动在与兄弟校的竞技比赛中，已经凸现出我们的实力，一个个冠军奖杯不胜枚举。

"网络条件下基础教育跨越式发展"实验的研究以及"无网络条件下基础教育跨越式发展"实验，赢得了上级领导和教育界同仁的一致赞赏，这项实验已经达到我们的预期目的：以点带面，引领我校教师彻底革除旧有的、传统的、落后的教育观念；取而代之的是新的教学方式和学习方式。

学校先后被评为"昌平区全面育人办有特色学校""十五期间学校体育工作先进单位""科技工作先进单位""德育工作先进单位""少先队工作

先进单位"以及"工会工作先进单位""老干部工作先进单位"等。校长本人也先后被昌平区教委授予"十佳校长""优秀党支部书记"等称号。

30多年的学校生涯，十几年的校长经历，他深深体会到：要干好学校工作，必须用心去做，必须依靠全体教职员工，抛弃名利，求真务实，一定能得到党政领导的支持，赢得广大教职工的信任。群众信任，是做好教职工思想政治工作的前提，是解决各种困难的精神支柱。有了这种信任，所有的困难和问题都会迎刃而解。

在谈到今后的打算时，他说：在"三个代表"重要思想的指引下，按照北京市十一大提出的要求，我要与时俱进，开拓创新，脚踏实地，紧紧依靠全体教职工，努力办好人民满意的学校。让学生成才，让家长放心，让社会满意是我永远的追求！

2005 年 8 月

优秀的教师 成功的校长

——记北京市特级教师、城关小学校长柏继明

一、初为人师，暗立心智

柏继明老师，1981年毕业于北京第三师范学校，同年被分配到昌平城关小学任数学教师。她刚一上班，就听语文教师说："我们语文课好比是丰盛的宴席，而你们数学课则是单调的盒饭。"从那时起，她就暗下决心，一定要让数学课丰富多彩，一定要让数学课充满欢声笑语，一定要让数学课充满生命的活力。

二、坚定信念，大胆改革

她参加工作的年代，小学数学领域正是马芯兰老师的时代。她时刻以马芯兰老师为榜样，大胆改革，求实创新。从1986年起，她就不给学生留家庭作业。让每个学生明确写作业的目的，及时反馈，不同的学生写不同的作业，

作业形式多样，灵活机动。让每个学生从作业中体验成功的喜悦，让每个学生都在自己原来的层面上得到不同的发展和提高。通过十多年的实验，不但学生的学习成绩没有下降，而且学生学习的主动性、积极性大大提高，收到了良好的教育教学效果。

三、潜心研究，成绩卓著

她潜心研究小学数学教学理论、小学生心理学，撰写教学论文，特色教案二十余篇获奖，并分别刊登在《小学数学教育》《北京市优秀教案选》《小学数学教师教学参考书》等省、市国家级报刊上。出版了《快乐课堂》《教师的情怀》两本个人专著。与别人合编了《名师作业设计经验》《名师教学机制例谈》《特级教师成长之路》《给青年教师的建议》等深受教师欢迎的著作。她先后六次代表昌平参加北京市小学数学课堂教学评优课均获一等奖。

由于她在课堂教学上独具特色，连续八次在北京市骨干教师培训班上讲课，做经验介绍。先后被河北、河南、山东、山西、陕西、内蒙古、安徽、青海、广西、吉林等三十多个省市以及北京市石景山、门头沟、密云等十多个兄弟区县，昌平区史各庄、亭自庄、小汤山、桃洼、上苑等二十多所兄弟中心校邀请去讲课，做报告。在近几年的时间里，就为昌平区、北京市及全国各地教师做观摩课二百八十多节，报告二百三十多场，听课人数达八万多人次。尤其是经常随中国希望工程、中国青少年基金会到祖国边远贫困地区、少数民族地区送教下乡，深受同行的欢迎。

四、不懈努力，成就名师

"爱满天下，情满人间"是柏继明老师课堂教学的主旋律。她信奉"亲其师，信其道"，寻求师生情感上的沟通，是她优化教学的一个重要内容。正是基于"爱"这个主旋律，她在教学工作中才表现出勇于探索的精神、谦虚好学的品格、超前创新的理念、幽默纯朴的语言，才形成了她真、新、活、实的教学风格。

她不但自己工作出色，还带出了一批年轻有为的年轻教师。她的徒弟中，有本校的，也有外校的，有本市的，也有外地的，有的已评上了北京市骨干教师、昌平区学科带头人，有的参加昌平区课堂教学擂台赛已成为擂主，有的参加北京市课堂教学评优获得了一等奖……可以说是桃李满天下。

由于柏继明老师的不懈努力，成绩卓著，1994 年破格晋升为小学系列中学高级教师；1995 年被授予全国优秀教师奖章；1999 年参加北京市小学专业教师基本功大赛获"个人全能一等奖"；2003 年被评为北京市学科带头人、昌平区十大优秀青年、荣获首都劳动奖章；2005 年被评为昌平区名师、北京市劳动模范；2005 年被评为北京市特级教师；2006 年被评为昌平区十杰共产党员，并获首都精神文明建设奖。

柏继明老师从教小学数学 20 多年，用精湛的教学艺术和高尚的道德情操奏出了她青春的乐章。

五、名师校长，理念超前

2006 年 8 月，柏继明被任命为城关小学校长。早已表现出卓越才干的她很快投入如何让城关小学进一步发展的工作当中。看到我们现在的孩子学习压力很大，学习任务繁重，学生不堪重负的现状，她大胆提出"营造和谐，创造快乐"的办学理念，"让每一颗心都快乐"的思想在城关小学各个领域充分实施，"让教师快乐地工作，高兴地上班；让学生快乐地学习，幸福地生活"成为学校追求的真谛。

她大胆提出"减负"策略，身先士卒阐述自己的"减负"做法，提出以"减负"研究作为学校今后一段时间的校本研究主题。她亲自阐述"减负"理念，明确提出"减负"的三个层次，即："将减负进行到底、将减负全面铺开、将减负深入推广"；她亲自上阵为老师做"减负"示范课；深入课堂了解老师们在课堂上对"减负"的渗透；参加研讨聆听老师们对"减负"尝试的感受……

柏校长走南闯北，视野宽广，宽广的视野决定着她的高度。她站位高、眼界高、标准高。

她亲自规划学校的发展前景，制定明确的办学目标，实施有效的办学策略，形成鲜明的办学特色。她的全新理念，超前做法得到了各级领导的肯定。

六、人格魅力，成就校长

柏继明校长上任以来，以她鲜明的办学思路、高明的治学策略、适宜的管理方法、高尚的人格魅力赢得了老师们的拥护、领导的肯定和社会的赞誉。

　　她的人格魅力在于她自身的严格要求。身为校长的她，事务缠身，工作繁忙，但她始终坚持在一线上课，每学期每个年级她都要去上课。通过上课了解学生的表现，了解老师平时上课的效果。

　　她的人格魅力在于她关心、尊重每一位老师。无论学校的每一位干部、教师，每一位工人师傅，不论是在工作方面还是家庭遇到困难，柏校长总能第一时间问候，第一时间解决。老师生病了她亲自去医院问候；教师家里有喜事了她亲自去现场祝贺。生活上的关心，工作上的鼓励让老师们感动不已，并心悦诚服。

　　她的人格魅力在于她永远充满活力。柏校长活泼、开朗，在她的脸上永远看不到烦恼，有的永远是笑容；在她的嘴里永远听不到苦闷，听到的永远是爽朗的笑声。她走到哪里，哪里就是欢声笑语。46岁的女校长，给人的感觉是永远不知疲倦，永远充满活力；她永远积极、热情、向上；她让人羡慕，让人"嫉妒"。

　　她的人格魅力还在于她拥有宽广的胸怀。她的胸怀影响着学校的每一名教职工。她大胆用人，充分用人，放手、放权、放心。她用自己的人格魅力积聚着城关小学的"人气"，凝聚着城关小学的精神。

　　作为一名教师，她已经成为一名数学专家，她是北京市特级教师，是教师中的优秀者；作为一名校长，她已经有了属于自己的管理风格的学校，是昌平区人人向往的学校，她是校长中的佼佼者。目前她正以满腔的热情迎接新的挑战，在教育改革的征程中争取更大的进步。

2008年8月

书写教育人生　创造教育奇迹
——记昌平区城关小学语文教师任季

　　"28年的风风雨雨，28年的寻寻觅觅，她始终没有停止过对教育事业的追求；28年的努力拼搏，28年的上下求索，她的胸怀里始终承载着学生。她是我们城关小学教师中的楷模；她是一棵根深叶茂的大树。"这是我们城关小学干部、教师对任老师的评价。

一、名如其人

任季，可以这样说，这是一个在昌平区小学教育领域家喻户晓的名字，一个让人熟悉并让人敬仰的名字。说到任季老师，理解了她的名字也就认识了她本人。任老师家里姐妹四人，她排行第三，所以叫"任季"。这是一个普通的名字，但这个名字里蕴含着许多含义……

任季，她本人就跟她的名字一样，名如其人。"季"有第三的意思。第三，意味着永远属于一流；第三，意味着永远都是默默无闻；第三，意味着永远都不会有无限风光……

她的名字就是她的品格，她的名字就是她的精神！

二、一个好姓——任（rén）

1. "任"，字典中有姓和地名的意思。这个字，总让人联想到"仁爱、仁慈、仁义……"2500年前，孔子就告诉其弟子，爱别人就叫"仁"。任老师用自己的实际行动体现着儒家思想的核心和精髓。她是一个"仁者"，她用自己的仁爱之心诠释着教育的核心。

任老师对学生是仁爱的。她对待学生就像对待自己的孩子一样，倾注着慈母般的爱。

冬天到了，看到学生刘汉斌还穿着单衣，她用自己的钱买来新毛衣，亲自为学生穿上。看到学生的手裂了大口子，她就打来热水亲自给学生泡手，帮他抹上防裂膏。

在学习上家长都不抱希望的石娜，在任老师不断的精心呵护和细心帮助下，逐步树立了自信，战胜自卑，终于走向成功。

脾气倔强的翟建军同样被任老师的爱所感动，在任老师的怀里痛哭流涕，改掉了很多坏毛病。

任老师用她的爱，曾经把班里的一个个"闹将"治得服服帖帖，发誓永远不再气老师；她让总爱逃学的孩子变得乖乖地坐在教室里，言听计从。

任老师就是这样用爱温暖着一颗颗幼小、稚嫩的心；她用师爱的魔力改变着一个个孩子的人生轨迹；她的爱让学生感动着，让家长感动着……

如果说任老师的爱如烛光，那么，她的学生所感悟到的是温馨；如果说任老师的爱如泉水，那么，她的学生所感到的是甘甜。

"心系于教育，爱献给学生。"这就是任季老师。

2. "任"是一个多音字，也读 rèn。这个字总让人联想到"认真、任劳任怨、重任、坚韧……"任老师就是一个工作上认认真真、任劳任怨、坚忍执着和勇于担当重任的人。

任老师工作认真是大家公认的。她的备课细致入微，她的教案详细工整，她的课堂一丝不苟，她的班务工作井井有条。认真是任老师的工作态度，任劳任怨是她可贵的工作品质。28 年的教学生涯，任老师连续接手过六年级、一年级，完整教过三轮一到六年级，共送走 6 届毕业班；她当过教研组长，带过十几名徒弟。不论学校安排哪个班级，任老师总是欣然接受任务。不管是学习质量差的班级，还是调皮的孩子较多的班级，她都服从安排，以全新的姿态迎接新的班级，从无怨言。她所教的班级年年被学校评为优秀班集体。教研组内她属于年龄大的，但她从不倚老卖老，反而平易近人，主动抢活儿，因此备受同组老师们的尊敬。

她的工作态度、工作水平和工作精神，让她成为学校委以重任的人。在上半年刚刚毕业的六年教研组，任老师带领几个年轻的老师担任六年级班主任和语文教学任务。由于其他几个老师带毕业班的经验不足，有的甚至没有教过毕业班，而任老师这已经是教第六个毕业班了。她虽然不是教研组长（由于心脏不好），但是无形之中，六年级语文教学的重任就落在了她的肩上。她是一位无名的英雄，带领全组教师精心备课、系统复习，扎扎实实、一丝不苟，全组同志齐心合力，整体提高，圆满完成了这一学年的工作任务。最终，我校六年级语文检测获全区第四，她的班级语文成绩更为突出。在这之前，孙校长（前任老校长）就自信地说过："这个组有任季，咱们就放心吧！"

任老师没有让领导失望，她用自己的行动完成了学校交给她的一个又一个重任。

任老师以对教育事业执着的爱和甘于奉献的精神得到了领导的好评和老师们的尊重。

3. 任老师她姓任，而她本身就是一个普普通通的"人"。她把这个"人"

写得大大方方，稳稳当当；她把这个"人"诠释得堂堂正正。

说起任老师，我们学校的老师是这样评价她的。

"学校中有很多教师愿意做她的徒弟，她的人格魅力在于她对待青年教师极为热情，有求必应，有问必答。决不夸夸其谈，对待很多人和事都能淡然处之，这是令我最欣赏的。"——杨景岚

"每一个同她一起工作的人都会深深体会到、体验到付出与辛勤的味道，她如拉犁耕地的老牛一般，挺起肩膀，昂头向前，奋力前冲，每一步是何等的坚实，蕴含着无尽的力量。任老师以她高尚的人格形成她的境界，以她不知疲倦的辛劳形成她的境界。她是一股教育的清泉，流进课堂，融入社会，滋润学生美好的心灵。"——张启龙

"任老师是我工作中的好搭档，生活中的好朋友。生活上，她就像老人姐，总是宽容、照顾我。从她身上，我学到了很多做人、做事的道理。她就是我心中的一面旗帜。"——李冬红

"每每谈及任老师，同她共过事的人无不为之动容。她严谨求实的治学态度，甘为人梯的育人风范，宽以待人的高尚人格，淡泊名利的人生境界，总在潜移默化影响着周围的人。"——李新红

是的，任老师就是这样一个人，用她的工作，用她的人格影响着周围的人。她令人感动，使人难忘，给人启迪，激人奋进！

三、一幅好名——季

任季，这个"季"字，使人想到了"花季、四季、业绩、奇迹……"。

1. 寻找花季

任老师于1980年参加工作，当时23岁，已经过了人生的"花季"。而在她花季的年龄正是"文革"时期，她的小学、初中、高中都是在这一时期度过的，她没有赶上高考。1977年2月高中毕业，19岁的她随着知识青年上山下乡的浪潮，成了一名插队知青，每天跟农民朋友一块下地干活，虽然很累但是别有一番乐趣。正是这段插队生活，培养了她吃苦耐劳的精神，锻炼了她坚忍顽强的意志。

由于对教育事业的热爱，对教师职业的向往，任老师始终没有间断过学习。"机会总是留给有准备的人"。1977年12月，国家恢复了高考制度，任老师

半工半读，白天劳动，晚上复习，毅然参加了高考，虽然没有走进大学的校门，但她收到了师范学校的录取通知书。就这样她又重新走进了学堂，为追逐自己的梦潜心苦读。她最终圆了自己的梦！

在师范学校学习期间，她刻苦努力，孜孜不倦，知识基础扎实雄厚，为她从事教师职业奠定了坚实的基础。

2. 四季如春

北方的时节四季分明，春耕、夏忙、秋收、冬藏。而对于从事小学教育事业的任老师以及我们所有小学教育工作者来说，永远是春季，永远是播种，也意味着我们永远处于忙碌和耕耘之中……用任老师自己的话讲：我们的四季永远是春天，永远是希望，是祖国的希望。我们收获的同样也是希望，是祖国未来的希望！

任老师28年如一日，像一棵青松，四季常青！所以我说任老师的四季永远是春天。

3. 业绩骄人

28年的兢兢业业，使她取得了骄人的业绩。从参加工作到现在，她先后获得北京市优秀青年教师、北京市"紫禁杯"优秀班主任、北京市小学语文学科中青年骨干教师、昌平区优秀教育工作者、师德标兵、优秀辅导员等21项荣誉称号；承担国家级、市、区研究课、观摩课、视导课百余节；作为北京市骨干教师、昌平区学科带头人，送课下乡10余节；承担国家、市、区级科研课题6项。其中，2006年至今参加了全国教育科学"十五"规划重点课题"小学生语文能力评价"实验研究。自己的课题研究是《小学语文教学实施素质教育的系列研究》《读写结合的研究》和《培养学生创造能力的研究》三项。

此外，任老师还为全区教师及兄弟学校教师讲座10多次；26篇文章在国家、市、区级评比中获奖，并有多篇文章发表于各级各类报刊上，为她本人和学校争得了荣誉。

作为师傅，她指导了十几名徒弟，多次指导徒弟承担市、区级讲课任务。其中王书奎、高春杰、翁月红等已经成为区教研室教研员或兄弟学校的教学干部；其他徒弟也已经成为区级或学校的骨干，在教育教学中发挥着重要作用。

作为教师，任老师不但自己发展、进步、提高，她还注重培养学生的兴趣、爱好和个性特长，挖掘学生多种智能，让学生全面发展。她辅导的学生参加各级各类比赛获奖不计其数。

4. 创造奇迹

在昌平区小学语文教师群体中，任老师以孜孜不倦的追求，始终站在教学改革的潮头。她为什么总能站在教育改革的前沿、引领小学语文教学的潮流呢？是因为她不断地学习、不停地探索、不懈地追求……50岁的她还积极投身新课程改革，主动承担市级科研课题，为全区语文教师讲作文指导课；参加市级骨干教师研修班，到外省市讲课和讲座；她积极响应学校提出的"将减负进行到底"的校本研究，努力探索减负不减质的有效做法；她通晓小学语文一到六年级12册的全部教材，这，谈何容易！

任老师，她是一个普通的人，她所做的任何一件事情是我们普通老师都能做到的，但她把普通人能做到的任何一件事情都集中到了她一个人身上，这才是难能可贵的！

任老师，她的工作态度是感人的，她的工作水平是超群的，她的工作业绩是惊人的。她用爱心书写着教育人生，她用勤奋创造着教育奇迹。

最后我想用一首诗赞颂任老师，那就是："立教德高重心情，昂首虚心显作风。潜心育人心血泪，人格献教铸美名。"

2007年12月20日

心永相连　为山而歌
——献给孙永山校长退休之时

改革开放30年，

校长今年60岁；

30年祖国取得了辉煌的成就，

60 载孙校长收获了巨大的幸福。

今天我们聚会在这里，
为一位大汉而来；
今天我们邀请了诸位宾朋，
为一位永远的老友而来。
今天，我满怀激动的心情，
抒发 18 年来积淀的真挚感情；
今天，我自豪地站在这里，
对我成长中的贵人表达真诚的敬意！

记得 1991 年的冬日，我怀着忐忑的心情来到城关，
见到眼前高大的校长有些胆怯。
乡下农村孩子的"土气"让您有些失望，
其实，我清楚，刚开始您并没有把我放在眼里。
慢慢地我让您了解、让您认识、让您喜欢、让您信任……
终于，我成了您的部下，成了一名学校干部。

在城关的大熔炉里，
我学习着、进步着、成长着、幸福着。
在城关我追逐着自己的人生目标，
憧憬着美好的人生理想；
完成着崇高的政治追求，
体现着无悔的人生价值。

和您一起工作 18 年，和您一起奋斗 18 载，
感受着您的风格，
聆听着您的教诲，
学习着您的方法，
身受着您的影响。

一次次我们走向成功，

一步步我们趋向成熟。

2006 年以后，您淡出了学校，

但您留给城关的"人气儿"总在城小萦绕。

闲暇时翻阅着您留下的文本和总结，

从中领略您的文采，体味您的情感，揣摩您的思想，学习您的精神。

您的话语让人回味、引人深思。

面对 2002 年的人事改革，城关平稳渡过、风平浪静；

面对无辜的诽谤和教师的疑惑您正义凛然、欣然面对。

面对 2003 年的"非典"，您果敢决策、战胜困难；

面对新一轮的课程改革，您身先士卒、一马当先。

是您成就了城关教师的专业发展，

一个个市、区教学骨干在昌平教育界声名显赫。

是您擦亮了城关小学这块招牌，

在全区的小学里面独树一帜。

是您让我们的校园充满"人气儿"，

使我们感到学校就像温暖的家。

是您让"跨越式"的理念深入人心，

使城关成为"跨越式"的课题先锋。

40 年来弹指一挥间，

是您在城关小学建筑了一个灵魂——人气儿；

是您在教改上突出了一个方法——创新；

是您在教学上坚守着一个阵地——课堂；

是您在兴校上强化着一种理念——质量。

您的名字叫永山，您的性格像座山；

您的形象酷似山，您的胸怀高过山。

我清楚地记得 2001 年的校长述职，
您满怀激情，倾吐心声，慷慨陈词，真情道白。
看得出您是无比的骄傲、由衷的自豪！
那次，您阐述了"实行宽松式管理"好校长要做到"八要"；
那次，您表白了自己做人的准则、做事的原则。
那次，您倾诉了不为人知的几件小事；
那次，字里行间包含着您的欣慰和满足。

时光匆匆而过，
留下的是感情的不断加深。
岁月匆匆而过，
留下的是业绩的不断累加。
时间让我们相互信任，
岁月让我们永远珍存。

时至今日，城关的历史已经翻开新的一页，
但在昨天的日历上已经写下壮美的诗篇。
是您带领我们书写城关的历史，
是您目送我们走向崭新的明天。
一座座奖杯让城关的日历异彩纷呈、光彩夺目；
一项项殊荣让城关的牌子光芒四射。
您是城关的前辈，我们永远记得您！
您是城关的校长，我们永远尊重您。

现在想说的是感谢、是珍存、是健康、是幸福。
感谢您对我们的深情厚爱，
珍存彼此之间那份绵长的情谊，
祝愿您拥有健康的身体，

祝福您享有一生的平安幸福！

一桩桩往事、一段段情怀，诉说着昨天的记忆，
一个个镜头、一幅幅画面，记录着今天的幸福。
让我们记住今天，
让我们记住此刻，
让这美好的瞬间永远停留，
让这幸福的记忆永远铭刻。

有一种东西能使你的生命成为永恒，那就是拼搏；
有一种东西能使单薄的生命篆刻在历史的年轮上，那就是贡献。
您拼搏的身影留在城关，
您奋斗的足迹印在城关。
在城关小学的光荣簿上永远篆刻着一个响亮的名字——孙永山！

2008 年 12 月 26 日

三朝元老　城关功臣
——写给何长明副校长

风雨中的山花破蕾吐艳，那是生命的迸发；
川谷里的江河奔流不息，那是力量的象征。
山清水秀的高口大地，孕育一位伟大的女性；
藏龙卧虎的城关小学，诞生一位教育的功臣。
她就是城关小学的三朝元老，
我们可亲可敬的老大姐——何长明。

55 年的人生经历，您从深山走进县城；

34 年的教育生涯，您从山村走进学校。
一个女娃的脚步踏遍家乡的山山水水；
一位老师的慈爱洒向城关的莘莘学子。
您从一个农村姑娘成为一名知识丰富的高级教师；
您从一名普通的教师成长为德高望重的校级领导。

是高山孕育了您博大的胸怀，
是旷野锻造了您豪迈的性格。
是山川给了您坚毅的臂膀，
是大地赋予您强大的力量。

三尺讲台，您谱写教育的诗篇；
城关小学，您成长奋斗的沃土。
脚踏实地，您赢得良好的声誉；
开拓进取，您博得众人的尊敬。

疾驰的脚步，让人感到您总是那样充满活力，
慷慨的言辞，让人感到您总是那样意气风发，
睿智的双眼，让人感到您总是那样不怒自威，
爽朗的笑声，让人感到您其实那样和蔼可亲。

即将退休，您始终没有停下前行的脚步，
临近到任，您一直不忘做好最后的工作。
"科学发展观"让昌平教育界为之惊撼，
"新楼落成庆典"让所有同行望尘莫及。

工作 30 年，您经历了一次又一次检查，
为官 20 载，您迎接了一次又一次验收。
每次检查您倾尽全力，滴水不漏，
每次验收您胸有成竹，迎刃而解。

您严格要求换来一面面锦旗，
您认真准备赢得一座座奖杯。

历经三任校长，您始终甘当绿叶，
作为三朝元老，您始终俯首称臣。
您全心全意服务，尽心尽力辅佐，
您踏踏实实工作，兢兢业业奉献。
出主意，献箴言，
冲在前，干在先。
您始终为人师表，
您一直率先垂范。

记得每次联欢、演出，您总是担当主力。
您指导的朗诵声情并茂，
您编排的舞蹈技压群芳，
您导演的小品生动有趣，
您撰写的快板精彩绝伦。
您拳打脚踢，您身先士卒，
您落落大方，您才华横溢。
一招一式显示您专业功底，
举手投足方显您英雄本色。
对您的钦佩因此而生，对您的敬意因此而来。

记得那是 2000 年，
工作的转换让我有幸来到您的身边，
角色的转换让我机会成为您的部下。
更深刻的记忆从此开始，
更由衷的敬佩从此产生。

您忙碌的身影依然再现，

穿梭于楼道、操场——风风火火；

您洪亮的声音还在耳边，

回响在课间、班会——掷地有声。

您的教导让我们知道干部的责任，

您的影响让我们注重榜样的力量。

今天，我们满怀激动的心情，

抒发 20 年来积淀的真挚情感；

今天，我们自豪地站在这里，

表达 20 年来久蕴心头的敬意！

和您一起工作 20 年，

和您一起奋斗 20 载。

感受着您的风格，聆听着您的教诲；

学习着您的方法，身受着您的影响。

在您的呵护下，我们的羽毛逐渐丰满，

在您的教诲下，我们的思想慢慢成熟。

您在——我们身边总有一棵大树的感觉，

在炎热的夏日我们总会感到丝丝凉意；

您在——我们身边总有一把大伞的感觉，

再大的风雨您总撑起一片晴朗的天空。

您为我们遮阳蔽日，

您给我们遮风挡雨。

感谢这相处的 20 年，让我多了您这样一位前辈、挚友，

珍惜这幸福的 20 年，让我多了您这样一位同事、亲人。

如今，我们真为您幸福，

现在，我们真为您高兴。

几十年的艰苦奋斗，让您拥有宽敞的居所，

几十年的努力拼搏，让您过上富足的生活。

几十年的真诚待人，让您深受众人的拥戴，

几十年的教育生涯，让您赢得同行的敬重。

时光匆匆，留下的是感情的不断加深；

岁月匆匆，留下的是记忆的不断强化。

时间让我们相互信任；

岁月让我们彼此珍存。

现在想说的是感谢，感谢您的深情厚爱；

现在想说的是珍存，珍存彼此间绵长的情谊。

唱响心中的赞歌，发出心底的呼唤；

敞开激荡的心扉，抒发真挚的情感。

真心地祝愿您——拥有平安健康的身体！

真心地祝福您——拥有幸福美好的一生！

愿您今后的生活更加快乐；

愿您今后的日子更加充实。

让我们记住今天，

让我们记住此刻。

让美好的瞬间永远停留，

让美好的记忆永远铭刻。

城关不会忘记您拼搏的身影，

城关不会忘记您奋斗的足迹。

在城关小学的历史上，

您的地位和影响就像您的名字一样——长明！

2011 年 6 月

献给永远的城关人

　　从 1993 年至 2006 年，北京市昌平区教委先后从城关小学调出 5 名教师到其他学校担任校长、副校长、主任等职务；有 7 人调到小学教研室当学科教研员；2 人调到教委机关工作。他们是城关小学的骄傲和自豪。2008 年 1 月 10 日，学校把他们请回"家"，让他们重温家的温暖……

　　今天是一个特殊的日子，十四位曾与我们朝夕相处的老师，十四位曾经是工作中的同事、生活中的朋友相聚在一起。

　　我们彼此是那么熟悉，看到你们不禁勾起我们许多的回忆……

　　忘不了我们曾经一个战壕战斗；

　　忘不了我们曾经作为骨干下过乡、送过课；

　　忘不了我们一个办公室你弹琴、我歌唱；

　　忘不了每个周末我们一同值班谈工作、叙人生；

　　更忘不了我们一起驰骋在运动场上，满头大汗以后的畅饮，促膝谈心……

　　一桩桩往事、一段段情怀，仿佛就在昨天；

　　一个个镜头、一幅幅画面，仿佛就在眼前。

　　你们是城关的教师，曾耕耘在城关的讲台；

　　你们是城关的教师，曾培养出大批的学子。

　　黑板上曾留下你们精美的板书；

　　教室里曾记录下你们激情的朗读。

　　操场上曾看到你矫健的英姿；

　　钢琴前曾流淌过你动听的旋律……

　　语文课，你们让学生的情感充分释放；

　　数学课，你们让学生的思维无限延伸；

社会课，你们让学生智慧迸发；

英语课，你们让学生神采飞扬！

十四位兄弟、姐妹呀！

你们是城关的骄傲！因为你们，城关获得过太多的荣誉。看，一张张奖状，一面面锦旗。

你们是城关的自豪！因为你们，城关享有"三个基地"的美名。看，一个个市级骨干，一个个区级学科。

你们是城关的财富！看，这里有校长、主任、教研员、公务员。一个个教学的能手，一位位管理的精英。

你们是城关的脊梁！在自己成才的同时，培养了一批又一批年轻的教师。一个个英俊潇洒，一个个才华横溢……

你们是城关的一面镜子！走到哪里，哪里就会有城关的影子，体现城关的作风，展示城关的精神。

你们是城关的一张名片！在自己发展的同时，宣传着城关的办学思想，歌颂着城关的人文氛围。

你们是城关的火种！点燃了老师奋进的激情，照亮了老师前进的方向，播撒着城关的理念，传承着城关的文明。

你们是城关的一面旗帜！始终站在昌平小学教育改革的前沿，引领着教育改革的发展，指引着教育前进的方向！

十四个兄弟姐妹呀！有你们，我们自豪，有你们，我们骄傲！

在前进的道路上，让十四位兄弟姐妹和城关小学一起腾飞！

在奋进的征程中，让我们团结奋斗，共同努力，永远记住城关小学这个家。

2008 年 1 月 10 日

活跃在城小校园的多面手

——刘忠武同志事迹材料

在城关小学的校园里提起刘忠武副校长，人人伸出大拇指。因为他的为人让人感动，工作水平让人钦佩，工作业绩让人信服，特别是他的党员本色、律己意识让人敬佩。他德才兼备。他是教育教学的多面手。

在教育工作岗位上，他已经耕耘了二十个春秋。从参加工作到现在，他从农村小学到城镇学校，从城关小学到教委机关，再回到基层学校，其间经历过到崔村中心支教，到长陵中心讲课。20年来他教过课，当过少先队辅导员；做过电教管理工作，当过学校人事干部；教委工作期间主管全区学校美育以及校外教育工作；重新回到学校后从事学校体育美育管理、学籍管理、工会主席、纪检监察、学校教学工作的全面管理等。

作为一名共产党员，他忠诚党的教育事业，时刻把工作放在第一位。教书育人，为人师表，注重思想品德修养，为人正直，工作上勤勤恳恳，严于律己。在党组织的亲切关怀下，他的思想更加成熟，事业心、责任感使他前进的步伐更加坚定！

在当一线教师期间，他注重加强自己业务能力，学习先进的教育思想和理念，大胆进行教学实践与改革，参加教师基本功比赛先后获得个人全能及单项一等奖；承担市、区级研究课、检查课、验收课、示范课任务，并代表昌平区参加北京市评优课比赛获得北京市二等奖。认真辅导学校合唱队参加昌平区艺术节比赛获得一、二等奖，辅导多人次获得个人一、二等奖。在教学的同时，他积极进行教学研究，撰写学术论文，先后有十五篇论文获得国家、市、区级奖。他连续四届被评为昌平区骨干教师和学科带头人。

在教委工作期间，他抓紧时间熟悉业务，严守机关工作纪律，认真做好机关工作。机关工作两年来，他全身心地投入，经历了酸、甜、苦、辣，饱尝了艰辛与苦闷。工作中边摸索边实践，既要让领导满意，又要让基层满意；既不给基层增添更多的麻烦，又不能不求质量。工作态度的一丝不苟，工作质量上的精益求精使他所负责的各项工作制度健全、活动有序、材料规范、成效显著。他所负责的各项工作都取得了很好的成绩，得到了领导的信任和基层学校的认可。"默默无闻，踏踏实实，淡泊名利，勤恳工作"是他留给领导和同事们的印象。

2004 年 2 月，他又回到了城关小学。他带给城小的是一种全新的感觉。学校体美工作蒸蒸日上，体育节、艺术节、科技活动，丰富多彩、成绩卓越；独轮车、篮球、足球、田径、合唱、管乐，全面开花、特色鲜明。

工会组织深入人心，工会活动丰富多彩。在他的带动下，全校教师乐观、向上，工作心情好、干劲足；"体育俱乐部"的成立，使他成为青年教师的核心，并以他的魅力影响了一批年轻人。

如今，他负责的工作面越来越大，事越来越多，责任也越来越大。他毫无怨言、积极乐观地面对新的工作。他经常说："工作不能保证干多好，而能够保证的就是好好干！"

由于他诚实、正直，所以他的群众威信很高；由于他的踏实、朴实，所以不论他负责哪方面工作都取得了优异成绩。学校先后被评为"昌平区十五期间体育工作先进单位""科技教育工作示范校""工会工作先进单位"，连续三年获得"昌平区教学质量监控十佳学校"。

工作岗位的转换，工作职责的不同，始终没有改变他人生处事的原则，那就是：做人要诚实，为人要正直，工作要踏实，生活要朴实。正是这样一种精神，一种工作态度使他在工作中饱受艰辛的同时也收获着喜悦。二十年来他先后被评为"昌平区优秀共产党员、昌平区家庭教育工作先进个人、昌平区老干部工作先进个人、北京市校外教育工作先进个人、昌平区主管体育工作先进个人、昌平区工会工作先进个人"等称号。

在城关小学的二十年，他用青春和热血诠释着教育是事业，同时也谱写着他人生的一首首赞歌。他说："以前的工作只是这首歌的前奏和序曲，今后的工作将是这首歌的主旋律。我要更加严格要求自己，努力工作，积极进取；高标准、严要求；在其位、谋其政。努力完成好学校和组织交给的各项任务，为学校及昌平的教育事业贡献自己的微薄力量，让无悔的青春之歌更加嘹亮！"

2007 年 5 月 16 日

献给一位普通的劳动者——朱光明

城关工作近十年，扫地打水不清闲。
寒来暑往未间断，普通岗位不平凡。

勤劳质朴口碑好，南来北往没少跑。
苦活累活担肩上，老当益壮不服老。

今晚大潮乐开颜，离校之时人想念。
领导老师表心愿，祝福一生享平安。

在外风雨几十年，如今回家度晚年，
享受今后好光景，幸福生活比蜜甜。

2010 年 11 月 18 日

第六章　发言讲话　传递教育思想

发言讲话是思维的窗口，撰写文章是思想的梳理提升。每一次的发言、每一次的汇报都是我梳理学校工作的过程，更是我审视学校教育提升自我水平的过程。

2006年教师节致辞

敬爱的孙校长、柏校长，全体教职员工们：你们好！

在第 22 个教师节即将来临之际，我们城关小学的全体教职员工在这里举行隆重的庆祝活动。受孙校长、柏校长的委托代表学校向全体教职员工致以节日的祝贺！祝大家节日快乐、身体健康、工作顺利、万事如意！

今年，我们城关小学的历史翻开了新的一页。在昨天的日历上，是孙校长带领我们谱写了一个又一个壮美的诗篇，"课内打基础，课外求发展"以及"三让一树"的办学理念使我们学校的各项工作始终居于全区前列。北京市全面育人办有特色学校、北京市健康促进学校、北京市德育工作先进、昌平区全面质量监控十佳学校、十五期间科研工作先进、体育先进、科技先进、法制教育、安全工作……一项项殊荣让昨天的日历异彩纷呈、光彩夺目。一座座奖杯、一块块奖牌是我们所有教职员工求真务实、努力工作、开拓进取、奋勇拼搏的结果。孙校长感谢你们，城关小学感谢你们！

今天，在柏校长的带领下，城关小学的历史步入一个新的阶段。相信在全校师生的共同努力下，我们一定会续写昨日的辉煌，在祖国的教育战线上谱写新的篇章。老师们，让我们携起手来，为开创城关小学更加美好的明天而共同努力吧！

最后，再次祝老师们节日快乐！

2006 年 9 月 8 日

2007 年教师节致辞

亲爱的全体教职员工们：大家好！

我是刘忠武，我是于海霞。

在第 23 个教师节即将来临之际，我们城关小学的全体教职员工在这里举行隆重的庆祝活动。受书记和校长的委托代表学校向全体教职员工致以节日的祝贺！祝老师们节日快乐、身体健康、工作顺利、万事如意！

今年，我们城关小学秉承着柏校长提出的"营造和谐，创造快乐"的办学理念，从学习到工作，从家庭到生活。

和谐的教研组、和谐的师生关系、和谐的家庭、和谐的校园……

从老师们的精神面貌、从学生们的张张笑脸，我们看到了和谐，我们享受了快乐！

我们感到老教师变年轻了，年轻老师变得更有活力了。

不知从啥时起老教师也漂染了头发、抹成了淡淡的红嘴唇、穿起了年轻时都不曾穿过的连衣裙，她们变年轻了，她们变漂亮了！

不知从啥时起年轻的同志们个个进步了，可爱了！他们变了，已经成为学校的中坚力量，已经可以独当一面了！

老教师，你们是城关小学的财富；

年轻的同志们，你们是城关小学的希望！

城关小学因为我们而走在昌平普教系统的前列！

今天，在这金秋时节，我们来到这美丽的水库畔，来到这环境宜人的龙母山庄，庆祝我们自己的节日。

吃惯了饺子、吃腻了肉饼，今天我们再来吃一吃农家饭菜，尝一尝地里的野菜、自制的香肠……

是谁让我们的生活如此多彩？是什么让我们的餐桌的菜肴不断变换？那就是"民族饮食文化进校园"的英明创举！让我们一起感谢我们的领航人——孙校长、柏校长。

今年，让我们继续把快乐传递，传递给同事、传递给朋友、传递给家庭、传递给我们的孩子们……"让每一颗心都快乐"，让我们的孩子们在快乐的学堂中学习、在快乐的校园中生活、在快乐的家庭中成长，让他们都能成为快乐的天使，享受欢乐、传播幸福！

今天，在柏校长的带领下，我们城关小学又步入了一个新的阶段。相信在全校师生的共同努力下，我们一定会续写昨日的辉煌，在祖国的教育战线上谱写新的篇章。

老师们，让我们携起手来，为开创城关小学更加美好的明天而共同努力吧！

最后，再次祝老师们：节日快乐！

2007 年 9 月 8 日

2008年教师节致辞

亲爱的全体教职员工们：大家好！

今天是第 24 个教师节，我们城关小学的全体教职员工在这里举行隆重的庆祝活动暨青年教师的拜师仪式。受孙校长和柏校长的委托代表学校向全体教职员工致以节日的祝贺！祝老师们节日快乐、身体健康、工作顺利、万事如意！

今年是奥运之年，"无与伦比"的在北京举行的第 29 届奥运会让全世界认识了中国、认识了北京。奥运会的成功举办震撼了全球，享誉了神州。国人为之自豪，世界为之惊叹！在第 29 届夏季奥运会闭幕之后，北京残奥会的圣火又激情点燃。"中华文明线"记录着中国的历史、文化；"时代风采线"展现出祖国的繁荣、强盛。

福娃欢舞神州乐，圣火传情四海燃。在这盛事庆典之时，2008 年的教师节又如约而至。奥运会，我们为祖国自豪！教师节，我们为自己骄傲！

作为教师，我们是自豪的；作为城关的教师，我们是幸福的。"营造和谐，创造快乐"的理念，让我们从学习到工作，从家庭到生活，处处感到了和谐，时时感到快乐。和谐的教研组、和谐的师生关系、和谐的家庭、和谐的校园……从老师的精神面貌、从学生的张张笑脸，我们看到了和谐，我们享受了快乐！

八月清凉秋，风挽夏不留。在这金秋时节，我们再次来到这美丽的水库畔，来到这环境宜人的龙母山庄，庆祝我们自己的节日。让我们开怀畅饮甘甜的美酒，尽情地抒发愉悦的心境，让我们充分体味幸福的人生，放声讴歌甜蜜的生活……

是谁让我们的生活如此多彩？是什么让我们总有快乐的理由？那就是柏校长的英明领导，是孙校长的雄韬伟略！让我们一起感谢我们学校的领航人。

今天，让我们继续把快乐传递，传递给同事、传递给朋友、传递给家庭、传递给我们的孩子……"让每一颗心都快乐"是我们的宗旨，让我们的孩子们在快乐的学堂学习、在快乐的校园生活、在快乐的家庭中成长，让他们都能成为快乐的天使，享受欢乐、传播幸福！

时至今日城关获得过太多的成绩。然而，奖牌和荣耀已经属于过去。今天，在柏校长的带领下，我们城关小学又步入一个新的阶段。相信在全校师生的共同努力下，我们一定会续写昨日的辉煌，在祖国的教育战线上谱写新的篇章。老师们，让我们携起手来，为开创城关小学更加美好的明天而共同努力吧！

最后，再次祝老师们节日快乐！祝本次拜师活动圆满成功！

2008 年 9 月 10 日

2009 年教师节致辞

尊敬的各位家教委员，亲爱的老师们：大家好！

又是一年芳草绿，又是一度百花香，又是一个教师节，又是一次同欢日。

今天，我们史各庄中心、城关小学的教师以及部分家教委员来到这美丽的十三陵水库畔，来到这景色迷人的龙母山庄，共同庆祝我们自己的节日——第25个教师节，让我们为自己的节日祝贺！

离开了校园，没有了喧闹，有的是一路迷人的风景，有的是行走间神清气爽的心情。

回顾2008年我们满载收获；展望2009年我们充满希望。

教学改革搞"减负"——我们扎扎实实，成效显著；

科学发展观有创新——我们轰轰烈烈，名扬昌平。

新的学期已经开始，新的气象已经显现，新的楼房已经奠基，新的希望已经起航！老师们、家长们，让我们携起手来，为祖国教育事业的发展、为城关小学的再次腾飞而共同努力吧！

祝老师们节日快乐！祝所有的来宾身体健康、家庭幸福、万事如意！

2009年9月10日

2010年教师节致辞

尊敬的各位领导、家教委员代表，亲爱的教职员工们：大家好！

今天是第26个教师节，我们城关小学的全体教职员工在这里举行庆祝教师节暨"金秋健身，徒弟拜师"仪式。我受柏校长的委托代表学校向全体教职员工致以节日的祝贺！祝各位领导、来宾、老师们节日快乐、身体健康、工作顺利、万事如意！

八月清凉秋，风挽夏不留，茵茵芳草绿，大地百花香。在这金秋时节，在这美好的节日，我们再次来到这美丽的十三陵水库畔，来到这风景宜人的龙母山庄，庆祝属于我们教师的节日。一路迷人的风景，让我们暂时忘记校园的喧闹；一路轻快的行走，让我们充分体验健身的乐趣。

回顾昨天，奖牌和荣耀已经属于过去。展望今天，机遇和挑战已经来临。在新一任教委主任的领导下，在柏校长的带领下，城关小学将以崭新姿态步入新的阶段。相信在全校师生的共同努力下，我们一定会续写昨日的辉煌，在祖国的教育战线上谱写新的篇章。

新的学期已经开始，新的气象已经显现，新的楼房已经竣工，新的希望已经起航！又是一个教师节，又是一次同欢日。让我们开怀畅饮甘甜的美酒，尽情抒发愉悦的心境，放声讴歌甜蜜的生活，充分体味幸福的人生……

老师们、家长们，让我们携起手来，为祖国教育事业的大发展、为城关小学的新腾飞而共同努力吧！

最后，再次祝老师们节日快乐！祝所有的来宾身体健康、家庭幸福、万事如意！

2010 年 9 月 10 日

2006年三八妇女节讲话

2005 年的"三八"节使我难忘，老师们的精神和才艺展示使我激动不已。"城小"的良好工作氛围使我信心倍增，"城小"的"人气"使我对未来充满希望。

沐浴着党的阳光，伴随着"两会"的胜利召开，我们又迎来了新世纪的第五个"三八"国际劳动妇女节。此时此刻，我们欢聚一堂，共同庆祝这一神圣的节日。首先，我代表学校，向在座的女同胞们致以节日的祝贺。

茫茫人海我们相识，为了谱写城关小学教育改革的壮丽篇章。我们走到了一起。"人气旺、话改革、干群同心，作贡献、求发展、捷报频传。""城小"精神使我们的事业如火如荼，成绩令人瞩目并赢得了社会、家长和教育界同行的认可和广泛赞誉。

在激烈的竞争中，在优胜劣汰的大环境下我们没有屈服。我们的办学条件是城镇小学中最差的，但我们的队伍是一流的。时至今日，我们还没有一间专用教室，这是严重制约学校发展的因素，要使师生素质整体提高，我们要付出比其他学校更多的代价。我们无怨无悔。

占教职工总数 67% 的女教师在学校的发展中起着主导作用。学校的点滴成绩无不凝聚着女同胞的汗水和心血，是你们撑起了城关小学的大半个天空。

为了它，有多少同志带病工作，辛勤奉献而不思回报；为了它，有多少同志一天当作两天使，丢下自己生病住院或重病缠身的亲人，丢下自己稚嫩、年幼的孩子，不忍心耽误一节课或排练时间，不愿耽误一次学习机会，把身心交给了学校；为了它，没有谁休满了婚假、丧假、产假，提前上班、带病上班、坚持上班，丢不下"三尺讲台"；为了它，你们孝敬双方父母，既是贤妻又是良母，为了学生，忍辱负重，恩情债、感情债越欠越多。

同志们，我希望大家要尽快地适应社会，自尊、自强、自立、自爱；要勇敢地面对现实，坦诚地接纳未来；提高素质，完善自我，脚踏实地，努力工作；不断探索新时期教育教学改革的新路子，争创一流的工作业绩，为城关小学的教育改革与发展做出更大的贡献；要进一步增强责任感和使命感，时刻站在教育改革的前沿；在不断完善中去发展自我，内强素质、外塑形象，真正把自己锻炼成能担重任的科研型、学者型教师；要珍惜自我，淡泊名利，勇于奉献，以自己精湛的业绩证明自身的价值，创建和谐的家庭和校园；从自身工作做起，从小事做起，在平凡的工作中创出不平凡的业绩。

最后，祝女教师们节日快乐，青春永驻，笑口常开，最后我提议——

全体男同志起立，祝在座的姐妹们：

家庭幸福！

事业有成！

万事如意！

三大牢记 八项注意

2008 年"三八"致辞

在今年春节的短信中，有一句话我很喜欢"一年之计春为首，十二生肖鼠为先"。在这鼠年的春天，在这美好的阳春三月，我们又度过了一段美好的时光。在这里我想表达三层意思。

1. 祝贺。向全体女教职工祝贺节日，祝你们节日快乐！向属鼠的女教师们祝贺，祝你们本命年吉祥！

2. 精彩。今天的活动同样精彩。是女工委员们的精心安排，是上场演员们的辛勤付出，让我们看到了优美的歌舞、激情的演讲，看到了精彩的你我，享受了节日的喜庆。

3. 感谢。感谢区教育工会领导的光临，让我们蓬荜生辉；感谢学校党、政的支持，让我们的活动始终有坚强的后盾；感谢所有演职人员的辛勤工作，让我们的活动永远富有新意。

今天，是庆祝"三八"，受三大纪律八项注意的启发，我想代表学校向全体教职员工提出"三大牢记，八项注意"。

牢记我们是家庭的重要成员，要为家庭的美满幸福保重身体；

牢记我们是城关的主人，要为城关小学的发展努力工作；

牢记我们是一名人民教师，要不愧于"人类灵魂工程师"的伟大称号。

一要注意保持健康的工作心态——积极乐观。

二要注意拥有健康的身体本钱——强健体魄。

三要注意保持一颗快乐的童心——永葆青春。

四要拥有充满仁爱的高尚思想——热爱学生。

五要注意保持旺盛的工作热情——爱岗敬业。

六要不断积累先进的教学经验——勤学善思。

七要不断提高自己的专业技能——素质全面。

八要立志拥有自己的教学成就——建功立业。

"三大牢记，八项注意"，希望与大家共勉。

2008 年 3 月 8 日

有感于2009年牛年三八妇女节

俗话说：人的生命在于运动，学校的生命在于活动。我们学校工会工作有个宗旨，就是坚持重大节日开展庆祝活动。目的就是通过活动聚拢"人气"，通过活动凝聚人心，通过活动营造和谐，通过活动促进发展。

每年"三八"节学校工会都要组织庆祝活动。2009 年的"三八"节伴着阳春三月、伴着"两会"的胜利召开如约而至。今年是牛年，我们确定的活动主题是"今年三八你最牛"。活动围绕歌颂牛的精神，弘扬牛的作风，学习牛的品格，展现牛的风采做文章。3 月 6 日一场精彩的庆祝活动让我感动，老师们通过朗诵、快板、三句半、表演剧、歌舞、时装表演等形式讴歌城小教师老黄牛的辛勤耕耘，颂扬老黄牛的默默奉献，倡导老黄牛的为人谦和，表现老黄牛的吃苦耐劳。

老师们精彩的歌舞让我心花怒放，让我激动。老师们深情地诉说，让我感动，这种感动升腾起火热的激情，凝聚成一股力量，一股团结向上的力量。这股力量就是城关的力量！

老师们淋漓尽致的表演让我感叹，感叹我们的老师真是太有才了。他们把鲜活的人物和事例通过不同的形式展现出来，使平常的工作小事变成一种精神的升华，这种升华教育鼓舞着所有的老师。这也是一股力量，是一股弘扬正气的力量。这股力量就是城关的力量！

从老师们从容的步伐中我看到了自信，从老师们淡定的笑容中我看到了阳光，从老师们喜悦的目光中我看到了幸福。精彩的演出使得掌声不断，热烈的欢呼此起彼伏，响彻礼堂，幸福的笑声充满校园！

是谁让我们的节日如此绚丽？是主持人的精心策划，是所有演员的精心演出，是工作人员的精心服务；是谁让我们的生活如此多彩？是什么让我们总有快乐的理由？那就是柏校长的英明领导，是学校办学理念的深入人心。

作为教师，我们是自豪的；作为城关的教师，我们是幸福的。"营造和谐，创造快乐"的理念，让我们从学习到工作，从家庭到生活，处处感到和谐，时时感到快乐。和谐的教研组、和谐的师生关系、和谐的家庭、和谐的校园……从老师的精神面貌中，从学生的张张笑脸中，我们看到了和谐，我们享受了快乐！

今年三八谁最牛？我的回答是：今年三八城关小学人最牛！让我们携起手来，为开创城关小学更加美好的明天而共同努力吧！

2009 年 3 月 7 日

2011年贺三八妇女节

城关小学庆"三八"，
最后让我把言发。
激动万分说点啥？
赋诗一首来表达。

美女主持吕冬梅，
操办"三八"头一回。
妙语连珠人妩媚，
还像当年小阿妹。

小小活动大精彩，
教师个个真有才。
展示自我扬个性，
敢与专业摆擂台。

歌声阵阵唱起来，
舞姿翩翩扭起来。
掌声阵阵响起来，
吹拉弹唱乐开怀。

城关是个大舞台，
欢迎大家走上台。
校长为咱搭平台，
鼓足干劲上高台。

"三八"庆祝是传统，
目的是把人气拢。
干群一心齐努力，
城关还得往前拱。

如今进入十二五，
我们要把新篇谱。
美好前景已描画，
拼搏向前迈大步！

城关小学庆"三八"，
今年简单把票发。
节日到了说点啥，
赋诗一首来表达。

妇女教师半边天，
教育教学挑重担。
抛家舍业为学校，
三尺讲台不平凡。

淡泊名利甘奉献，
只为学生身心健。
孝敬父母疼子女，
中华美德尽展现。

祝老师们节日快乐！

2011 年 3 月 8 日

2009年"男人节"致辞

大家好！值此瑞雪纷飞的初冬时节，城关小学迎来一个特别的日子——城小男人节。让我们用热烈的掌声向在座的男士们表示节日的祝贺。

2009，农历乙丑牛年，城关小学真是牛气冲天。这一年，我们的新楼拔地而起；这一年，男女教工团结一心，战胜了来势汹汹的甲型流感；这一年，我们开创了一个史无前例的节日——男人节。

城小的二十位男士，以卓越的胆识、雄浑的气魄、昂扬的斗志，锐意进取的精神，活跃在我校教育教学各个岗位上。他们以满腔的热情、朴实的作风、出色的成绩诠释着"男人"二字深刻的内涵。

如果说"三八的天空别样红"，那今天我要说"四个一的阳光更灿烂"。如果说女人是花，那你们就是护花使者。你们甘当绿叶衬红花，你们默默无闻只管奉献。你们时刻让我们感到：因为有你们，我们的校园更欢乐；因为有你们，我们的校园充满阳刚之美；因为有你们，我们的校园更和谐。

城小不只是女教工展示才华的天地，更是男教工们挥洒驰骋的疆场。这么多年来无论是老当益壮的年长者，还是风华正茂的年轻人，男教工都为城小赢来了众多的荣誉。城小不会忘记你们，城小感谢你们！

从今天——11月11日开始，你们——城小的男教工们，也像女教工一样有了属于自己的节日，你们应该感到骄傲。我们也相信，你们一定会加倍努力，续写昨日的辉煌，谱写城小新篇章。

有位名人曾经说过：世界的一半是属于女人的。今天我要说：世界的另一半是属于男人的。再次祝所有的男同胞们节日快乐！把你们的快乐带给所有的人，让所有的人更快乐。

2009 年 11 月 11 日

2008年元旦"红色经典"主持词

红色经典，红色的记忆；

红色经典，永久的回忆。

红色时代是革命的时代；

红色时代是壮举的诗篇。

今天，让我们唱响红歌，感受红色时代的气息；

让我们聆听红歌，重温红色时代的旋律；

让我们体味红歌，接受红色时代的洗礼；

让我们表现红歌，释放红色时代的激情。

红色经典带给我们的是激情澎湃；

红色经典留给我们的是不灭的灵魂。

红色精神照亮我们前进的方向；

红色精神鼓舞我们奔向崭新的明天！

我们早已抑制不住内心的激动和喜悦，

我们早已跃跃欲试想要起舞放歌。

红色的歌声让人荡气回肠，把我们带回激情燃烧的岁月；

红色的语录让人激情飞扬，使我们重新想起一代伟人的风采。

2008 年我们坚定地走过；

2009 年向我们豪迈走来！

新的一年，在柏校长的领导下，我们满怀信心，豪情阔步。

新的一年，在营造和谐创造快乐的理念下，我们信心百倍，只争朝夕。

新的一年，我们充满希望；

新的一年，我们再创辉煌！

今天的城小处处充满着欢声笑语，时时洋溢着欢乐祥和；

让我们尽情地讴歌今天的幸福生活，尽情地享受改革开放 30 年的丰硕成果。

新的一年刚刚开始，祝愿每一位老师身体健康；

祝福每一个家庭幸福快乐；

祝愿我们的学校越办越好；

祝福伟大的祖国繁荣昌盛！

2009 年新年贺词

穿越时空的隧道，不知不觉我们已经置身于 2008 年最后一天的轨道上。即将送走硕果累累、极不平凡的 2008 年，又即将迎来信誓旦旦、充满希望的 2009 年。在这辞旧迎新之际，我代表学校党政工团向辛勤工作的老师们致以新年的祝贺：祝老师们新年快乐，万事如意！

承载着无限企盼的 2008 年仿佛是一本书，经过 365 天的品读即将闭合。这是一本跌宕起伏、意味深长的书；更是一个荡气回肠、令人难忘的年份。

年初南方那场百年一遇的暴风雪是我们在 2008 年迎接的首次考验，我们用温暖的互助融化了凛冽的冰雪。春天的中国，因"5·12"大地震我们集结起国人的民族豪情和爱的力量；盛夏的中国，第 29 届北京奥运会的成功举办让我们彰显出强大的国力令世界瞩目；秋天的中国，神舟七号载人飞船的完美升空让 13 亿华夏儿女扬眉吐气为之自豪；冬天的中国，改革开放 30 年的累累硕果让世人惊叹祖国的巨变与腾飞！

祖国的成就让我们为之骄傲，学校的荣誉让我们为之自豪！

2008 年，我们城关小学的广大师生在柏校长的带领下，以卓越的胆识、雄浑的气魄、昂扬的斗志，只争朝夕、锐意进取、深化改革、成绩卓著。

2008 年我们获得了"昌平区先进党支部""课程改革工作先进单位""创建国家卫生区先进单位""学科质量监控先进学校""奥运会、残奥会工作先进集体"；德育、少先队、关工委、老干部、"平安之路"等先进集体的奖牌让 2008 年的城关小学满载收获、风光无限。

今天，我们聚会在这里，迎接新年的到来；今天，我们相逢在这里，庆祝昨日的辉煌。2008 年我们坚定地走过，2009 年我们敞开胸怀。祖国的成就靠人民来创造，城关的辉煌靠我们去实现！ 2009 年将是一个火红的年份，我们将迎来祖国 60 岁华诞。让城关小学和祖国一起腾飞！

今天的城小充满着欢声笑语，洋溢着欢乐祥和。让我们尽情地讴歌今天的幸福生活，尽情地享受改革开放 30 年的丰硕成果。

今天，让我们唱响红歌，感受红色时代的气息；让我们聆听红歌，重温红色时代的旋律；让我们体味红歌，接受红色时代的洗礼；让我们表现红歌，释放红色时代的激情；让红色精神鼓舞我们奔向崭新的明天！

祝愿每一位老师身体健康，祝福每一个家庭幸福快乐，祝愿我们的学校越办越好，祝福伟大的祖国繁荣昌盛！最后预祝城关小学新年庆祝活动暨"纪念改革开放 30 周年红歌演唱会"圆满成功！

2008 年 12 月 31 日

2010年新年致辞

今天，是 2009 年的最后一天。我们大家欢聚一堂，共同迎接 2010 年新年的到来。借此机会，我代表学校向辛勤工作的教师们致以崇高的敬意，对大家在过去的一年里的不懈努力表示衷心的感谢！同时，也向全体同学致以新年的问候，对你们在过去一年里的不断进步表示衷心的祝贺！

新年，这个节日属于冬天，严寒只是它的外表，其间孕育着满腔的热情和无穷的智慧才是它的内涵。它是一年的开始，它是成功的起点。

记得柏校长说过：2006 年，我们播种；2007 年，我们努力；2008 年，我们拼搏；2009 年，我们收获。

过去的一年我们收获平安，我们收获进步，我们收获知识，我们收获成长。

共和国六十年华诞庆典让我们看到祖国的繁荣昌盛，城小新楼房建设让我们看到明天的灿烂辉煌。我们为祖国而骄傲，我们为城小而自豪！

回忆昨日的你们逐渐成熟，看到现在的你们幸福快乐。播种和谐的种子，收获快乐的果实。在"减负"中我们学会思考，在快乐中我们更要努力。

2009年，我们一起拼搏，一起努力；2010年，我们一起憧憬，一起奋斗！新的一年开启新的希望，新的征程承载新的梦想。老师们，同学们，让我们携起手来，勤奋学习，努力工作，共同创造城关小学更加美好的明天！

最后，祝老师和同学们新年快乐，万事如意！

2009年12月31日

城关小学2006年体育节致辞

各位老师、全体同学：大家好！

在这样阳光明媚、春暖花开的季节，城关小学2006年"健康伴我迎奥运"体育节开幕了！

在全体老师、所有同学的共同努力下，我们城关小学的体育工作取得了辉煌的成绩：学校先后被评为"北京市办有特色学校、体育工作先进单位、北京市百所广播操优秀校、体育达标先进单位、昌平区全面育人办有特色学校、独轮车项目重点校、十五期间体育工作先进单位"等。

过去的一年又是我校体育成绩取得丰硕成果的一年：2005年7月参加全国第十一届独轮车锦标赛获得独轮车篮球第四名；学校男、女篮球队参加昌平区中小学生比赛纷纷获得冠军；足球队参加北京市比赛获得第八名；乒乓球、跳绳、围棋比赛也纷纷取得好名次。田径队杨硕、袁晨雪、高雪婷在2005年区运会上获得各自项目的第二名；石宇、孙斌、杨磊以及男女接力队分别在2005、2006年区运动会上创造佳绩，为学校争光。体育组老师也分别被评为2005年度昌平区优秀教师、优秀教练员。

正是因为有教练员的精心指导、有运动员的刻苦训练、有班主任的大力支持，我们才有今天的一张张奖状、一座座奖杯。但是我们也清醒地认识到，我校的体育运动水平与其他学校相比还有很大差距，还需要长期不懈努力。

城关小学体育事业的腾飞是我们全校每一名师生的共同责任。让我们借着迎接 2008 北京奥运圣火的契机，在体育节期间，全体师生齐心协力，持之以恒，积极开展体育锻炼，强健体魄，增强身体素质，让体育节活动轰轰烈烈，让全民健身的热潮在城关小学再一次掀起，用我们的行动为 2008 年北京奥运会的胜利召开加油、喝彩！

预祝城关小学"2006 年健康伴我迎奥运"体育节圆满成功！

2006 年 4 月 21 日

城关小学 2007 年体育节致辞

亲爱的老师、同学们：大家好！

在这样阳光明媚、春暖花开的季节，城关小学 2007 年"走近北京奥运会，我为奥运添光彩"体育节开幕了！

在全体老师、所有同学的共同努力下，我们城关小学的各项工作取得了辉煌的成绩：学校先后获得"北京市全面育人办有特色学校，北京市健康促进学校，十五期间体育、科研、师德、法制建设、继续教育先进单位"等荣誉称号，连续三年成为昌平区学科质量监测"十佳"学校。

过去的一年又是我校体育成绩取得丰硕成果的一年：2006 年 7 月至 11 月，学校男、女篮球队参加昌平区中小学生暑期、秋季比赛分别获得第二名和第四名；足球队也获得第三名和第五名的好成绩；暑期系列比赛获得团体总分第三名；乒乓球、跆拳道、围棋比赛也纷纷取得好名次；田径队高涵在 2006 年区运会上获得铅球比赛第一名，后抛实心球项目的第二名，同时打破了大会纪录；2006 年昌平区中小学生秋季运动会上获得团体总分第三名。在刚刚举行的 2007 年昌平区中小学生田径运动会上，我校运动员努力拼搏，奋勇争先，取得小学一组团体总分第六名。田径队的队员们在运动会上又一次创造了佳绩，为学校争得了荣誉。

正是因为有教练员的精心指导、有运动员的刻苦训练、有班主任的大力支持，我们才有今天的一张张奖状、一座座奖杯。但是我们也清醒地认识到，我校的体育运动水平与其他学校相比还有很大差距，还需要长期不懈努力。

城关小学体育事业的腾飞是我们全校每一名师生的共同责任，就让我们借着迎接 2008 北京奥运圣火的契机，在体育节期间，全体师生齐心协力，持之以恒，积极开展体育锻炼，强健体魄，增强身体素质，让体育节活动轰轰烈烈，让全民健身的热潮在城关小学再一次掀起，用我们的行动为 2008 年北京奥运会的胜利召开加油、喝彩！

预祝城关小学"2007 年走近北京奥运会，我为奥运添光彩"体育节圆满成功！

2007 年 4 月 20 日

城关小学2008年"与奥运同行"体育节致辞

各位老师、全体同学：大家好！

今天，距北京奥运会开幕还有 105 天，2008 北京奥运会已经向我们走来！

"点染激情，传递梦想"，和谐之旅的奥运圣火正在全球传递。在这样阳光明媚、春暖花开的季节，"喜迎奥运倒计时 100 天——城关小学 2008 年与奥运同行"体育节开幕了！

在全体老师、所有同学的共同努力下，我们城关小学的体育工作取得了辉煌的成绩：学校先后被评为"北京市办有特色学校、体育工作先进单位、昌平区全面育人办有特色学校、独轮车项目重点校、同心结工作先进单位"等。

过去的一年又是我校体育成绩取得丰硕成果的一年：学校男、女足球队参加昌平区中小学生比赛纷纷获得冠军；女子足球队参加北京市比赛获得第三名；篮球、乒乓球、跆拳道、定向越野比赛也纷纷取得好名次。在刚刚结束的昌平区 2008 年春季运动会上，我校取得团体总分第六名；田径队蔡婷婷、黄珊、王禹森等16名运动员在运动会上努力拼搏，创造佳绩，为校争光，是他们让城关小学的名字时常回荡在运动场上。

正是因为有教练员的精心指导、有运动员的刻苦训练、有班主任的大力支持，我们才有今天的一张张奖状、一座座奖杯。但是我们也清醒地认识到，我校的体育运动水平与其他学校相比还有很大差距，还需要长期不懈努力。

城关小学体育事业的腾飞是我们全校每一名师生的共同责任，就让我们借着2008北京奥运圣火的契机，在体育节期间，全体师生齐心协力，持之以恒，积极开展体育锻炼，强健体魄，增强身体素质，让体育节活动轰轰烈烈，让全民健身的热潮在城关小学再一次掀起，用我们的行动为2008年北京奥运会的胜利召开加油、喝彩！

预祝城关小学2008年"与奥运同行"体育节圆满成功！

2008年4月25日

城关小学2009年体育节致辞

各位老师、全体同学：大家好！

在这样阳光明媚、春暖花开的季节，城关小学2009年"与祖国同行"体育节开幕了！

几年来，在全体老师、所有同学的共同努力下，我们城关小学的体育工作取得了辉煌的成绩：学校先后被评为"北京市办有特色学校、体育工作先进单位、北京市百所广播操优秀校、体育达标先进单位、昌平区全面育人办有特色学校、独轮车项目重点校、十五期间体育工作先进单位"等。

2008年又是我校体育成绩取得丰硕成果的一年：2008年10月我校独轮车队参加全国第十二届独轮车锦标赛获得团体总分第五名，个人16人次获奖；学校先后获得北京奥组委、北京市教育系统、昌平区教育系统奥运教育先进集体；学校乒乓球获得普通组第一名；男、女足球队参加昌平区中小学生比赛分别获得第二名、第七名；在刚刚结束的昌平区春季田径运动会上我校的刘悦、宋双分别获得各自项目的第一名、第二名；朱雪蒙、高漪获得第三名；高振、胡亚鑫、孙影琪、付文文也在自己的项目上获得好成绩。此外，2008年我校还被评为"科技教育先进单位"，获得航模比赛团体一等奖，艺术节也取得了优异的成绩。

正是因为有全体教师的精心指导、有所有学生的认真努力、有班主任的大力支持，我们才有今天的一张张奖状、一座座奖杯。但是我们也清醒地认识到，我校的体育运动水平与其他学校相比还有很大差距，还需要长期不懈努力。

城关小学体育事业的腾飞是我们全校每一名师生的共同责任，让我们继续弘扬北京奥运会的精神，齐心协力，持之以恒，积极开展体育锻炼，强健体魄，增强身体素质，让体育节活动轰轰烈烈，让全民健身的热潮在城关小学再一次掀起，用我们的行动向建国60周年会献礼！

预祝城关小学"2009年与祖国同行"体育节圆满成功！

2009 年 4 月 10 日

做一名光荣的长陵教师
——支教工作体会

2007 年 9 月 1 日，我作为一名光荣的支教教师，带着教委领导的期望和嘱托，带着学校领导的谆谆教诲和殷切希望，来到了我支教的单位——长陵中心小学。

转眼之间，我在长陵中心小学支教将近一年了。10 个月的支教生活，使我再次走进了昌平的农村小学。一年来，我再次了解农村小学教育的现状，认识体会农村小学教育教学工作的困难与艰辛，也被农村小学老师的无私和奉献深深地打动着。

长陵中心小学和我的工作单位城关小学是多年的手拉手学校。两校之间有着深厚的感情，走进长陵中心小学就像来到了自己的家。这里的领导和蔼可亲，这里的教师热情友善，这里到处充满和谐的气氛。我暗暗下定决心，一定早日融入这个大家庭，一定要努力工作，发挥更大的作用。

作为昌平区一名小学音乐学科的骨干教师，我决心将自己的专长毫无保留地发挥出来。这里的老师们称呼我为"专家"，音乐老师称呼我为"师傅"，说实话确实真不敢当。我深感自己离这些称谓还差得很远，但从这些称谓中我感受到了老师们对我的期望。

作为支教老师，我给自己制定了几条标准：首先，服从领导工作安排；其次是严格遵守学校的各项规章制度和纪律要求；第三树立主人公的意识，时刻不忘自己是"长陵老师"。10个月以来，我主要做了以下几项工作。

1. 抓好培训，努力提高全校音乐教师的教学水平

由于种种原因，长陵中心小学的音乐教学还停留在比较原始的教学模式上。教师参加培训少，教学信息闭塞，教学手段单一，教师的热情不高。针对这种情况，我首先培训老师，主要做法是：主动讲示范课，让老师们先模仿；和老师一起备课，让老师们知道如何备好课；帮助老师修改教案，提升备课质量；听老师的课，帮助老师提高上课质量。其次，为老师们提供教学信息。我主动提供自己珍藏的优秀课例的光盘、录像，让老师们学习；把好的教学课件、教案提供给老师参考借鉴。还有，通过谈话调动老师们的教学热情。我多次和音乐老师一起研究工作，在研究的同时让老师们认识音乐老师在学校中的重要作用，告诉他们如何提升音乐老师在学校的地位，以及作为一名好的学科教师应该具有的良好素质等。

2. 精心指导，做老师发展的引路人

除了完成音乐学科教师的培训外，我还在长陵中心小学带了两名徒弟——朱卓和宗惠芬。两个年轻人热情好学。我精心指导他们对课堂教学进行改革，努力为他们创造提高和展示的机会。2007年12月，我主动为两名教师争取讲区级研究课的机会。从选课题选内容到备课再到试讲，我认真把关，一次次地试讲，一次次地修改教案。功夫不负有心人，两个徒弟的音乐研究课非常成功，得到了听课老师和学校领导的高度评价。音乐学科能够承担音乐研究课是长陵中心小学历史上的第一次，也是两位徒弟自身教师生涯中的第一次。

研究课的成功，标志着音乐老师逐步走上正轨。他们坚定了信念，增强

了自信，对自己今后的工作充满信心。

3. 真心投入，为长陵地区的教育尽一点责任

作为支教人，我始终把自己当作"长陵人"，长陵中心小学的领导和老师们也不把我当外人。这里是我的家，我要为把它建设得更好出份力。所以，只要是长陵中心小学的事，只要我能办到的，我都努力办好。学校请人来讲课，可是没有投影机，我就把城关小学的投影借来；老师们讲课需要制作课件，我会主动帮他们找"师傅"帮助制作；学校元旦演出，我主动承担编导和演员的任务。丰富多彩的演出让老师们精神愉悦，凝聚了人心，增进了感情。

支教工作是短暂和忙碌的，却是充实的。支教过程中我在城关小学所负责的工作几乎没有被耽误过，周六、周日我经常在学校加班，梳理安排一周来的工作。在支教的同时，我校的各项工作也没有被耽误。尽管这个过程看起来好像有些平淡，但是我认为更多的是收获。支教生活将是我人生道路上不可缺少的重要部分。

作为昌平的一名普通教师，不管是在城关小学教书还是到长陵中心支教，都是在为昌平的教育服务。作为一个普通的昌平人，能为昌平的教育尽一份责任，我感到无比自豪！

2008 年 7 月

"跨越式"课题研究推动学校整体发展
——"利用现代教育技术提高农村中小学教育质量研究及推广项目"工作汇报

"利用现代教育技术提高农村中小学教育质量研究及推广项目"即"跨越式"课题的试验工作在我校进行近六年了。从试验之初的 2 个网络试验班、3 名试验教师，发展到现在拥有 6 个网络试验班、13 个非网络试验班，共 27 名试验教师。试验班学生没有经过刻意挑选，都是家长自愿报名参加的，入学时这些班级学生的智力水平与非试验班没有不同。在总课题组、区

课题组的指导下，经过五年多的试验，试验班的教学已经得到了家长和社会的广泛认可，取得了良好的效果，学校的"跨越式"试验工作得到了跨越式的发展。

一、领导重视身先士卒

我校课题试验工作之所以顺利开展，得益于学校两任校长的高度重视，得益于前后两位主管领导的认真负责。当老师们遇到困难想要退缩时，是校长给他们打气、鼓劲儿；当老师们遇到烦恼感到无助时，是校长给他们创造外出学习的机会；当老师们为取得进步感到高兴时，又是校长给他们提出了更高的目标和希望。

学校里我们经常看到主管领导和试验教师一起备课、研究课例、制作资源、维护平台，他们的行动深深地感动着教师。提起前负责人郭慧兰主任，她为每一位试验教师认真地解读每一篇课文，帮助每一位试验教师认真备课，协助每位教师制作教学资源。她对试验工作的执着影响着每一位试验教师。陶德亮主任作为现任主管领导，2006 年开始接手课题试验管理工作。之前他是学校课题组的资源建设顾问，主管此项工作以后，他全身心地投入，很好地把握了本课题研究的发展方向，使我校课题试验工作不断推向成熟。

校长的鼓励、主管领导的身先士卒，让老师们备受鼓舞，坚定了做好课题试验工作的信心，这种信心让我们坚持着一直走到今天。

二、试验环境宽松和谐

我们学校的办学理念是营造和谐、创造快乐，创造宽松和谐的工作氛围，让老师们在快乐中工作、在工作中快乐是我们的宗旨。陶主任接管课题管理工作之后，创造宽松的试验环境是他努力达成的目标之一。面对参与试验的教师普遍压力较大的现状，陶主任首先将自己的工作定位为"导"，就是只起一定的导向作用。比如说只定位大的试验发展思路和措施，只安排试验思路的大框架，留给试验教师们相对宽广的思维空间和创造空间，留给她们更多的发挥余地，把每个人的创造力都充分发挥出来。通过一年的管理，取得了良好的效果。老师们普遍认为，现在的管理很宽松，老师们对试验方向的把握和对教学的理解更显主动和富有创造力。

对于每学期期末的"跨越式"工作研讨会，学校总是想方设法改变研讨形式，变研讨为聚会。大家在快乐、祥和的气氛中畅所欲言；在轻松、愉悦的活动中释放压力。在欢声中总结过去，在笑声中展望未来。宽松的试验环境让老师们感到工作虽然辛苦但心情舒畅。

三、教师团队帮带互助

1. 整合教研组，实行帮带

随着参与试验教师的逐渐增多。2006年，学校按照课题组的结构和教师分工进行了调整：全校设一个完整的大教研组（由卢海燕老师任组长），大教研组下设两个教研组（一个英语一个语文），分别由林秀琴和李春红两位老师任组长，并为每位新任试验教师安排了一位有经验的试验教师进行帮带。学校要求老师们不要局限于学校的安排，要自己主动拓展自己的空间，更充分地发挥自己的潜能和主动性。

2. 主动工作，团结互助

课题组领导从不要求每个人必须怎样做，可教师们的表现真的让人感动。课题组老师们的团结、互助无处不在。每月一次的课题组听课，不管是哪位老师讲课，她的周围都不是一个人在忙碌，大到备课，小到听课前要摆几把椅子都会有人替她想着。

2007年5月的赛课，学校没有指派参赛教师，而是让她们主动报名，学校课题组就选了前六个先报名的老师。赛课任务下来后，更加显出不是她们几个人在参赛，而是对城关小学课题组的一个考验。参赛教师的准备过程中无处不体现课题组教师们的互助精神。

2007年6月"昌平区跨越式课题评优表彰会"在我校召开。开会前一天下午，我们的试验教师自发主动承担起各项准备工作。在不耽误学生上课的情况下，英语组的老师们打扫实验室，摆放全区学生作品；语文组的老师们打扫主会场，摆桌椅、挂条幅；信息组的老师调设备。早已过了下班时间，可没有一位老师提前离开。开会当天，课题组老师们很早就到了学校，为与会人员发资料，当引导员，一切都是那么井井有条。而这些都是老师们主动参与的，没人要求。区课题组负责人聂秀玲老师看了这些场景后由衷地说：城关小学的课题组真的是一个和谐的有朝气的教研组。

四、教研活动提升质量

1. 创设浓郁的教研氛围

浓郁的教研氛围是试验课题发展的关键。在总课题组每月指导教学工作之外，我们提出：在教师帮带的同时谋求拓展，让每位教师不局限于自己的学科范围，要将自己融入更大的环境中。每次课题组来指导，不管是有经验的试验教师讲课，还是刚接触试验工作的年轻教师，她们都会主动邀请别人听课，并虚心听取其他老师的意见。而其他试验教师也主动参与备课、听课、评课。每次讲课前教师自己备课后，再找主管教学的主任把关，然后试讲、研讨、再试讲。这已经形成了一个模式，也是城小试验教师共同发展的有效途径。

2. 校内赛课提升教学水平

每年，我校都要在校内开展教学评优活动，要求全员参与，共同研讨。我们聘请了学校领导和有经验的教师共同担任评委，制定了详尽的评选办法。通过校内评比使老师们的教学水平不断提升。2008年5月，我们选出了6名年轻教师参加区课题组的赛课活动，结果这六名教师全部获奖，其中一等奖3人（王金燕、李艳坤、谭莹），二等奖3人（李秀娟、丰金娜、蔡国艳获二等奖）。

3. 多种渠道拓宽教研层面

课题组的教师们主动利用网络和其他途径与其他学校的课题教师进行交流。比如通过课题的网络博客进行教学设计、教学反思、学生作品、课题研究等方面的交流，学校创办课题月报进行校内沟通交流等。广泛的交流使老师们视野更加开阔，思想碰撞后产生许多灵感。教研层面不仅仅局限在校内，网络的平台让老师们研无极限。

4. 树立典型发挥骨干作用

打造科研型教师也是我们的发展目标之一。有意识地打造优秀的试验教师，使她们的教学能力和教科研水平都实现跨越式发展。我们及时树立典型，让进步快的教师发挥骨干作用，以点带面带动全体试验教师。卢海燕、李春红和林秀琴三位老师是昌平区第一批试验教师，通过五年的历练，已经非常成熟了。她们有丰富的经验和先进的理念。学校有意识地发挥她们的模范作用，让他们担任组长，承担重任，以带动全体教师的成长。近两年，学校又涌现出李秀娟、李燕昆、蔡国艳等一批优秀的试验教师。这些教师带动了学校课题组成员教研水平的整体提升。

5. 广泛交流发挥辐射作用

我们把打造教师的工作并没有固定在学校内部，而是充分发挥优秀教师的模范作用，为全区的课题研究工作做出自己的贡献。仅 2008 年我校课题组就有 13 位教师先后到百善学校、回龙观中心、亭子庄学校、七里渠中心等学校做示范课和经验交流；4 位老师承担了迎接广州、上海教育同仁来校观摩的讲课任务；3 位老师在全区课题研讨活动中讲课、做经验交流。这些活动不仅使我们的老师得到了锻炼，在锻炼自己的同时也起到了模范作用。

五、辛勤耕耘收获无限

1. 教师屡屡获奖

在"跨越式"的试验过程中，我们的老师不断发展不断成长。他们在各级各类评比活动中多次获奖。以下是近几年我校试验教师部分获奖情况。

论文获奖情况			
级别	等次	篇数	合计
全国	一等奖	10	33 篇
	二等奖	7	
	三等奖	16	
市级	一等奖	4	20 篇
	二等奖	6	
	三等奖	10	
区级	一等奖	5	24 篇
	二等奖	10	
	三等奖	9	
课例获奖情况			
全国	一等奖	6	22 个
	二等奖	10	
	三等奖	6	

续表

	一等奖	0	
市级	二等奖	1	18个
	三等奖	17	
	一等奖	10	
区级	二等奖	10	36个
	三等奖	16	
教学设计获奖情况			
	一等奖	1	
全国	二等奖	2	7篇
	三等奖	4	
	一等奖	1	
市级	二等奖	2	10篇
	三等奖	7	
	一等奖	5	
区级	二等奖	6	17篇
	三等奖	6	
课件获奖情况			
市级	一等奖	3	13个
	三等奖	10	
	一等奖	4	
区级	二等奖	6	12个
	三等奖	2	
评优课、研究课课统计			
全国	二等奖	2	2节
	一等奖	3	
市级	二等奖	2	9节
	三等奖	4	

续表

区级	一等奖	10	33 节
	二等奖	11	
	三等奖	12	

2. 学生全面发展

学校课题组的建设、教师们的发展，归根结底是要为学生的全面发展服务。通过几年的试验研究，我们发现试验班的孩子们在阅读能力，写作能力，英语的听、说、读、写能力上有了很大的提高。他们思维活跃，创新能力强。孩子们自己制作的主题网页和自己建立的博客，吸引了许多人观看、浏览。一篇篇自己撰写的小文章蕴含着孩子们对学习的热爱、对生活的热爱。在提高孩子们学习能力的同时，我们并没有忽略孩子们的全面发展。写字比赛中，试验班的孩子们的硬笔书法作品受到老师和家长们的好评；运动会上，试验班的孩子生龙活虎、成绩斐然；艺术节上，试验班的孩子们通过画笔、乐器、歌唱等展示着他们的才华，展现的是他们色彩斑斓的童年。学生们的进步让老师、家长们非常感动。

通过几年的课题研究，我们发现：试验班的学生上课气氛活跃、思维敏捷，知识宽广、善于探究；他们语言表达能力强，书写速度快，对电脑技术的运用操作熟练。我校所有给试验班上课的老师感同身受，他们都愿意给试验班的同学上课。

试验班学生在各项比赛中获奖情况统计表

学生综合获奖情况（包括作文、英语、体育、艺术、科技等方面）			
级别	等次	总数	合计
全国	一等奖	55	72
	二等奖	8	
	三等奖	9	
市级	一等奖	5	14
	二等奖	3	
	三等奖	6	

续表

学生综合获奖情况（包括作文、英语、体育、艺术、科技等方面）			
区级	一等奖	55	157
	二等奖	57	
	三等奖	45	

学生阅读、打写速度对比表

阅读速度		打写速度	
普通班	试验班	普通班	试验班
480字/分钟	560字/分钟	26字/分钟	48字/分钟
注：《课标》要求小学高年级不少于300字，初中达到500字		注：每班选出3名优秀学生测试	

六、六年试验感慨万千

六年的课题试验，我们的体会是：

1. 锻炼了一支队伍

经过何教授以及各位专家组成员的无数次培训、研讨，我们老师的思想认识不断加深，教育的理念不断更新。从开始的困惑、迷茫与彷徨，到慢慢地理解、适应和接受。课题组的培训使老师们的视野不断开阔，与专家的交流使老师们的教育信息不断丰富。

经过无数次的听课、讲评、研究、反思，我们的老师经受了锻炼，接受了考验，获得了经验。他们的教学水平不断提高，驾驭课堂的能力不断增强，专业素质显著提高。

经过无数篇课文的资源制作、无数个教学案例的成功制作，老师们运用信息技术的水平明显提高。从课件的制作到网页的制作，从软件的使用到硬件的维护，老师们得心应手，个个成为信息技术的高手。

现在我们的课题组已经形成了一支以老带新、梯队层次分明、能干、肯干的教师队伍。他们是一个团结的有战斗力的集体。

2. 挥洒了辛勤汗水

对于"跨越式"试验研究，我们的教师付出了很多。忘不了集中培训时每天不少于 12 小时的"疯狂"学习，忘不了李春红老师因忙于讲课没有及时给孩子看病致使孩子的感冒转为肺炎，忘不了卢海燕老师为了做好第一个教学资源整整花了 40 天的时间，忘不了林秀琴老师在试验初期从没有在 12 点之前睡过觉……然而，我们的辛苦没有白费，换来了老师的迅速成长，换来了今天的累累硕果。

3. 积累了宝贵经验。

作为课题的试验校，我们付出了很多，经历了很多，但同时也收获了很多。我们制作了大量的教学资源，撰写了多篇教学案例和论文。这些宝贵的资料是我们城关小学试验教学的成果，是我们老师辛勤汗水的结晶，同时为我们继续深入开展此项研究积累了宝贵经验！

4. 取得了显著成绩。

课题的试验研究是一个平台。在这个平台上，我们进步着、成长着、收获着。

凭借着课题的引领，在 2008 年骨干教师认定工作中，我校 27 名试验教师共有 15 人被评为市、区级以上骨干教师。其中，市级骨干教师 2 人，区级学科带头人 4 人，区级骨干教师 9 人。

有关本课题试验的评优课、录像课、论文、课例、反思等获得国家、市、区级奖不计其数，并分别在不同级别的刊物上发表。

我校课题试验的多名老师先后被其他兄弟学校邀请前去进行经验介绍、讲课交流。这些活动一方面展示着城关的教学成果，宣传着城关的形象，同时又是老师们进一步学习的机会。在一次次的交流学习中，我们的老师得到锻炼，得到了提高。

5. 实现了城关的跨越。

通过"跨越式"试验研究，我们得到了专业的引领，培养了年轻的队伍；我们抓住了难得的机会，取得了显著的成绩；我们更加坚定了研究的信念，看到了美好的前景。这项研究已经成为城关小学的一面招牌。

我们是探路者，因为我们是第一批参与试验的学校；

我们是受益者，因为我们曾获得过太多的机会；

我们是成功者，因为我们已经得到了应有的回馈。

"跨越式"试验研究是城关小学的一个课题。我们要通过课题的引领进一步促进学校的整体发展，争当试验课题研究的排头兵，打造城关教育品牌，共同创造城关小学更加美好的明天！

2009 年 3 月

创建城关教育品牌，办好人民满意的教育
——城关小学"学习实践科学发展观活动"汇报会

甲：带着无限的期盼让我们有幸把各位领导请来。

乙：带着洋洋的笑意让我们把学习实践科学发展观的成果与大家分享。

甲：盛夏炎炎的烈日代表着我们学习的热情。

乙：骄阳似火的七月代表着学习实践科学发展观活动的热潮。

甲：今天，我们在这里做一次特殊的汇报，汇报城关小学全体教师学习实践科学发展观活动的点滴做法。

乙：今天，我们在这里做一次特殊的活动，活动的形式同样是我们学习实践科学发展观活动的具体体现。

甲：请您和我们一起回顾半年来我校学习实践活动的过程。

乙：请您和我们一起分享几个月里我们饱含激情的政治历程。

甲：《昌平区教育委员会关于在教育系统党员中开展深入学习实践科学发展观活动的实施意见》下发以后，按照区委教育工委的统一部署和要求，我校作为第二批的试点单位与教委机关一起开展了"学习实践科学发展观"的教育活动。

乙：从 2009 年 3 月 24 日学校正式启动"学习实践科学发展观活动"以来，我校把"学习实践科学发展观活动"作为一项重大的政治任务，紧紧围绕"创建城关教育品牌，办好人民满意的教育"这一活动主题，以饱满的热情、良好的精神状态、认真的工作态度，扎实的工作作风做好每一阶段的工作。

甲：3 月 24 日的启动仪式上，柏校长的动员报告热情洋溢，全面部署了本次教育活动；党小组长王晓汉、党员代表李秀娟的发言充满激情，表达了全体党员积极参与教育活动的决心；教委李成旺主任强调了本次活动应该加

强的"四个环节"、"三个重点"的目标要求。启动仪式隆重热烈，我校全体党员、入党积极分子、部分退休党员以及教委科学发展观指导小组李主任、兰科长参加了启动大会。

乙：启动仪式以后到四月初，学校掀起了学习热潮。平常因工作被淡化的政治学习重新纳入计划，一本本学习资料发到党员手中，一篇篇学习笔记记录我们学习的心得和体会。党小组的集中学习、全体党员的党课教育、个人的自主学习使学习阶段形式多样、内容全面。下面请支部党小组长向大家汇报我们的学习情况。

（汇报党小组学习情况）

甲：4月10日，教育活动进入了调研阶段。我们制订了"三个方案"，即"解放思想、科学发展、建设'商务花园城市'"大讨论活动方案、"城关小学深入学习实践科学发展观活动调研工作方案"、《深入学习实践科学发展观学习调研阶段征集意见工作方案》。

乙：在建设商务花园城市大讨论活动中，我们开展了"我为昌平教育科学发展建言献策"活动，征集建言 31 条；开展了"学习科学发展观，我为家乡建设建言献策"的演讲活动。

甲：本阶段我校还开展了"我为创建城关教育品牌建言献策"活动。全体教职员工以高度负责的主人翁态度积极参与建言献策，老师们从如何创建学校特色、干部教师队伍建设中存在的问题、如何进行教育改革与创新、制约我校发展的突出问题等几方面提出了很多建设性的意见和值得思考的问题。

乙：年轻教师的建言更多地关注教育，关注学校，建议学校多为青年教师搭设成长的舞台；老年教师的建言不仅关注教育，也关注社会，关注人文素养，关注教育大环境。下面请门卫东老师谈谈他的建言献策。

甲：在学习实践科学发展观调研活动中，我们还进行了"科学发展在我身边"的调研活动，全体干部、教师积极参与，分别结合自己的工作实际展开调研，以立足教育、服务学生为宗旨。自己拟定调研题目、确定调研对象。调研活动广泛进行，调研结果老师们深受启发。下面让我们一起看看老师们调研时的情景。

（教师再现调研情景）

乙：调研工作结束后，一篇篇真实的调研报告呈现在老师面前。调研使老师们了解了学生的需求，知道了学生真实的渴望。干部的调研让老师们敞开心扉，说出了大家对学校发展的建议，指出了学校当前急需解决的问题。

甲：经过认真的学习、扎实的调研，全体干部、教师深受教育，一场严肃认真的民主生活会如期召开，学校8名干部诚恳地开展了批评与自我批评。他们深刻剖析，自我反思，全面整改。让我们再次聆听那次民主生活会，感受当时的真诚与决心。

（再现民主生活会剖析自己）

乙：学习实践科学发展观的根本目的是：让人民群众得实惠。作为教育部门，我们的定位是让学生和家长得实惠。这种实惠是学生的健康和快乐，是家长的放心和认可。

甲：为此，结合学习实践科学发展观活动，我们提出"办人民满意的教育，减轻学生过重的课业负担"。我们大胆提出"减负"策略。一场轰轰烈烈的"减负"活动全面展开：减负启动仪式、减负课题研究、发放减负小书包、设计减负作业记录本、家长走进减负课堂等。

乙：减负活动深受学生的喜爱，也得到了家长的认可。下面，让我们看看三（3）班孩子们减负后的表现吧。

（减负小品）

甲：减负，诠释着我校"营造和谐，创造快乐"的办学理念；体现着学校着眼于提高学生综合素质的指导思想；体现着"让每一颗心快乐"的办学宗旨。

乙：学校的减负活动得到了上级主管部门的充分肯定，教委李永生主任、隋彦玲书记、杨宝红主任、李成旺主任多次在不同场合的教育工作会上提起此事，并在全区校本教研工作会上进行现场汇报和展示。

甲：4月16日，区委学习实践科学发展观指导检查组到我校指导工作时，李贵忠主任进一步肯定了我们的做法，鼓励我们"工作就应该有创新，这才是真正的以学生为本，是学习实践科学发展观改进工作的具体体现"。李主任还说："今后他的孙子上学就选定城关小学了！"

乙：昌平电视台、北京新闻广播、《昌平周刊》《现代教育报》《中国教师报》等多家媒体先后报道了我校的减负活动，引起社会的广泛关注。"营造和谐，创造快乐"的理念，让学生快乐上学幸福成长。学生在减负活动中有了变化，家长感慨万千。请听学生家长的感言。

（学生家长谈减负）

甲：通过学习实践科学发展观教育活动，我们的思路在不断拓宽，减负做法不断创新：家长走进减负课堂、年级自主家长会、家长学校减负讲座、家长参与主题升旗仪式、一年级家长会等。

乙：减负减出和谐、减出健康、减出快乐、减出精彩。田径场、舞蹈队、管乐团、剪纸班成为孩子们课后的去处，独轮车、乒乓球、小足球、抖空竹成为孩子们展示特长的舞台。相信我们的孩子在减负之路下，一定会拥有幸福的童年，拥有灿烂的明天！

甲：学习实践科学发展观，创建学习型学校，我们结合了自身的特点，迎合了学生家长的需求，彰显了我们的特色。在按照上级要求完成统一部署的工作以外，我们努力探寻学校发展的思路，大胆尝试教学改革。在教学上创新研究。

乙：各个学科教师在科学发展观的指引下实施教学改革："语文寻找结合点的研究""数学给计算教学减肥——探讨计算教学新模式""英语五大模版教学课的研究"等。我校学习实践科学发展观活动与教学改革同步。我们的教师以精彩的课堂诠释着科学发展。

甲：学习实践科学发展观活动，我们学校还以年级组为单位结合年级状况自主开展了一些活动。一年级组在邵红英老师的带领下，针对学生自理能力较差的特点有针对性地、系统地开展了"六个一"活动，通过自理能力的培养逐渐加强培养学生的自主学习。下面让我们一起看看他们开展的"六个一"活动是怎么做的。

（一年级自理能力培养活动展示）

乙：学习实践科学发展观活动，我们经历了启动、学习、调研、整改、落实几个阶段，每一个步骤，我们毫不懈怠，始终以高度的政治责任感完成好阶段任务。

甲：回顾半年来的政治历程，我们全体党员、干部、教师，共撰写学习笔记300万字，心得体会10万字，调研报告40余篇；落实整改意见31条，专题学习讲座6场，发放调查问卷3000余张，评选优秀党员15人，优秀教师21人。下面请优秀党员代表卢海燕畅谈她的学习体会。

乙：按照区委科学发展观教育活动的要求，我们一边学习、一边调研，针对群众提出的问题，我们及时召开干部会研究解决，做到边学边改。目前，针对学校教师提出的建议正在逐步落实。

甲：在扎实做好各项工作的同时，我们还进行了广泛宣传。学校党支部出版了学习实践科学发展观活动专刊6期。学校的《教苑在线》《红领巾之歌》五年来坚持每月一期，报送教委、教师进修学校、关工委、老教协等19个科室，取得了广泛的社会效应。

（上级领导的评价）

乙：我校全体党员、干部、入党积极分子以及退休的老党员积极投入学习实践科学发展观活动中。退休党员的学习热情不亚于我们在职的党员，他们充分体现出共产党员的崇高觉悟和政治热情。

甲："全国劳动模范""北京市优秀教师"、昌平区改革开放30年先锋人物、学校"五老辅导员"朱荣年老师今年75岁，退休20年一直心系教育、情系学校：给老师做讲座，为学生做动员，国旗下讲话，参加关工委、老教协征文等。朱老师始终以饱满的热情诠释作为教师的幸福。今天，朱老师再次来到学校参加今天的汇报活动，让我们再次领略老人家的风采。

（朱荣年老师讲话）

乙：老党员是榜样，在职党员不相让。听了朱老师的发言，工作中我们更加认真，同时也引发了我们深入思考。活动之所以能够顺利开展，得益于我校领导的高度重视。柏校长身先士卒，每项活动全程参与，学习、调研、民主讨论、整改落实，她总是积极参与，带头行动。谈到本次教育活动的整改情况以及教育效果，柏校长最有发言权。

（柏校长发言）

甲：通过开展学习实践科学发展观活动，我支部全体党员充分认识到用科学发展观指导各项工作的重要性；增强了全体党员进一步学习落实科学发展观的主动性和自觉性。为我们今后创建学校教育品牌奠定了基础。

乙：目前，城关小学在柏校长的带领下正站在一个新的起点上，充满了无限希望和美好前景。同时，在"减负"路上，我们面临着更加严峻的形势和挑战。

甲：因此，我们要坚持以科学发展为指导，认真分析学校存在的问题，努力破解学校发展的难题。在"营造和谐创造快乐"的理念下，在"打造昌平教育品牌，创建一流城市教育"的教育定位下，城关小学要努力创建教育特色，力争形成教育品牌，做"让每一所学校都精彩"的典范。

乙：城关小学"学习实践科学发展观"展示活动到此结束。

2009 年 7 月 8 日

"减负"——让教师愉快地工作

给学生"减负"的口号喊了很久，却很少听到给老师"减负"的声音。其实，只有高素质的教师才能教育出高素质的人才，只有身心健康的教师才能培育出具有健全人格的学生。

学校是培养人的地方，处处应该体现"以人为本"的思想。学生需要成长、快乐，老师同样需要健康和幸福。"蜡炬成灰泪始干"已经不符合"以人为本"的思想。

城关小学在柏继明担任校长以后，提出了"营造和谐，创造快乐"的办学理念，确立了"让每一颗心都快乐"的办学宗旨，实施"快乐成长教育"。学校以"理解、尊重"为核心，以课堂教学改革为主阵地，全面实施"减负"研究。学校提出在给学生"减负"的同时，努力减轻老师的负担。如今，三个年头过去了，城关小学的校园充满了温馨、和谐，到处洋溢着幸福和快乐。

一、人文管理不较真儿——营造和谐的氛围

1. 真诚的往来

营造和谐的氛围学校领导是关键。城关小学干部与教师之间没有明显的界线，亲如兄弟姐妹。工作时间我们彼此称呼校长、主任，下班以后"刘哥、三姐"不绝于耳。这样的称呼很亲切。

城关小学的领导不仅了解教师的业务水平，更了解教师的思想动态。干群之间朋友式的沟通非常多，或直接倾诉，或发个短信。在真诚的交流中，

构筑了干部、教师之间深厚的感情，学校中人与人之间和谐的氛围逐渐产生。

2. 科学的培养

城关小学五名主管业务的领导，对哪个教师如何培养都有计划、有目标。领导去听课不是为了完成任务，不是走过场，不是针对教师的检查，而常常是以一个教师、一节课为载体让相关人员全部参加，听完了研讨，研讨后再听。一节课反复磨炼，最后研磨出的不只是一节精彩的课，而是让更多人从中受益，从中得到提高。所以很多教师主动邀请领导听课指导。

3. 及时的关爱

学校教师生病了，领导总会在第一时间去看望，而且一定会说一句："不用着急上班。"学校从不提倡教师带病坚持工作。柏校长总说"学校差您一个人没大事，家里要是缺了您可不行"。温馨的关怀、真挚的帮助，给教师以无形的精神力量。教师之间若产生矛盾、误会，领导会及时了解情况帮助解决，避免因工作影响感情，因感情影响工作。所以教师在工作、生活中有了不顺心的事，都愿意找学校领导诉说；往往是一筹莫展而来，满脸笑容而归。

4. 灵活的制度

说起学校的请假制度可以说是比较灵活的。事假、病假需要上报主管领导，而教师临时有事只要不耽误上课，和组长打招呼就可以，这种情况是不用向领导请假的。在别人看来，进门划卡、出门登记是正常的事，而城关小学的教师却享受着灵活的请假制度。

二、"模糊"管理重实效——减轻教师的压力

在当今这个竞争的社会，教师同样存在着竞争带来的心理负担。在"末位淘汰"的思潮下，校长首先说"城关小学如果有人下岗，那第一个人是我"。在城关小学没有末位淘汰，没有哪位教师被人看不起。有的只是真诚的鼓励、耐心的帮助、相互的学习、不断的提高。

1. 改变评估排队的僵局

在其他学校都在强化精细化管理，强化完善细化评估机制的形势下，学校坚定走"取消评估排队制度"的特色之路。不把评估量化结果跟教师奖励挂钩，真正减轻了教师的心理压力，让教师心情舒畅地投入工作。

当然，我们有自己的管理方法，变不近人情的评估为日常的检查。例如：

学校课堂常规检查，每周汇总，每月统计。通过统计结果梳理某个班级存在的问题，及时找到某班教师进行个别意见交换，帮助分析原因，提出改进措施和方法，但检查的结果不进行全校公布。

2．改变教案书写的规定

从 2005 年以来，学校就改革了写教案的要求，由原来人人写全册书教案变成每学期每人上交两篇精品教案。要求同一学科别人已经写过的教案不要重复写，避免教案的类同，最终使教材的每一篇教案都是有价值的。教师备课时只要登录校园网就可以在现有教案的基础上进行修改、借鉴、完善。日常的备课，教师可以写在书上、教参上或教案纸上。目的就是让教师把为完成任务而"写"教案的时间用在潜心备课、研究教法、预设学生、拓展内容上。

3．改变业务学习的形式

教师需要业务学习，读书、看报、研讨、培训等是更有效的业务学习。鉴于以往学习笔记中发现的长篇大论抄写的问题，学校把硬性规定的业务学习变为自主性学习，根据需要自行选择学习内容，业务笔记的篇数也由原来的每学期 10 篇减少到 6 篇。业务学习不是为了学校领导的检查，而是成为教师真正的需要。

4．改变参加比赛的要求

各个部门征集的论文、课例、反思等，也由原来的统一要求变成自愿参加。书写任务的减少让教师感觉到轻松了许多，没有了硬性规定的各种征文让教师有更多的时间写出精品。

5．改变教学关注的重点

学校由关注考试结果向关注常态教学转变。领导经常以推门课、跟踪课、检查作业、调查问卷、学生测试等形式，检查、关注老师的常态教学，不定班级、不定时间，随时、随机进行，保证老师常规课的质量，自然考试成绩有保证。

6．改变教研活动的形式

语文、数学、英语、综合，每个教研组都有自己的研究专题，组内教师系统研究、大胆实践。与此同时，领导还根据学校教学现状，有针对性地组织开展特色教研活动。例如：学校先后开展了"让每位教师开出自己的花""大爱无价自芬芳——随班就读生的关注"和"让金子闪光——关于后进生的转化"等系列校本活动。活动内容针对性强，教育效果明显，使教研活动真正起到促进教学、提高质量的目的。教研形式的不断改变，使教研保持一种常做常新的状态。

三、搭建平台促发展——实现教师的价值

在给教师"减负"的同时，努力为教师搭建平台，让教师实现自身价值。采取"学校层层搭台，教师分层上台，给任务把老师拉上台，压担子把老师推上台，激动力让老师走上台"的培养策略，让每位教师在不同的位置充分展示自己。

1. 学校以"减负"为契机，搭建每位教师成长的平台

学校每位老师都制订了自己的"减负"计划，反思了自己的教学行为，提出了改进措施。其间，我们进行了"减负"推门课、展示课，"减负"阶段研讨会，总结汇报等活动。在活动中，教师学会了发现问题、思考问题，学会了制定措施、改进方法，最终学会了教学研究。在这个平台上，实现了人人参与、人人提高、人人发展的目的。

2. 学校以"名师"为资源，搭建骨干教师成长的平台

（1）"名师讲坛"上历练

"名师讲坛"每月一期，每次讲坛都有一个主题，上"名师讲坛"的教师都在本学科某一方面有绝招。

"名师讲坛"给教师提供了上台讲话的机会，利于教师建立自信，提高写作、语言的组织和表达能力，促进了教师素质的提高；"名师讲坛"从教师的教学需要出发开展校本研究，解决教学中的问题，为教师提供互相交流、学习、借鉴提高的机会。

（2）校外交流中提高

学校校长、主任经常接到邀请，到兄弟学校进行讲课和讲座。这时，领导首先想到骨干教师，根据邀请学校的需求，让能够胜任的骨干教师参与其中，给他们争取机会，学习提高。近几年，学校领导先后带或派蔡国艳、刘宏梅、李秀娟、邵红英、张芳、卢海燕、郝红梅等十几名教师到长陵、史各庄、七里渠、十三陵、兴寿、上苑、巨山小学、雨竹小学以及内蒙古太仆寺旗等多所学校上课、开讲座，使这些教师很快成长起来。

（3）师傅带教中发展

随着学校的名气渐大，很多学校找上门来拜师（长陵、史各庄、上苑、百善等）。学校把优秀的教师推荐给对方，在帮助别人发展的同时，学校的教师也得到了发展。学校拿到区级以上骨干教师职称的有35人，但真正成长为骨干的远远不止这些。

3. 学校以"专家"为依托，搭建"冒尖"教师成长的平台

柏继明校长名声在外，已经成为一名教学专家。学校在充分利用自己的名师资源之外，还接触到许多专家，并以这些专家为依托，为部分"冒尖"老师搭建更为宽广的舞台。

学校通过拜专家为师、请专家指导、由专家带教等措施，鼓励"冒尖"老师有更高层次的发展，为打造名师铺路搭桥。专家的到来，给老师们带来了最新的教育理念、最新的教育信息、最好的教学方法。专家不仅指导自己的徒弟，也帮助其他老师听课。在师傅的带领下，学校的一些"冒尖"教师逐渐被专家们带出去讲课、讲学，走出北京，走向全国。

王丽娜在吴正宪、柏继明的带领下，先后到河南、河北、陕西、吉林、深圳等10个省市讲课；刘月霞在张钧簏、柏继明的带领下先后去山西、内蒙古讲课；卢海燕在跨越式课题组的专家引领下去海南讲课；任季随杨丽娜去内蒙古讲课等。柏继明校长到外省市讲学更是不计其数。这些"冒尖"老师的成长，提升了学校教师的威望，带动了全校教师的发展。

学校通过"减负"活动，让每一位教师实现了自身的价值，让每一位教师都得到不同程度的发展，以此实现学校的整体发展。

四、增加活动悦身心——丰富教师的生活

学校减少那些重复、低效的事情，增加有意、高效的活动，坚持以开展愉悦身心的活动为载体，促进学校和谐发展，使教师快乐地工作、生活。

1. 坚持重大节日开展庆祝活动

每逢元旦节、"三八""六一"、教师节、男人节等重大节日，学校都要组织庆祝活动。既丰富职工生活，借节日的喜庆放松心情，又展现教师风采，借节日的舞台抒发情感。每次活动精彩热烈，让不同的教师参加，让年轻的教师上场。教师们洋溢着青春和朝气，体现着大家庭的团结和睦。

2．以"俱乐部"为龙头开展体育活动

学校有个体育俱乐部，知名度很高，影响越来越广。学校依托俱乐部开展了丰富多彩的体育活动，不仅在校内开展，而且广泛联系其他学校，促进与兄弟学校的交流。

在俱乐部的带领下，学校组织了跳绳、健身操、羽毛球、跳绳踢毽、登山等体育活动。体育活动让老师们忘掉了工作的劳累，尽情享受体育带来的快乐。

3．丰富假期生活开展旅游活动

利用教师的假期开展旅游活动。我们先后去过海南、天津、内蒙古、湖南、青海、甘肃等地。通过旅游，丰富了教师假期生活，使教师领略祖国大好河山，感受祖国灿烂文化，享受今天幸福的生活。在旅游中老师们学习了知识，开阔了眼界，同时增进了感情。

4．感受幸福生活开展体验活动

充分利用昌平区的独特优势——温泉资源，开展"与水共舞"系列活动让教师在紧张的工作之余洗去烦恼，清除顾虑，享受自然，体验幸福。

5．挖掘文化内涵开展特色活动

受民族文化进校园的启示，学校把中国的民俗饮食文化引进校园，让教师先后品尝了饺子、肉饼、涮羊肉、压饸烙、春饼、腊八粥、炸油饼等不同风格的传统美食。饮食文化使教师在吃喝中加深了解，在餐桌上增进感情，在饮食中学习文化，在和谐中促进发展。

目前，学校人气很旺，教师干劲很足，人际关系良好，校园温馨和谐。教师们健康快乐地工作、生活，学校稳步顺利地发展壮大！老师们都说：工作在城关是快乐的，生活在城关是幸福的。这就是"减负"结出的硕果！

2009 年 10 月

减负增质 扬帆远航

一、基本情况

昌平区城关小学建校于 1963 年，1981 年迁入现址，2010 年 9 月 1 日搬进新的教学楼。学校现有 31 个教学班，教职工 99 人，学生 1200 人，专任教师 92 人。其中，北京市特级教师 1 人，市级学科带头 1 人，市级骨干教师 4 人，区级学科带头人 6 人，区级骨干教师 23 人，共计 35 人。北京市"紫禁杯"班主任 10 名。

2006 年 9 月，柏继明任学校校长以后，提出"营造和谐，创造快乐"的办学理念。学校以"让每一颗心都快乐"为办学宗旨，实行"人文化"管理，充分体现"和而不同，乐而不松，和谐发展，快乐成功"的办学思想。深化课堂教学改革，促进学生的可持续发展，培养合格且有特长的学生。在教学上形成了以"减负"课题研究为引领，以"跨越式"教学为龙头，以校本研究为重点的教学特色。努力减轻学生的课业负担，让学生在快乐的环境中学习；让教师在和谐的环境下工作，最终实现人人发展，人人成功的教育目标。

二、"减负"的思考

2006 年 12 月 25 日《现代教育报》刊登了"中国教师名人榜：柏继明将减负进行到底"。这则消息引起了柏校长深深的思考。中华人民共和国成立以后，党中央四十多次提出明确要求：减轻中小学生的课业负担。而减的结果是课业负担呈螺旋式上升，越减越多，学生越来越累。书包已经变成了拉杆箱，书包负担重，作业负担重，思想负担重。两代六口人把全部希望寄托在一个孩子身上，压得孩子喘不过气来。教师为了对得起家长、校长，给学生留了大量作业，老师整天在追作业、判作业中拼搏。教师过早地产生职业厌倦，多少教师在痛苦中埋怨、叹息、无奈。

党中央早给我们指明了方向，做出了指示。我们意识到"减负"是教育工作者的责任，于是我们开始了对"减负"的思考。

俗话说"没有思路就没有出路"。"减负"工作开展了一段时间以后，我们越发觉得"减负"是一个庞大的工程，并不是教师少给学生留点作业轻松了事。我们"减负"的目的是要提高学生全面素质，为学生一生健康发展打好基础，为他们的生命注入活力。"减负"是全员工程，不能停留在表面。于是，在经过深入的思考以后，我们的"减负"思路诞生了。

昌平区城关小学"减负"工作思路表

给谁减负	减些什么（不许）	怎么做的（强化）	加些什么（新的内容）	追求效果	负责人
给教师	心理：评估、排队 时间：加班、加点、开会 内容：书写内容、上交内容、（教案、反思、学习笔记）	开展活动：聚人气增快乐 专家引领：名师讲坛、同伴互助、更新观念 课题研究：学习方法、改进做法、提高效率	提供阅读书籍 确定研究主题 确定发展方向 开展主题交流（学科教研组）	心情愉悦 备课精细 大胆创新 提高效率 建合作型团队（标准） 促专家型教师（标准）	刘忠武
给学生	作业量： 罚写作业超重 作业机械重复作业 乱占课： 用科任课上主科课	明确要求—— 提出"七不" 问卷调查；设"记作业本"； 语文有目标； 数学明方法； 英语重实效； 科任讲兴趣	低年级：学习习惯 中年级：巩固、阅读、习惯、课外 高年级：考察、实验报告、实验小论文、观察小日记、社会实践活动（绘画、摄像、照相等）	自主、自立、自强；学习的兴趣更浓；珍惜少量的作业；学习成绩更高；课余生活丰富；综合素养提升；促可持续发展	刘月霞

续表

给谁减负	减些什么（不许）	怎么做的（强化）	加些什么（新的内容）	追求效果	负责人
给家长	书包重量：包办孩子生活（吃、喝、穿、陪写作业）辅导作业负担	发放小书包；家长培训：召开家长会更新家长观念；以赛代查：多一把尺子量学生（评价）；教给做法：培养特长、看电视、阅读、旅游、玩……	积极配合学校工作；根据兴趣安排孩子课余生活；支持孩子参与社会实践活动	使学生增强自理能力，形成良好习惯，懂得关爱他人，丰富各种知识，培养广泛兴趣，增加睡眠时间，加强体育锻炼，提高身体素质，享受快乐生活	于海霞

三、"减负"的实施

有了明确的"减负"思路,有了具体的"减负"内容,一场轰轰烈烈的"减负"系统工程全面铺开。2007年1月城关小学正式举行了将"减负"进行到底课题研讨启动仪式。启动仪式举行标志着城关小学勇敢地走上了"减负"之路。我们知道这条路可能有阻力、有风险、有失败,但我们打消杂念,克服压力,坚定地实施"减负"研究。

我们把"减负"研究确定为三个阶段,即"减负"启动阶段、"减负"全面铺开阶段、"减负"深入推广阶段。2008年末,我们把"减负"校本研究申请为北京市"十一五"规划重点课题,在专家的引领下有计划地实施"减负"研究。

四、"减负"的做法

（一）"减负"——让教师愉快地工作

学校是培养人的地方,处处应该体现"以人为本"的思想。学生需要成长、快乐,老师同样需要健康和幸福。学校提出在给学生"减负"的同时,努力减轻老师的负担。

1. 人文管理不较真儿——营造和谐的氛围

营造和谐的氛围学校领导是关键。城关小学干部与教师之间没有明显的界线，亲如兄弟姐妹，像家人，像朋友。干群之间经常有朋友式的沟通，或直接倾诉或发个短信。教师生病、住院了，领导总会在第一时间去看望；教师之间产生矛盾、误会，领导会及时了解情况帮助解决；老师在生活中有了不顺心的事，都愿意找学校领导诉说，往往是一筹莫展而来，满脸笑容而归。

学校人文还表现在请假制度上。事假、病假需要上报主管领导，而临时有事需要解决只要不耽误上课，和组长打招呼就可以。在别人看来，进门划卡，出门登记是正常的事，而城关小学的教师却享受着灵活的请假制度。

真诚的往来、科学的培养、及时的关爱、灵活的制度共同营造出城关小学宽松和谐的人文氛围。

2. "模糊"管理重实效——减轻教师的压力

在其他学校都在强化精细化管理，强调细化评估机制的形势下，学校坚定走"取消评估排队制度"的特色之路。这一做法减轻了教师的心理压力，让教师心情舒畅地投入工作。

从 2005 年开始，学校改革了写教案的要求，由原来人人写全册书教案变成每学期每人上交两篇精品教案。日常的备课，教师可以写在书上、教参上或教案纸上，目的就是让教师把为完成任务而"写"教案的时间用在潜心备课、研究教法、预设学生、拓展内容上。

学校把硬性规定的业务学习变为自主性学习，让关注考试结果向关注常态教学转变。领导经常以推门课、跟踪课、检查作业、调查问卷、学生测试等形式，检查、关注老师们的常态教学。检查采取不定班级、不定时间、随时、随机进行，保证老师常规课的质量，自然考试成绩有保证。

学校通过改变教案书写的规定、改变业务学习的要求、改变教研活动的形式等，让教学管理更注重实效的同时减轻了老师们的心理压力。

3. 搭建平台促发展——实现教师的价值

学校在给教师"减负"的同时，努力为教师搭建平台，让教师实现自身价值。学校采取"层层搭台，教师分层上台，给任务把老师拉上台，压担子把老师推上台，激动力让老师走上台"的培养策略，让每位教师在不同的位置充分展示自己。

学校以"减负"为契机,搭建每位教师成长的平台。学校以"名师"为资源,搭建骨干教师成长的平台。通过"名师讲坛"、校外交流、师傅带教等措施让骨干教师迅速成长。

学校还以"专家"为依托,搭建"冒尖"教师成长的平台。通过拜专家为师、请专家指导、由专家带教等措施,鼓励"冒尖"老师有更高层次的发展,为打造名师铺路搭桥。专家的到来,给老师们带来了最新的教育理念、最新的教育信息、最好的教学方法。这些"冒尖"教师逐渐被专家们带出去讲课、讲学,走出北京,走向全国。柏继明、王丽娜、刘月霞、卢海燕、任季等先后到外省市讲学。这些"冒尖"老师的成长,提升了学校的知名度,带动了全校教师的发展。

学校分别于2007年12月和2010年11月召开了"任季老师特色教学研讨会"和"张玉霞老师爱心故事展示会"。两位老师在平凡的工作中勤勤恳恳、踏踏实实,她们没有惊天动地的伟业,却用一颗爱心抚育着一批又一批幼小的心灵。两位老师分别在学校的教育工作和教学工作方面为老师们树立了榜样,成为学校教育、教学工作的标杆人物。这两位老师的成功成为引领教师发展的坚强支柱。

我们的宗旨就是让每一位教师都得到不同程度的发展,以此实现学校的整体发展。

4. 增加活动悦身心——丰富教师的生活

学校坚持以开展愉悦身心的活动为载体,促进学校和谐发展,使教师快乐地工作和生活。学校坚持开展重大节日开展庆祝活动(元旦节、教师节、三八节、男人节等);倡导以"俱乐部"为龙头开展体育活动(校内比赛锻炼身体,校外交流扩大影响);利用假期开展旅游活动(先后赴内蒙古、吉林、河南、陕西、湖南、云南、海南、上海等地考察、旅游);感受幸福生活开展体验活动(前去天龙源、凤山、龙脉、温度水城,感受昌平的独特地热资源);挖掘文化内涵开展"昌平行"特色活动(蟒山天池、锥臼峪、阳台子、白洋城等);还有我们独创的享受民族饮食文化活动(饺子宴、春饼宴、饸饹宴等)。在活动中老师们放松心情,展示风采;加深了解,增进感情;抒发情感,愉悦身心;开阔眼界,学习知识;促进和谐,享受生活。老师们都说:工作在城关是快乐的,生活在城关是幸福的。

（二）"减负"——让学生愉快地学习

"减负"研究全面铺开以后，语文、数学、英语等各个学科的每位教师都积极参与"减负"研究。学期初制订研究计划，学期中围绕计划展开研究和实践，学期末进行汇报、总结、交流。学校先后采取减负阶段总结、减负展示课、学科汇报会、小组交流展示等形式进行总结交流。其间我们还请来市、区有关专家（杨绍波、陶文中、时俊卿、张筠篪、纪小村、刘莹、吴正宪、张立军、杨保红、李成旺、赵素华、刘黎明等）来会诊，听取我们的减负做法。专家的到来为我们梳理研究思路，提出方法指导，指出存在的问题，同时增强了我们研究的信心。

随着"减负"研究的不断深入，学校大胆地进行学科教材整合的尝试。根据国家课程的安排设置，在研究教材、教法方面进行了大胆尝试，"通过教材整合创造性地使用国家课程"，改革教学方法，提高课堂教学效率。

1. 语文学科重点进行了"巧用结合点，提高课堂教学效率"的研究

首先，通过专题讲座，让大家认识结合点；其次，动手操作，寻找结合点；第三，深入研讨，落实结合点。

陆续地语文各年级组推出了"巧用结合点展示课"。有的找出两篇文章的相同训练点，并把这个训练点进行反复强化，从而使学生得到扎实的训练；有的找出两篇文章的不同知识点，培养学生批判性阅读的能力和分析能力；有的是用一条主线把"精读课文和略读课文"相结合，等等。通过对比两篇文章，学生能够更加鲜明地理解知识点；通过大量的拓展阅读，不仅丰富了学生的知识，而且省时高效地完成了教学任务，提高了课堂教学效率。

2. 数学学科对教材进行重组，尝试数学"瘦身"与"强体"的做法

通过调整教材、打乱原有教材结构体系、重新组合等，使教师从知识体系的角度更好地理解教材、把握教材。通过教材重组，给教学分别做"强体"与"瘦身"运动。老师们将知识体系分解成计算教学、应用题教学等几大板块进行横向整合，再根据板块之间的内在联系进行纵向整合，最后形成纵横交错、肥瘦适宜的知识网络。老师们按知识结构体系实施教学，这样教师便于教，学生便于学；既调动了学生学习的积极性，又使他们都有成功感。学生的作业在课上基本能完成，家庭作业也就少多了，真正达到了减负不减质的效果。

3. 英语学科则通过教学生活化实现"减负"与"增质"的双赢

学校英语教师依托现行教材，把在小学英语教学中开展"学生英语学习生活化的主题研究"作为我校校本教研的研究主题，并通过不断实践，结合学生的生活实际与我们的地区特点，完善我们现在正在使用的小学英语教材。其具体做法：利用课前五分钟，在真实的语言环境中开始教学；整合、优化教学内容，模拟生活进行语言教学；巧设作业是实现教学生活化再扩展的桥梁。

其他学科教师也都结合教学内容和学科特点尝试着不同的教学方法：激发学生兴趣、调动学生主动探究、强化学习过程、注重学习情感。为了保证课堂教学成效，我们进一步完善了课堂教学的评价内容。以评价新课程标准为依据，以尊重学生为前提，以促进学生的全面发展为根本目的，以突出实践"减负"做法为创新点。各学科教师通过"减负"研究不断整合课程教材，尝试教学方法，收到较好效果。

（三）"减负"——让家长幸福地生活

1. 理念引领——减轻家长思想负担

为家长"减负"首先从更新观念开始，引领家长学习现代先进的教育理念、教育经验，使其成为促进学校"减负"工作的催化剂。学校通过校长专题讲座、全校家长会、年级自主家长会等活动向家长宣传学校"减负"设想、"减负"规划和"减负"具体措施，使家长了解学校开展"减负"工作的目的意义和步骤，明确自己应该怎样与孩子交流沟通。通过开展"减负"家教活动，统一思想，达成共识，解决家长的思想顾虑。

2. 家校牵手——减轻家长家教负担

学校通过家校牵手活动指导家长树立新型亲子观的同时，创造机会让家长与孩子"零距离"接触。学校组织开展了四项全员参与的"减负"系列主题教育实践活动："我的书包我设计，家长与我共参与""城关小学记作业本设计使用""城小校歌我创编，老师家长共参与""城小校训我诵读，老师家长共参与"等。学校精心组织，认真评选。每一项参赛方案、参赛作品都渗透着家长与孩子的智慧，这种手牵活动承载着双倍的幸福，收获着双倍的快乐。这种牵手活动展示着广泛的亲子对话，倡导着崭新的家教形式。

3. 活动促进——减轻家长生活负担

随着"减负"工作的进一步深入，学生因"减负"而释放出来的精力用在哪儿？学生过重的课业负担减轻，不足的负担是否加上？怎样加？一系列问题再次引发了我们的深入思考。经过进一步研讨，全体教职员工达成共识：为提高学生的各方面能力就是要减轻家长的负担，作业量"做减法"，课外活动时间"做加法"。学校提出了4个问题，即"练什么""看什么""读什么""玩什么"。由此开展了"享受我的课余生活，秀出我的个人风采"主题实践活动，鼓励学生"练要练出模样、看要看出收获、读要读出知识、玩儿要玩出名堂"。

例如，一年级开展"六个一"活动，中高年级开展"三个学会"和"红领巾小岗位认领"活动。倡导学生自己的事情自己做，不给家长添麻烦，提高学生的自理能力和责任意识，取得良好的教育效果。

五、"减负"的成效

（一）减负提质　成效显著

三个学期教学成绩情况统计表

时间	学科	语文		数学		英语	
		平均分	区平均分	平均分	区平均分	平均分	区平均分
2008–2009 第二学期	三年级	91.7 ↑	90.1	90.0 ↑	88	62.4 ↑	61.6
	四年级	93.8 ↑	90.3	94.8 ↑	94	87.2 ↓	88.1
	五年级	85.4 ↑	82.5	89.9 ↑	86.6	76.6 ↓	80.9
	六年级	92.7 ↑	86.3	90.3 ↓	90.6	87.3 ↓	89.5
2009–2010 第一学期	三年级	95.1 ↑	90.4	91.3 ↑	90.4	63.5 ↑	63.1
	四年级	91.4 ↑	90.3	92.5 ↑	91.7	91.7 ↑	88.3
	五年级	89.5 ↑	86.5	91.5 ↑	87.7	84.2 ↑	81.8
	六年级	87.8 ↑	87.3	84.1 ↓	87.1	83.4 ↑	82.7
2009–2010 第二学期	三年级	94.2 ↑	91.3	85.2 ↑	83.8	65.1 ↑	93.7
	四年级	91.9 ↑	88.1	88.1 ↑	87	84.4 ↑	82.5
	五年级	84.8 ↓	85.6	90.9 ↑	86.3	84.8 ↑	80.9
	六年级	89.8 ↑	88.6	85.1 ↓	86.4	84.1 ↓	84.8

在没有任何加班、补课，保证专时专用的情况下，学校语文学科连续多年进入"十佳"行列；数学、英语学科的成绩也在不断进步。学校曾连续四年被评为"昌平区小学质量监控优秀学校"。语、数、英三个学科教研组多次被评为昌平区优秀教研组，英语组被评为北京市先进教研组。从2005—2009年共获得各种先进集体奖80多项。

（二）广泛关注 社会认可

学校的"减负"工作吸引了《现代教育报》《中国教师报》《情商》《21世纪校长杂志》、北京电视台、昌平电视台等多家新闻媒体的关注。它们免费进行了大篇幅的宣传报道，赢得了社会广泛关注与赞扬。学校的"减负"经验、做法经常在各级研讨会上得到肯定和展示，为北京市减轻小学生课业负担，提高学生全面素质起到了积极的促进作用。

（三）和谐发展 快乐成功

1. 教师快乐上班，专业得到发展

学校通过给教师"减负"，实行人性化管理，为老师减轻思想压力，让老师带着愉快的心情去工作，带着无比的幸福去生活。老师都精神抖擞、干劲倍增，对本职工作无比热爱，尤其是有些要退休的老教师，不愿意退休，热爱教育这块热土。连续几年教工的日出勤率高达99%，节省了许多代课费。学校教师队伍稳定，多年来没有提出调出或找借口休假、泡病假的。

通过"减负"研究，学校教师在讲课、论文、案例、反思等方面获得市、区级奖不计其数。个人在专业发展上获得了很多机会（做课、讲座、研讨交流），在整合教材的研究中老师都得到了锻炼、成长和提高。近五年，教师参加各级各类比赛获得国家级奖262项、市级奖181项、区级奖455项。学校教师教风正，没有给自己学生补课收费的现象。

2. 学生快乐上学，彰显个性特长

2008年元月，也就是我们开展"减负"工作一年后，学校做了"快乐指数"调查，全校四至六年级学生"很快乐"占54%，"快乐"占41%，"不快乐"占5%。2010年元月，我们又做了调查，结果是"很快乐"占65.5%，"快乐"占32%，"不快乐"2.5%。学生的快乐指数明显提高。学生有了快乐的心情，他们的潜能才能得到充分发挥。学生有了潜能，祖国的明天才有希望。

为鼓励学生全面发展，学校 2009 年评选了"星级学生"，包括体育、艺术、学习、科技、体质健康、劳动、文明守纪等项目，鼓励学生全面发展，提高综合素质。通过"减负"，学生获得了更多的时间进行课外学习和拓展，发展个性特长，从而促进了学生健康快乐地成长。三年来，学生参加各级各类比赛获得国家级奖 469 项、市级奖 336 项、区级奖 1074 项。

目前学校人气很旺，教师干劲很足，人际关系良好，校园温馨和谐，学校已经成为让人羡慕、人人珍惜的温馨家园。老师们在和谐的氛围中工作生活，学校在和谐的环境下发展壮大。

六、"减负"的体会

1. 思想引领是前提

"减负"的提出源于校长超前的办学理念、明确的办学思路。全国名师、北京市小学数学特级教师柏继明校长走南闯北，视野宽广，思维敏捷，大胆创新，锐意改革。她提出"营造和谐，创造快乐"的办学理念。在这种理念的支撑下开始了轰轰烈烈的"减负革命"。"让每一颗心都快乐"的思想在城关小学各个领域充分显现。

2. 措施到位是保证

制度是工作的保证，是取得成功的保证。减负工作"七不"、减负小书包、减负记作业本、学生储物柜、下课开门员等各项措施的制定实施，保证了减负工作由硬性规定转变为每一位老师的自觉行为。老师们的态度由开始的不理解转变为逐渐适应、接受并能在教育教学中充分体现。

3. 坚定信念是关键

减负之路已经走过三年多，其间有启动仪式的壮观，有阶段总结的热烈，有取得成效时的喜悦，更有实施减负过程中的迷茫和困惑。面对学校提出的"七不"制度，一些老师不知所措，曾经那些吃偏饭、留学生、题海操练、加班补课的路子统统被堵死，老师们唯有一条出路——向课堂 40 分钟要质量。面对减负初期个别学科成绩下滑、教学质量监控进不了"十佳"的僵局，我们也曾彷徨。然而，站在减负的交叉路口我们没有退缩，语文学科的成功让我们看到了希望，坚定了其他学科也能成功的信念。经过学校进一步统一思想、理念更新、示范引领、认真反思，原来迷茫的教师找到了方向，原来无奈的教师找到了方法。

减负路上的风雨和跌倒后的站立，让我们看到了前方更为广阔的天地，坚定的信念让我们沿着减负之路走到今天。

4．全员行动是根本

"减负"是一项系统工程，需要全员来实现。"减负不减质量，减负不减责任"已经成为每一位教师的信念。在实施"减负"的三年里，各个学科教师认真制订"减负"计划，积极参与"减负"研究，深入钻研"减负"课堂，努力挖掘"减负"方法。《减负——我们的责任》以及六本校本教材是全体任课教师几年来开展"减负"研究的见证，更是我们全员实施"减负"经验的总结。

七、今后的设想

学校特色需要共识作基础，需要文化作底蕴，需要全员来创建，需要社会来认可。在教委的领导下，在柏校长带领下，城关小学全体师生将以饱满的工作热情、严谨的工作态度，坚定实行"减负"工程，不断提高师生的整体素质。我们的目标是"让老师工作有干劲儿、学生发展有后劲儿，在不断发展的新时代永远立于不败之地"。城关小学将在"打造昌平教育品牌，创建一流城市教育"的教育定位下，让"减负"提质扬帆远航，努力创建教育特色，为昌平基础教育改革与发展做出应有的贡献。

2010 年 12 月

春华秋实 薪火相传

——在城关小学庆祝建党 90 周年座谈会上的讲话

光阴流逝，岁月如梭。转瞬之间，中国共产党已经走过了 90 年风风雨雨。今天，我们城关小学党支部在这里隆重召开建党 90 周年的庆祝活动。

今天前来参加活动的有老书记、老支委、老党员、老干部以及在职的党员、干部、教师。在这里，我代表城关小学党支部，向老一辈共产党员、全体同志们致以节日的问候！向您对于城关小学几十年来的无私奉献、辛勤付出致以崇高的敬意！

中国共产党建党 90 年，城关小学落成 30 载。是您伴随着城关小学前行 30 年，是您见证着城关小学的崛起和辉煌。在城关的大熔炉里，一代又一代城关人学习着、进步着、成长着、幸福着。教书育人，为人师表，在城关大家追逐着自己的人生目标，憧憬着美好的人生理想；完成着崇高的政治追求，体现着无悔的人生价值。

翻阅城关的历史，我们可以自豪地说：刘校长的时代，我们首屈一指；孙校长的时代，我们遥遥领先；柏校长的时代，我们势不可挡。是什么让我们总能立于不败之地？是什么让我们总是那样流光溢彩？是您的英明领导成就了城关教师的专业发展，一批批市、区骨干在昌平教育界声名显赫；是大家的不断追求擦亮了城关小学这块金字招牌，在全区的小学里面独树一帜；是您的创新理念让我们的校园充满温馨和谐。代代薪火相传，年年春华秋实。

时光匆匆而过，我们不会忘记城关的前辈、功臣；岁月不断前行，我们不会忘记现代人的努力、拼搏。30 年，我们一路风雨兼程的跋涉，书写着一首首催人奋进的诗篇；30 年，一段继往开来的历史，描绘出一幅幅震撼人心的画卷。一代又一代的城关领导建筑了一个灵魂——人气儿；一批又一批的城关教师突出了一个方法——创新。几代人 30 年的奋斗打造成教育品牌，几代人 30 年的奉献催生出桃李芬芳。

时至今日，城关历史的每一页，都写下壮美的诗篇。是老一辈带领我们书写城关的历史，是新一代激励我们走向崭新的明天。一座座奖杯让城关的日历异彩纷呈、光彩夺目，一项项殊荣让城关的牌子亮丽多姿、光芒四射。

在这样一个阳光灿烂姹紫嫣红的日子，在这样一个祖国强盛人民幸福的时代，城关小学将永远与祖国同行。让我们携起手来，为城关小学的更加美好而不懈努力吧！

最后祝愿老同志们健康身体，万事如意！祝愿年轻的党员们以身作则，再创佳绩！祝愿我们的祖国繁荣昌盛！祝愿我们的学校再创辉煌！

2011 年 6 月 13 日

全面育人 科学管理 创建城关教育品牌

各位领导、老师：大家好！

在这美好的金秋十月，也正值我校新楼落成剪彩不久，我们高兴地迎来了区政府教育督导室和教委相关部门的各位领导和老师，首先代表柏校长、代表城关小学，对各位领导、老师的到来表示热烈的欢迎！

按照区政府教育督导室关于本次督导验收工作的要求，我校高度重视此项工作，认真准备，制订方案，梳理指标体系，撰写总结报告。下面我以"全面育人，科学发展，创建城关教育品牌"为题，向督导组进行汇报。

我将从以下九个方面进行汇报：

一、学校教师基本情况

二、硬件建设符合标准

三、内涵发展彰显特色

四、德育工作育人为本

五、教育科研提升质量

六、体美科技百花齐放

七、卫生安全管理到位

八、党建工会保驾护航

九、干群合力再创辉煌

一、学校教师基本情况

城关小学现有教学班 31 个，教职工 103 人，学生 1200 人，专任教师 97 人，区级以上骨干教师 41 人，其中，北京市特级 1 人、市级学科 2 人、市级骨干 3 人，区学科 14 人，区骨干 21 人；北京市"紫禁杯"班主任 10 人；中学高级 3 人，小学高级 65 人；专任教师 100% 达到专科及以上学历；45 岁以下中青年教师占 75%。

教师职称、学历、年龄结构合理，比例适当。学校干部共 8 人，老中青相结合，团结协作，务实高效。

二、硬件建设符合标准

我校 2010 年 9 月 1 日搬进新的教学楼，2011 年 9 月 30 日进行了新楼落成剪彩。硬件设施按照《北京市中小学办学条件标准》进行配备，教学设备基本达标，符合现代办学标准。

三、内涵发展彰显特色

学校内涵发展的关键是教育质量，而决定教育质量的核心是教师和课堂。因此，我们坚持抓好课堂，坚持在教师队伍建设和深化课堂教学改革方面下功夫。

（一）教师发展是学校发展的永恒

在教师队伍建设方面我们的宗旨是：学校搭台，教师唱戏，名师引路，层层推进。坚持让每一位教师个体都得到不同程度的发展，最终实现学校的整体发展。我们的做法是：专家引领、同伴互助、自我反思和专项比赛。

1. 专家引领

一是引领教师教学观念的转变，二是引领教师教学行为的转变。我们邀请徐长青、田莉莉、陈延军、张立军、张钧簏、时俊卿等全国知名专家来校讲学。请校内名家柏继明，退休教师朱荣年、刘淑英来校讲课。他们带来最新的教育理念，带来创新的教育方法；他们回顾过去的教育生活，激发教师们的教育热情。专家的每节课都是一次示范、一次引领，每一次讲座都是一次净化、一次升华。

学校努力为"冒尖"教师拜名家为师，为打造名师铺路搭桥。任季、王丽娜、刘月霞、卢海燕等拜特级教师张均簏、吴正宪、张立军为师，不断提高教学技艺。并通过专家带教，走出北京，走向全国。王丽娜、刘月霞、任季、卢海燕在名师的带领下，先后到河南、河北、陕西、吉林、深圳等 10 多个省市讲课；

柏继明校长到外省市讲学不计其数。

这些"冒尖"老师的成长，提升了我校教师的威望，带动了全校教师的发展。他们已经成为青年教师追逐的目标，极大鼓舞了青年老师的热情。

2. 同伴互助

通过同伴达到互相学习、互相促进、共同提高的目的，利用身边的名师，挖掘身边的资源，经济、实在，又起到榜样作用。我们通过为新教师拜师、开展教学评优、开展"名师讲坛""明星主持人"等系列活动，为老师们搭台，给他们提供机会。让老师们充分展示自己，建立自信，提高讲课的水平、写作水平、语言的组织和表达能力，促进老师专业素质的提高。

近几年，我们先后开展了"寻找心灵的共鸣""我为课堂添光彩""如何当好教研组长""如何做个好搭档"以及"班主任工作招招鲜"等讲堂活动。学校先后有30人次登上名师讲坛，同时诞生20多个主持人。

此外，我校注重加强与兄弟学校、结对学校开展教学交流活动。我校校长、主任经常接到邀请，到兄弟学校进行讲课和开设讲座。这时，学校领导首先想到骨干教师，给他们争取机会，学习提高。近几年，学校领导先后带、派蔡国艳、刘宏梅、李秀娟、邵红英、张芳、卢海燕、郝红梅、吕冬梅等十几名老师到长陵中心、史各庄中心、七里渠中心、十三陵中心、兴寿学校、上苑中心、阳坊中心、下庄学校、海淀巨山小学以及内蒙古太仆寺旗、湖南一师附小等多所学校进行上课和开设讲座，使这些教师很快成长起来。

3. 专项比赛

专项比赛突出学科特点，以比赛促提高，以比赛促进步。我们提出教师要"人人有专长，人人有特长"。不同学科的老师在自己的课程方面要有自己独到的地方。针对学科不同，结合上级部门组织的基本功比赛，我校各学科进行专项技能比赛。如：朗读、说课、教学设计、板书设计、计算比赛、写下水文等；艺术学科、体育学科针对专业特点组织相关的比赛，以此促进教师专业技能的提高。

4. 培养措施

几年来，在教师培养方面我们坚持"在名师讲坛上历练，在任务驱动下成长，在专项比赛中提高，在学习交流中分享"这四项措施，取得很好效果。

5. 获得美誉

谈到教师培养，我们感觉特别自豪，学校先后涌现出一批在昌平区有影响的教师。据统计，由昌平区教委主办为中小学教师个人召开的教育、教学研讨会共计8人。其中我校就有3人，分别是：2002年柏继明特色教学研讨会，2007年任季特色教学研讨会，2010年张玉霞老师特教工作研讨会。他们分别在数学、语文、特教工作方面取得了骄人的成绩。他们是学校优秀教师中的典范，为全校教师树立了学科教学和班主任工作的标杆儿。

2009年，我校有7名教师作为候选教师参加北京市小学教师基本功的比赛，最终有4名老师（王丽娜、卢海燕、李秀娟、邵红英）代表昌平参加了市级比赛并取得优异成绩。

此外，学校先后有7名优秀教师被调到教师进修学校担任教研员工作，在小学教研室14人中占据了一半。因此，学校得到"三个基地"的美誉，即"培养骨干教师的基地、培养教研员的基地、培养干部的基地"。

（二）教学改革是落实"减负"的必然

1. "减负"定为主题——萌发思路阶段（2007年1月）

2006年9月，柏继明任学校校长以后，提出"营造和谐，创造快乐"的办学理念，以"让每一颗心都快乐"为办学宗旨，实行"快乐成长教育"。柏校长结合党中央、国务院、教育部等各项关于"减负"文件的精神，结合自己多年教学实践的体会，毅然提出"将减负进行到底的"口号。经过周密思考形成了系统的"减负"思路，见下表：

昌平区城关小学"减负"工作思路表

给谁减负	减些什么（不许）	怎么做的（强化）	加些什么（新的内容）	追求效果	负责人
给教师	心理：评估、排队 时间：加班、加点、开会 内容：书写内容、上交内容（教案、反思、学习笔记）	开展活动：聚人气增快乐 专家引领：名师讲坛、同伴互助、更新观念 课题研究：学习方法、改进做法、提高效率	提供阅读书籍 确定研究主题 确定发展方向 开展主题交流（学科教研组）	心情愉悦 备课精细 大胆创新 提高效率 建合作型团队（标准） 促专家型教师（标准）	刘忠武

续表

给谁减负	减些什么（不许）	怎么做的（强化）	加些什么（新的内容）	追求效果	负责人
给学生	作业量：罚写作业超重作业机械重复作业 乱占课：用科任课上主科课	明确要求——提出"七不"问卷调查；设"记作业本"；语文有目标；数学明方法；英语重实效；科任讲兴趣	低年级：学习习惯 中年级：巩固、阅读、习惯、课外 高年级：考察、实验报告、实验小论文、观察小日记、社会实践活动（绘画、摄像、照相等）	自主、自立、自强；学习的兴趣更浓；珍惜少量的作业；学习成绩更高；课余生活丰富；综合素养提升；促可持续发展	刘月霞
给家长	书包重量：包办孩子生活（吃、喝、穿、陪写作业）辅导作业负担	发放小书包；家长培训：召开家长会更新家长观念；以赛代查：多一把尺子量学生（评价）；教给做法：培养特长、看电视、阅读、旅游、玩……	积极配合学校工作；根据兴趣安排孩子课余生活；支持孩子参与社会实践活动。	使学生增强自理能力，形成良好习惯，懂得关爱他人，丰富各种知识，培养广泛兴趣，增加睡眠时间，加强体育锻炼，提高身体素质，享受快乐生活	于海霞

"减负"思路中明确提出了：给谁"减负"？减掉那些负担？应该怎样去做？最后追求怎样的效果？做到了目标、内容明确，任务、措施具体。2007年初，一场关于"减负"革命的教学改革在城关小学全面启动。

2. "减负"全面铺开——研究探索阶段（2007年初至2010年底）

有了明确的"减负"思路，有了具体的"减负"内容，一场轰轰烈烈的"减负"教学改革全面铺开。2007年1月城关小学正式举行了将"减负"进行到底课题研讨启动仪式。学校先进行了语、数、英三个学科的尝试探索，经过一年的研究实践，三个学科逐步尝试了一些有效的做法。通过调查，学生、家长非常满意，学校及时提出"将减负全面铺开"，即每个学科、每个教师都制订"减负"计划，所有学科的老师在主管领导的带领下，实施"减负"计划，尝试"减负"方法，探索"减负"途径，总结"减负"成果，反思"减负"问题。

3. "减负"深入推广——现场会的召开（2010 年 12 月）

"减负"研究历时三年多，2010 年 12 月 16 日，我校召开了"走进城关小学'减负'现场会"。通过 16 节"减负"课堂、语数英校本教研活动展示、"减负"文集、校本教材、出版《减负——我们的责任》专著等，全面总结回顾我校在"减负"研究方面的做法和成果。

出席现场会的专家、领导有北京市教委基教处杨志成处长，北京市基教研中心主任贾美华、吴正宪，北京市教育学院教授季萍，首都师范大学基础教育发展研究院副院长王海燕，天津市特级教师徐长青，昌平区教工委隋书记、教委李主任，以及昌平区各中小学校校长、副校长、骨干教师代表，外区县部分校长，天津市校长代表，学校家长委员会成员以及《现代教育报》《中国教师报》《21 世纪校长》杂志、《昌平周刊》、昌平电视台的记者们，共计 358 人。

与会领导、专家纷纷进行了发言，高度评价我校的"减负"工作适应时代发展，很有时效性，取得了丰硕成果，并鼓励我们要下决心、持恒心、树信心，继续深入研究。

"减负"现场会召开不久，海淀、门头沟等外区县 40 多所学校的 150 多名校长、主任来我校学习"减负"做法，使我们的"减负"经验进一步得到推广。

4. "减负"立项课题——提升研究质量

"减负"最初只是我们的校本研究，各级领导得到这个消息以后非常感兴趣，纷纷为我们提供智力支持，主动让我们把这项研究立项为课题研究。现在，"减负"课题已经被立项为国家级课题、北京市重点课题，在专家的引领下我们将进一步做好此项研究，并通过研究促进教学改革，以教学改革深化课题研究。

5. "减负"不断延伸——开展兴趣活动

减负之后学生的负担轻了，我们思考着要给学生增加点什么，经过思考提出"三个还给"——把时间还给学生，把兴趣爱好还给学生，把健康快乐还给学生，于是开展了"快乐星期三"兴趣班活动。教师采取外聘和内选相结合的办法，学生采取跨年级同时走班上课的形式。开设六大类 25 个兴趣班，包括：体育类、艺术类、科技类、动手实践、表演类、学科类。

学校坚持项目的设立由学生而来，内容的选择由学生而定。他们兴趣浓厚，学习积极性高，家长也非常认可。有的项目确实很累，学生很辛苦，但是有了兴趣就不会成为负担。

6. "减负"融入活动——加强教学管理

围绕教学改革的主题——"减负"研究，几年来我们坚持开展"六课"活动。即：一年级常规展示课、拜师学艺的师徒汇报课、教学干部的示范课、全员参与的家长开放课、"三航杯"评优课（启航杯——青年教师、领航杯——骨干教师、远航杯——老教师）以及突出专项特点的展示课（如白板使用展示课、校本教材使用展示课等）。此外，我们坚持开展教研组活动和课堂常规评价活动，以保障常规教学工作的有效进行。听课制度、业务学习制度、作业检查制度、学科监测制度、科研成果征集制度等是我校教学管理的常规内容。

7. 此外，我们还通过"减负"研究形成自己的校本课程。编辑出版了《独轮车》《快乐学英语》《快乐学数学》《快乐书写》《中国节》等校本教材。校本课程的开发与实施，丰富了教育教学活动的内容，满足了学生的发展需求，培养了学生特长，促进学生可持续发展。

"减负"——我们坚持减负不减质，减负不减责；"减负"——我们坚持让老师愉快的工作，让学生快乐的学习，让家长幸福的生活。"减负"符合《国家中长期教育改革与发展规划纲要》的精神，这条教学改革之路我们将继续前行！

四、德育工作育人为本

学校努力加强德育工作管理，认真贯彻《中共中央国务院关于加强未成年人思想道德建设的若干规定》，坚持全员育人、全过程育人的理念。通过"渗透拓展德育内容、全面实施"三大工程"、构建"三结合"教育体系"等途径，不断增强德育工作的实效性，促进学生自主成长。

五、教育科研提升质量

学校坚持"以课题拉动课改，以科研促进教研"的工作方针，积极申报确定科研课题。目前承担国家级课题《全方位育人促进学生可持续发展》，市级重点课题《新课程理念下减负增质提高课堂教学效率的研究》《小学阶段减负增质，提高课堂教学时效性评价的研究》以及区级课题《寻找网络教学与传统教学的中间地带，实现小语教学最优化》四项课题。本着实验—总结—反思—实践—提高的"跟进式"研究模式，解决教学中的实际问题，不断提升教育教学质量。

六、体美科技百花齐放

学校认真贯彻落实《学校体育工作条例》和《艺术教育工作规程》，树立"健康第一"的指导思想，着眼于全面提高学生的身体素质，培养"德、智、体、美"全面发展的学生。在体育方面形成了"以独轮车运动为特色，推动学校体育工作全面发展"的工作格局。学校骑独轮车的学生始终在300人以上，在国家级各类比赛和各项表演中，取得优异成绩。学校坚持召开体育节、运动会；坚持做好广播操、学生体质健康测试等工作，落实阳光体育工程，确保学生每天一小时体育锻炼。2010年学校被国家体育总局、教育部命名为"全国青少年校园足球定点校"，在今年的比赛中获得北京市第二名的好成绩，为学校为昌平争得了荣誉。学校还多次被评为体育工作先进单位、广播操优秀学校、体育达标先进单位等。

多年来，学校坚持开展艺术和科技教育活动，给学生创设一个展示艺术才能、发挥科技特长的空间。目前开设了书法、绘画、编织、工艺制作、泥塑、航模等艺术、科技小组，成立了合唱队、舞蹈队、管乐队，直接参与艺术活动的学生达700多人。在北京市、昌平区艺术节比赛中多次获得集体项目和个人项目一等奖；学校还定期举办学生科技、艺术节，让更多的学生展示才华。同时学校还注重营造艺术氛围，创设育人环境，提高学生的审美情趣，增强学生的艺术修养，培养学生的创新思维。

七、卫生安全管理到位

卫生工作我们坚持常抓不懈，保证师生身体健康，保证校园干净整洁。学校被评为首批北京市健康促进学校，多次被评为昌平区卫生工作先进集体。

对于安全工作我们高度重视，决不放松，不断提高师生的安全意识和自我保护能力。学校几十年来没有发生过校方安全责任事故。

八、党建工会保驾护航

学校党支部积极发挥战斗堡垒作用，通过开展主题教育活动凝聚党员队伍，发挥先锋作用，为构建和谐的校园风气保驾护航。2009年7月"学习实践科学发展观"总结汇报会充分展示了我校党支部在推动学校可持续发展中所起的重要作用。

学校工会积极发挥凝聚教职工、团结教职工的作用。认真开展师德教育，组织开展经济创新竞赛，积极开展丰富多彩的职工文化活动，引导老师快乐地工作，促进学校和谐地发展。尤其是我校的工会活动已经形成"活动内容主题化、主题内容系列化、系列活动多样化、多样活动专业化"的特点，并成为我们的特色品牌。

九、干群合力再创辉煌

随着改革开放的步伐，城关小学迁入现址整整三十年。由于几代人的努力与拼搏，城关小学始终站在昌平基础教育改革的潮头，也取得了很多荣誉："北京市全面育人办有特色学校、北京市健康促进学校、北京市文明礼仪示范校、北京市信息技术先进单位、全国少先队'十佳'大队、创建国家级卫生区先进单位、北京市语言文字先进单位、昌平区质量监控优秀学校、北京市特殊教育先进集体、北京市课程建设先进单位、北京市教育先锋先进集体"等。此外，学校还先后承办科学发展观、减负研究、随班就读、跨越式课题、校本教研周等昌平区各种现场会、展示会6次，学校在教育教学、党建工会等方面的典型经验在全国、市、区大会上交流20余次。

在这里我想重点说一说落成典礼演出的情况：

今年9月30日，城关小学举行了隆重的新教学楼落成典礼，区委、区人大、区政府、区政协的主要领导以及市教委、区教委、区发改委的领导为新楼落成剪彩。剪彩仪式结束以后，我们组织了一台主题为"继承优良传统，铸就城小灵魂"庆祝演出。通过诗歌、舞蹈、情景剧、快板、歌曲、才艺展示等形式，歌颂城关小学教师勤奋敬业的精神，展现师生良好的素质，体现学校努力办好人民满意的教育的办学宗旨。演出的所有节目都是我校教师自己创作和编排的，100名在职教职工和12名退休职工纷纷登台献艺，场面热烈感人，让人备受教育和鼓舞。庆祝活动赢得了与会领导、来宾的热烈掌声。全区各中小学校长观看了演出，参会人数达300人。"十一"过后，我们又利用晚上分别给一年级、六年级学生家长和其他年级的家教委员演出了两场，家长反响强烈。教师的地位形象、学校的声誉影响在家长心中再一次得到提升，同时学校教职工的凝聚力进一步得到增强。

一项项荣誉、一个个成绩都只能说明过去，面对现在我们将一如既往、不断前行。在昌平区教委的正确领导下，我们将以更加饱满的工作热情步入"十二五"教育改革的大潮。全面育人，科学发展，努力创建城关教育品牌，干群合力，再创辉煌，在基础教育战线上谱写新的篇章！

2011 年 10 月 21 日

昌平区城关小学特色建设攻略
——以办学思想为发展路径营造学校"和乐文化"

一、学校基本情况

昌平区城关小学现有 31 个教学班，教职工 102 人，学生 1200 人。学校现有区级以上骨干教师 41 人。其中，北京市特级教师 1 人，市级学科带头人 2 人、市级骨干教师 3 人，区级学科带头人 14 人，区级骨干教师 21 人。北京市"紫禁杯"优秀班主任 10 人。专任教师 97 人全部达到大专以上学历。学校教师队伍结构合理，业务精良，中青年教师占 90%，是一支朝气蓬勃、充满活力的队伍。学校坚持依法办学，实行规范化办学；认真执行国家课程计划和课程标准，健全学校管理制度；建设良好的教学环境，营造和谐的助学氛围，培养优秀的师资团队。学校深入开展课堂教学改革，促进学生的可持续发展，培养合格加特长的学生，努力减轻学生的课业负担，让学生、家长、社会满意。

二、以办学思想作为学校特色建设的路径

在北京市"义务教育阶段学校特色建设规划的制定、实施与案例发掘"项目组的指导下，经过分析和思考，我校确定以办学思想作为学校特色建设的发展路径。学校以"营造和谐，创造快乐"为办学理念，以"让每一颗心都快乐"为办学宗旨。实行"人文化"管理，实行"快乐成长教育"，充分体现"和乐文化"的办学思想。具体解释为"和而不同，乐而不松，和谐发展，快乐成功"。

三、学校特色的形成及建设特色的有效做法

（一）特色的形成

经过多年的办学实践，学校围绕打造"和乐文化"的办学思想，以学校管理和教学改革为突破口，逐步形成自己的办学特色。

在教学上形成了以"减负"课题研究为引领，以"跨越式"教学为龙头，以校本研究为重点的教学特色。德育教育系统实施"三大工程"，即"树立阳光形象工程、重大节日教育工程、荣耀城小评价工程"。做到主题教育活动坚持开展，传统体验活动坚持不变，重点实践活动坚持创新。在体育方面形成了以独轮车运动为特色，推动学校体育工作全面发展的良好局面。学校被誉为"培养骨干教师的基地，即：培养教研员的基地，培养干部的基地，培养人才的摇篮"。让学生在快乐的环境中学习、成长；让教师在和谐的环境下工作、生活，最终实现人人发展，人人成功的教育目标。

（二）特色建设的做法

1. 校长先进的办学理念是特色建设的关键

城关小学已初步形成"和乐文化"的办学特色，这首先源于校长具有超前的办学理念，明确的办学思路。全国名师、北京市小学数学特级教师柏继

明校长走南闯北，视野宽广，思维敏捷，大胆创新，锐意改革。自 2006 年 9 月担任校长以来，她亲自规划学校的发展前景，制定明确的办学目标，实施有效的办学策略，逐渐形成自己的办学特色。她提出"营造和谐，创造快乐"的办学理念。在这种理念的支撑下开始了轰轰烈烈的"减负革命"。"让每一颗心快乐"的思想在城关小学各个领域充分显现。"让教师快乐的工作、高兴的上班，让学生快乐的学习、幸福的生活"成为学校追求的目标。

2. 学校"人性化"的管理是形成特色的基础

城关小学多年以来实行"人文化"的管理。"活化"管理成为学校管理的特色：活化思想，活化观念，活化制度，活化队伍。"活化"的管理让校园充满旺盛的"人气儿"。学校管理处处体现出尊重人、理解人、帮助人、关心人。没有歧视，只有重视；没有自卑，只有谦卑；没有弱势，只有优势；没有压力，只有动力。干群之间和谐共事，师生之间和蔼并进，校园氛围宽松、民主、和谐。多年来，学校管理不刻板，教学成果不排队，让老师心理放松愉快工作；朋友式的往来，业务上的帮助，心与心的交流，重"理"轻"管"的引导，给予老师无穷的精神力量。

改革教案的书写，改变业务学习的形式，改变教学关注点，改变教研活动形式。一切改变都在突出以人为本，一切改变都在突出管理的实效。不搞排队，淡化评估，注重过程，淡化结果。"活化"的管理让学校永远处于流水不腐、户枢不蠹的发展前进之中。

学校采取"层层搭台，教师分层上台，给任务把老师拉上台，压担子把老师推上台，激动力让老师走上台"的培养策略。努力为每一位教师搭建适合自己表演的舞台，让每位老师在不同的位置充分展示自我，培养年轻教师，打造骨干队伍，树立学科名师。通过名师讲坛、德育论坛、明星主持、师徒结对、送教下乡、专家对话、拜师学艺、课题引领，一个个教师不断成长，一个个骨干不断成熟。"名师引路，学校搭台，教师唱戏，层层推进"的培养模式让每一位老师得到了发展，实现了自身价值。

3. 丰富多彩的活动是特色形成的保障

俗话说"人的生命在于运动，学校的生命在于活动"。只有开展丰富多彩的活动才能让学校生动起来，才能让校园鲜活起来，让特色活动体现特色办学思想。

多年来，学校以开展丰富多彩的活动为载体，推动学校工作的全面发展。不管是德育工作、教学活动，还是学生管理、工会活动，始终坚持活动主题化、内容系列化、形式多样化、方法创新化。通过活动开展研究，通过活动进行教育，通过活动培养人才，通过活动凝聚团队。

学校德育工作坚持围绕德育目标素质化、德育内容基础化、德育方法科学化的工作策略，着力培养学生良好的道德品质和健康心理素质；全面实施《城关小学教师日常行为规范》，创建"两型"班主任队伍，全力打造城关小学"三大教育工程"。教育学生学会合作、学会学习、学会生活、学会创造、学会做人。

以爱国主义教育为主线，以养成教育为重点，以实践活动为载体，以内心体验为途径，以课堂渗透为主渠道，实行全员、全过程、全方位德育；狠抓校风、班风、学风建设，创设和谐校园环境，提高校园文化品位；开展丰富多彩的体验活动，丰富学生的校园生活，锻炼学生的能力，让学生在实践中体验，在体验中感悟，在感悟中自我发展。

教学工作坚持以"减负"研究为切入点，探索"减负不减质"的有效做法；以教研课题为引领，开展有针对性和时效性的教研工作，提高课堂教学水平和教学质量。以"减负"研究为主题开展各学科的系列活动，如"减负"讲座、"减负"研究课、"减负"研讨、"减负"总结、"减负"课题、"减负"汇报等。活动让老师们学会发现问题、思考问题，学会了制定措施、改进方法，最终学会了教学研究。教学活动有声有色，教研科研氛围浓厚，教学质量效果良好。

学校工会坚持以开展愉悦身心的活动为载体，引导老师们快乐工作，促进学校和谐发展。坚持重大节日开展庆祝活动，焕发青春展示风采；以俱乐部为龙头开展体育活动，缓解劳累享受健康；丰富假期生活开展旅游活动，开阔眼界感受文化；挖掘文化内涵开展特色活动，增进感情促进和谐；感受幸福生活开展体验活动，放松身心享受幸福。

通过开展主题鲜明、形式多样、效果突出的德育教育、教学研究、文体健身等丰富多彩的活动，达到让学生成才、让教师发展、树特色品牌、促学校发展的教育目的。

四、取得的成效

几年来，学校先后召开柏继明、任季教学特色研讨会，召开"跨越式"教学研讨会、随班就读工作研讨会；召开"减负"工作现场会以及张玉霞老师特教研讨会；出版学校、教师专著 6 本；承担国家、市、区级课题 5 项。近五年，教师参加各级各类比赛获得国家级奖 262 项、市级奖 181 项、区级奖 455 项；学生获奖不计其数；学校共获得各类先进集体奖 80 多项。

作为"培养骨干的基地"，学校先后有 7 人被调往教师进修学校任学科教研员，8 人调往他兄弟学校任校长、主任等职务。目前，在全区小学中我校中学高级教师人数最多，骨干教师比例名列前茅。

目前，崭新的教学楼已经投入使用，学校声誉日益高涨，人气很旺，教师干劲很足，人际关系良好，校园温馨和谐。学校已经成为让人羡慕、人人珍惜的温馨家园。老师在和谐的氛围中工作生活，学校在和谐的环境下发展壮大。

五、今后的目标

学校特色需要共识作基础，需要文化作底蕴，需要全员来创建，需要社会来认可。在"十二五"期间，城关小学全体师生将以饱满的工作热情、严谨的工作态度，努力实施"快乐成长教育"，继续加强学校特色建设，努力创建城关教育品牌，为昌平基础教育发展做出应有的贡献。

2011 年 10 月

"减负"——让学生"富"起来！

尊敬的各位领导、各位专家、老师们，大家上午好！欢迎各位教育同仁来到城关小学，下面由我代表学校向大家做工作汇报。我汇报的题目是《"减负"——让学生"富"起来！》。

一、学校基本情况

城关小学现有教学班31个，教职工102人，学生1200人，专任教师97人，区级以上骨干教师41人，其中，北京市特级1人，市级学科2人、市级骨干3人，区学科14人，区骨干21人；北京市"紫禁杯"班主任10人；中学高级3人，小学高级65人。骨干人数比例居全区前列，其中体育艺术学科区级以上骨干教师、学科带头人7人。

我校2010年9月1日搬进新的教学楼，2011年9月30日进行了新楼落成剪彩。硬件设施按照《北京市中小学办学条件标准》进行配备，教学设备基本达标，符合现代办学标准。校园干净、整洁、优美。

学校以"营造和谐，创造快乐"为办学理念，以"让每一颗心都快乐"为办学宗旨，实行"快乐成长教育"，充分体现营造"和乐文化"的办学思想。学校深入开展课堂教学改革，努力减轻学生的课业负担，促进学生的可持续发展。"让学生成才、让家长放心、让社会满意"是我们的总体目标。

二、回顾"减负"之路

在座的各位领导、老师，我想问大家一个问题：如果用一个词语来概括城关小学的理念、特色，您将用哪个关键词？答案应该是异口同声——"减负"。

是的，从2007年初到现在，"减负"已经整整进行了五年。五年来我们从三方面全面实施"减负"工程，并提出"减负"——让教师愉快地工作，"减负"——让学生快乐地学习，"减负"——让家长幸福地生活的"减负"目标。

五年来我们先后经历了："减负"明确思路、"减负"全面铺开、"减负"深入推广、"减负"立项课题、"减负"拓展延伸五个阶段。

2010年12月16日，我校成功召开了"走进城关小学'减负'现场会"。通过16节"减负"课堂、语数英校本教研展示、"减负"文集、校本教材、出版《减负——我们的责任》专著等，全面总结回顾我校在"减负"教学改革方面的做法和成果。"减负"研究受到与会领导、专家的高度评价。

"减负"现场会召开不久，海淀、门头沟等外区县40多所学校的200多名校长、主任来我校学习"减负"做法。学校的"减负"经验先后在北京市基础教育课程改革工作总结会、北京市中小学课程改革样本建设项目"质量与代价"研讨会、北京市小学"减轻学生负担，促进学生健康成长"交流研讨会上作典型发言；学校的"减负"经验先后被中国教育电视台、新华社北京分社、《中国教育报》《现代教育报》等二十多家新闻媒体宣传报道。学校的"减负"经验得到了社会各界的广泛关注。

三、确定"致富"目标

现场会的召开标志着课堂教学的"致富"。之后我们又进行了深入思考：该如何进行下一步"减负"工作呢？减轻学生的课业负担提高课堂教学质量只是目的之一，"减负增质"应该是让学生的素质得到全面提高。学生的课业负担减轻以后身体素质、艺术素质、道德素养等应该升上去，这才是"减负"的最终目的。增质不是仅仅提升学生的知识水平，而应该是让学生德智体美全面发展。

2011年5月31日，温总理到朝阳区十八里店中心小学和孩子们上了一节体育课。这件事给我们的启示，一是总理非常关注孩子们的身体健康，总理代表着政府，说明国家重视；二是说明我们很多学校还存在"重智育轻体育"的现象；三是告诉全社会尤其是教育工作者一定要重视学生们的身体健康。

于是我们明确提出"减负"下一阶段任务，那就是"减负"首先让学生的身体先"富"起来。"减负"——"富"在学生健康，"减负"——"富"在学生兴趣，"减负"——"富"在学生特长。最终我们确定了"减负"新目标——让学生真正地"富"起来！

四、"减负"同时"致富"

1. "减负"——"富"在学生健康

（1）学校严格落实体育课程计划，一、二年级每周4节体育课，三至六年级每周3节体育课。认真上好广播操，上午、下午各做一次眼保健操。

（2）坚持每天开展体育课外活动，保证学生每天一小时体育活动。体育活动做到有内容安排、有专人负责，每天操场上非常热闹，学生参与体育活动的热情非常高涨。

（3）组织丰富多彩的体育比赛。每学期召开体育节、田径运动会，组织跳绳、拔河、队列、广播操、独轮车、篮球、乒乓球等单项体育比赛，选拔优秀运动员参加北京市、昌平区各项比赛。

（4）开阔视野，让高水平的体育项目走进校园。学校先后邀请篮球、足球、跆拳道、击剑等专业团队的运动员、教练到学校进行表演，让学生开拓眼界，见识高水平的体育运动，激发学生热爱体育、向往体育的热情。

（5）实行体育"三个一"活动。

为了突出年级特点，学校提出"体育三个一"活动，即学校人人必会一项体育活动——跳绳，年级组统一学会一项体育运动，班级再确定一项体育活动，并在每年的体育节上进行年级体育活动展示。

（6）实行假期体育锻炼计划。

针对学生假期体育锻炼无人监控的情况，学校开展了"家庭训练活动"。下发"学生家庭训练记录表"，有训练项目、训练目标，要求家长共同参与并做好督促工作。

（7）开展校园长跑活动，强健体魄，磨炼意志。

2012年寒假开学，学校遵照区教委的工作要求，启动了"校园长跑"活动。冬季，学校每天上、下午各安排一次长跑活动；天气转暖以后每天下午安排一次长跑，每次长跑1000—1200米，每次有效长跑时间8—10分钟。每天操场上1000多人一起长跑的场面蔚为壮观。经过一段时间的长跑训练，师生长跑速度明显提高，学生的精神面貌日渐好转。同时学校开展长跑征文活动，通过广播宣传关于校园长跑的学生稿件，营造轰轰烈烈的长跑健身氛围。

以下是学校开展体育运动后学生身体测试情况。

（1）2009—2011年学生体质健康测试结果

	总数	优秀率	良好率	及格率	不及格
2008 年	1214	140 人 11.53%	409 人 33.6%	531 人 43.7%	134 人 11.1%
2009 年	1110	68 人 6.1%	426 人 38.6%	400 人 36.1%	220 人 19.8%
2010 年	1135	168 人 14.8%	649 人 57.2%	246 人 21.7%	72 人 6.3%
2011 年	1135	293 专 25.8%	588 人 51.8%	142 人 12.5%	112 人 9，8%
对比		↑总体上升	↑总体上升	↓总体下降	↓总体下降

（2）2009—2011年学生肺活量等级情况

	受检人数	上等	中等	下等
2009 年	1087	15 人 1.38%	1053 人 96.87%	19 人 1.75%
2010 年	1091	55 人 5.4%	1029 人 94.32%	7 人 0.64%
2011	1128	33 人 2.97%	1073 人 96.67%	4 人 0.36%
对比			↑总体上升	↓总体下降

（3）2012年校园长跑活动学生速度变化情况

第一次测试：2012 年 2 月 20 日　　第二次测试：2012 年 4 月 9 日

时间段	三年级		四年级		五年级	
	第一次	第二次	第一次	第二次	第一次	第二次
4′ 00 以内	0	23	2	16	0	74
4′ 20	4	39	6	33	4	31
4′ 40	41	37	28	35	33	26
5′ 00	33	34	35	38	39	31
5′ 20	37	15	40	27	41	10
5′ 40	17	4	35	9	39	4
6′ 以上	14	3	23	11	32	3
合计	145	155	169	169	188	179

以上这些数据充分说明，学生的身体健康指标在提高，身体素质明显增强。

2. "减负"——"富"在学生兴趣

"减负"拓展延伸阶段，我们提出了"三个还给"的设想——把时间还给学生，把兴趣爱好还给学生，把健康快乐还给学生。2011 年初，学校开展了"快乐星期三"兴趣班活动。教师采取外聘和内选相结合的办法；学生采取跨3-6年级同时走班上课的形式。公开设六大类25个兴趣班，包括：体育类、艺术类、科技类、动手实践、表演类、学科类。通过评选"星级学生"鼓励学生全面发展、学有所长。每到星期三下午第三节课，学校出现"学生大迁移"的场面，学生纷纷到自己喜欢的活动教室参加活动。

我们坚持"项目的设立由学生而来，内容的选择由学生而定"的办法制定兴趣班活动项目和内容。前期学校发放调查问卷了解学生意向，分类汇总确定所开设的项目，再进行二次报名。每一学期结束后我们发放调查问卷了解学生参与活动的情况并征求意见，再在新的学期调整项目让学生重新选择，真正做到以学生为本，以满足学生兴趣为本。因为学生参加了自己喜欢的项目，所以兴趣浓厚，学习积极性高。虽然参加有的项目确实很累很辛苦，但是有了兴趣并未成为孩子们的负担。同时学校定期向家长发放调查问卷征求意见和建议，我们的做法得到了家长的广泛认可。

3. "减负"——"富"在学生特长

在发展学生特长方面，学校通过国家必修课、校本必修课、兴趣选修课、活动社团四个层面进行普及与提高，满足不同学生的不同需求。

学校在开足开齐国家规定的体育、艺术课程的同时，结合学校情况从2009年分别在二、三年级开设了形体课；2011年9月，在四、五年级开设了口风琴教学，在一至六年级开设了快乐书写课；现在又与石油大学合作在三年级开设了陶笛教学。这些课程的开设进一步丰富了学校体育、艺术课程资源，作为学生必修课，全面提高了学生的艺术素质。

在必修课程的基础上，学校开设了"快乐星期三"兴趣班活动。活动面向三至六年级全体学生，以课程化的形式满足学生的不同兴趣爱好。

在学生兴趣活动的基础上，学校又结合学生需求和学校实际情况，成立了城关小学"星光艺术团"和体育训练队。艺术团和训练队采取学生报名和学校选拔的方式进行组织，目的在于培养和鼓励特长学生的专业发展。

"星光艺术团"下设"金星管乐团、红星合唱团、紫星舞蹈团、蓝星航模队、七彩美术社"；训练队包括独轮车、小足球、小篮球、羽毛球，共有300多人。社团的建立在丰富学生的课余文化生活、提高学生体育艺术水平、培养学生健康情趣和良好的艺术修养方面起到了积极的促进作用。同时，学校社团的组建全面提升了学校体育艺术教育工作水平，提高了学校的社会声望。

学校从2009年开始进行了评选"星级学生"的活动，目的在于鼓励、引导促进学生全面发展，提高学生综合素质。星级学生包括：体育之星、艺术之星、科技之星、学习之星、创作之星、体质健康之星。成为星级学生的条件是：参加区级以上比赛获得等级奖的学生以及参加校外考级获得相应等级证书的学生（六年级为六级，五年级为五级，以此类推）。"星级学生"的评选每学年进行一次,学校对获得星级学生的同学进行表扬鼓励并颁发"星级学生"证书。

以下是我校两学年的星级学生人数统计:(见表)学生获奖面达80%以上。

城关小学 2009—2011 学年"星级学生"数量统计（二至六年级）表

时间	总数	二星	三星	四星	五星
2009–2010	863	120	49	31	6
2010–2011	914	154	68	23	4
对比	↑ 51	↑ 34	↑ 19		

星级学生的评选让我们的评价尺度更加多元,多一把尺子就多一批好孩子。

学校体育艺术的尖端项目先后在北京市、昌平区各项比赛中获得优异成绩。独轮车项目多次代表昌平区参加全国各类比赛,荣获团体和个人奖 100 多个,并多次承担各级运动会、艺术节、科技创新大赛等开幕式的表演任务。独轮车运动已成为城关小学一道靓丽的风景线。2011 年学校足球队获得北京市校园足球比赛第二名,今年足球队分别获得昌平区三个组别比赛的第二名。2011 年 11 月,学校成为北京"八喜"俱乐部的培训基地。年维泗、金志扬、杨祖武等老一辈足球教练以及郭维维、高峰、徐阳、曹限东等现任足球教练先后来我校指导学生足球训练。在专业团队的指导下,我校足球运动水平不断提高;学校航模队连续多年获得北京市、昌平区航模比赛团体一等奖;学校合唱队、舞蹈队、管乐团纷纷获得昌平区艺术节比赛集体项目一等奖。

2010 年以来学生参加区级以上比赛获奖统计表

序号	获奖时间	获奖项目、类别	级别	人数
1	2010.1	昌平科技节摄影比赛	区一等奖	3
			区二等奖	3
			区三等奖	3
			区优秀奖	3
2	2010.3	昌平区第 13 届合唱节比赛区级	区二等奖	20
			区三等奖	15
3	2010.3	北京市第 30 届科技创新大赛	市三等奖	1

续表

序号	获奖时间	获奖项目、类别	级别	人数
4	2010.3	昌平区第5届科技创新大赛	区二等奖	5
			区三等奖	2
5	2010.5	昌平区"保护生态环境"文艺比赛	区二等奖	6
6	2010.5	昌平区"保护生态环境"征文、摄影比赛	区一等奖	3
			区二等奖	6
7	2010.10	2010年昌平区航模比赛	区一等奖	26
			区二等奖	2
8	2010.10	科技融入生活家庭互动比赛	区二等奖	1
			区三等奖	1
			区优秀奖	5
9	2010.10	昌平区科技节朗诵比赛	区一等奖	3
			区二等奖	2
10	2010.12	北京市青少年科技创新大赛	市级二等奖	1
11	2010.12	昌平区科技创新大赛区级	区一等奖	1
12	2010.8	北京市"我运动、我健康、我快乐"征文、摄影比赛	市级一等	26
			市二等奖	26
			市三等奖	18
13	2011.4	昌平区第六届青少年科技创新大赛	区二等奖	3
			区三等奖	2
14	2011.4	北京市14届学生艺术节合唱	市一等奖	80
		北京市14届学生艺术节舞蹈	市二等奖	18
15	2011.5	北京市青少年艺术周美术书法比赛	市二等奖	2
			市三等奖	1
16	2011.3	昌平区14届学生艺术节	区一等奖	15
			区二等奖	22
			区三等奖	31
17	2011.5	2010年昌平区航模比赛	区一等奖	27
			区二等奖	12

续表

序号	获奖时间	获奖项目、类别	级别	人数
18	2011.10	2011 年环保知识竞赛	市一等奖	3
19	2010.3	第十届华人少年作文竞赛	市级	17
20	2010.7	首都少年科学创意作品比赛	市级	2
21	2010.9	北京市"我和我的老师"征文	市级	2
22	2010.12	昌平区首届朗诵比赛	区一等奖	3
			区二等奖	2
23	2011.10	昌平区世界洗手日征文	区级	6
24	2011.5	昌平区故事会比赛	区级	1
25	2011.3	第十届华人作文竞赛	国家级	17
26	2010.12	北京市阳光少年创意大赛	市级	1
27	2010.12	昌平区交通安全电脑绘画比赛	区级	12
28	2010.6	北京市红领巾读书活动	市级	106
29	2011.5	美丽北京 – 全国少年绘画比赛	国家级	1
30	2011.8	昌平区佳城杯英语大赛	区级	29
31	2011.9	昌平区小学生书法比赛	区级特等	1
			区一等	4
			区二等	1
32	2011.9	中华经典诵读行动	区特等奖	7
33	2010.8	全国"华人杯"作文竞赛	全国二等	2
			全国三等	3
34	2010.4	全国"春蕾杯"作文比赛	全国三等	3
			全国纪念	2
			区级二等	5
			区级三等	6
35	2010.11	昌平区秋季运动会女子足球	团体第四名	
36	2010.12	昌平区秋季运动会乒乓球比赛	重点校第五名	
37	2010.12	北京市动手做比赛	市二等奖	1
			区一等	1

续表

序号	获奖时间	获奖项目、类别	级别	人数
38	2010.8	北京市奥林匹克教育征文、摄影比赛	市一等奖	16
			市二等奖	26
			市三等奖	18
39	2011.4	昌平区第六届科技创新大赛	区二等奖	团体
40	2011.12	昌平区秋季运动会乒乓球比赛	区第五名	团体
41	2011.4	全国青少年校园足球比赛（北京赛区）	市第二名	团体
42	2011.5	北京市青少年艺术周小学美术书法比赛	市二等奖	2
			市三等奖	1
43	2011.6	昌平区暑期系列比赛男子足球	区第一名	
44	2011.11	北京市中小学跆拳道比赛团体	市第六名	5
45	2011.10	北京市中小学"低碳环保"科普知识现场比赛	市一等奖	3
46	2011.11	第六届中国优秀特长生比赛	市一等奖	1
			市二等奖	1
47	2011.11	北京市中小学生自制火箭比赛团体	市第一名	
		北京市中小学生自制火箭比赛个人	市一等奖	7
		北京市中小学生自制火箭比赛个人	市二等奖	8
48	2011.12	北京青少年"动手做"科技竞赛	市一等奖	1
			市二等奖	1
49	2012.2	昌平区第一届"羽协杯"羽毛球	区第三名	2
			区第五名	1
50	2012.1	第七届中国优秀特长生艺术节北京赛区器乐比赛	市一等奖	3
51	2012.3	北京市校园足球比赛（昌平赛区）	小男甲组第二名	小女甲组第二名
			小男乙组第二名	

续表

序号	获奖时间	获奖项目、类别	级别	人数
52	2012.4	北京市学生艺术节校级合唱比赛	市一等奖	56
		北京市学生艺术节班级校级比赛	市二等奖	38
		北京市学生艺术节校园剧比赛	市二等奖	8

几年来，学校先后召开市、区及各类现场会 7 次；出版学校、教师专著 6 本；承担国家、市、区级课题 5 项。近三年，学生参加各类比赛 28 人获得国家级奖，398 人获市级奖，303 人获区级奖，获得团体奖 45 项。

在"减负"促进学生全面发展的同时，学生语、数、英学科成绩也在逐步上升。以下是三个学年的学科监测成绩统计：

2008-2011 三个学年学科监测成绩统计表

时间	学科	语文		数学		英语	
		平均分	区平均分	平均分	区平均分	平均分	区平均分
2008-2009 第二学期	三年级	91.7 ↑	90.1	90.0 ↑	88	62.4 ↑	61.6
	四年级	93.8 ↑	90.3	94.8 ↑	94	87.2 ↓	88.1
	五年级	85.4 ↑	82.5	89.9 ↑	86.6	76.6 ↓	80.9
	六年级	92.7 ↑	86.3	90.3 ↓	90.6	87.3 ↓	89.5
2009-2010 第一学期	三年级	95.1 ↑	90.4	91.3 ↑	90.4	63.5 ↑	63.1
	四年级	91.4 ↑	90.3	92.5 ↑	91.7	91.7 ↑	88.3
	五年级	89.5 ↑	86.5	91.5 ↑	87.7	84.2 ↑	81.8
	六年级	87.8 ↑	87.3	84.1 ↓	87.1	83.4 ↑	82.7
2009-2010 第二学期	三年级	94.2 ↑	91.3	85.2 ↑	83.8	65.1 ↑	93.7
	四年级	91.9 ↑	88.1	88.1 ↑	87	84.4 ↑	82.5
	五年级	84.8 ↓	85.6	90.9 ↑	86.3	84.8 ↑	80.9
	六年级	89.8 ↑	88.6	85.1 ↓	86.4	84.1 ↓	84.8
2010-2011 第一学期	三年级	93.3 ↑	88.74	93.1 ↓	93.7	66.6	66.6
	四年级	90 ↑	89.45	90.3 ↑	90.1	89.2 ↑	88.16
	五年级	86.5 ↑	86.4	86.2 ↑	83	79.9 ↑	74.47
	六年级	87.2 ↓	88.83	87.1 ↑	86.56	84.8 ↑	84.63

续表

时间	学科	语文		数学		英语	
		平均分	区平均分	平均分	区平均分	平均分	区平均分
2010—2011第二学期	三年级	93.3 ↑	91.83	88.6 ↑	87.7	67.5 ↑	61.72
	四年级	96.2 ↑	91.2	87.7 ↓	91	82.4 ↓	82.9
	五年级	87.3 ↑	84.84	90.8 ↑	86.7	82.3 ↑	81.07
	六年级	85.9 ↑	88.6	86.3 ↑	86.2	88.9 ↑	87.84
2011—2012第一学期	三年级	94.9 ↑	91.19	93.6 ↑	92.9	64.7 ↑	61.28
	四年级	91.3 ↑	89.42	93.3 ↑	92.1	92.7 ↑	88.8
	五年级	84.5 ↑	83.62	88.4 ↑	88.2	85.5 ↑	81.33
	六年级	87.8 ↑	85.14	88.5 ↑	83.82	86.7 ↑	83.09

4．"减负"——"富"在学生心理

在关注学生身体、知识、技能、特长的同时，我们也非常关注学生的心理健康。在培养学生全面发展的同时，注重学生健全人格的培养。学校建立了心理咨询室，完善了个别学生心理档案。通过开展德育活动、心理健康教育、设立心理咨询、书信辅导、电话谈心和网上交流等形式敞开"心灵贴吧"的大门，全面做好学生的心理健康教育工作。从每年的调查问卷看，我们的学生心理很健康，快乐指数高。他们爱老师、爱同学，喜欢学校，喜欢上学。

2011年4月，毛主席的文字秘书、著名书法家吴艳平来到我校，了解到我们的做法后表示非常赞同，高兴地为我校题字"营造和谐 创造快乐"。同时，我们的做法得到了学生家长、各级领导以及社会普通民众的广泛认同。

五、今后努力方向

今天我们学校所进行的学生体育艺术综合展示以及大家看到的书法、绘画、手工作品、活动展板是我们前一阶段"减负增质"成果的具体体现，今后要做的工作还很多。"减负"势在必行，增质永无止境。

2012年3月10日《北京市义务教育阶段减轻学生过重课业负担行动计划》（新版）已经出台。文件再一次强调"北京在落实国家中长期教育规划中发挥率先和引领作用，在开创减负新局面和实现减负新目标方面走在前列，做出表率。这是北京教育义不容辞的责任！"为此，在今后的工作中，我校将积极落实北京市"减负"行动计划，努力探索科学减负的新方法，把促进学生的健康成长作为最终的育人目标。在减轻学生负担的同时让学生真正地"富"起来，让每一个家庭"福"起来。在"打造昌平教育品牌，创建一流城市教育"的教育定位下，我们将借体育和艺术的双桨，带动学校划向更加美好、更加充满希望的远方！让"减负"增质扬帆远航，为首都基础教育改革与发展做出应有的贡献！

2012 年 5 月 24 日

树高尚师德　创和谐校园

城关小学在区教委、教育工会的正确领导下，长期以来坚持以《首都公民道德建设实施纲要》为指针，以《中小学教师职业道德规范》为依据，以《公民道德规范》为准绳，树立教师"奉献、敬业、修身"的良好品质。在加强师德建设方面，党支部、行政、工会齐抓共管，团结一致，与时俱进，为学生营造了良好的学习环境，使学生健康、快乐、幸福地成长。在师德建设方面我们的做法是：

一、学校领导高度重视学校师德建设工作

学校办学的根本是教书育人，师德建设是学校教育教学工作的重要内容。为此，我校非常重视师德建设工作，成立了以校长为组长，德育副校长为副组长，教学副校长、德育主任、教导处主任、少先队辅导员为成员的师德建设工作领导小组。领导小组每年制订学校师德建设工作计划，研究师德考评办法，实施师德建设考评措施，解决师德建设中的问题。

首先，我校领导干部认真学习《首都公民道德实施纲要》，学习"党的十七大"文件，学习《道德与文明》读本。校长经常在干部班子会上讲，我

们必须"以德治校",树立"以德立身"的道德理想,拓展勇于创新、竞争进取的道德境界。学校领导干部要以身作则,做到勤学、慎思、笃行;严格履行职责,做到敢抓敢管、敢负责。

其次,组织教师进行学习,提高政治思想觉悟,树立良好师德。学校党支部、工会严格按照教委先进性教育活动的部署,在全校党员中开展了"讲党性、重品行、做表率"主题教育活动,在全体教职工中进行社会主义荣辱观教育以及开展"师德教育月"活动。通过教育活动进一步提高了全体党员干部的整体素质,增强了党员干部的服务意识,提高了广大教师服务育人的水平,受到了学生、家长、社会的一致好评。

二、加强师德教育,提高教师师德修养

学校始终把做人的思想工作放在首位,把教育、引导教师树立创新意识、服务育人放在重要的位置。学校坚持狠抓教师的政治、业务理论的学习和现代信息技术教育。为了落实区教委关于加强师德建设的工作意见,我们成立了学习领导小组,明确了学习内容,确定了学习时间,进行了阶段性的学习引导和讲座,采取集中学习和自主学习相结合的方法,将学习不断引向深入。

学校要求大家做好学习纪录,认真写好学习笔记。学习领导小组定期检查教师们的学习笔记和交流学习心得。我们先后学习了"党的十七大"的文件,学习了《中华人民共和国教育法》,学习了《未成年人保护条例》,学习了关于教师职业道德教育方面的内容;系统地观看了优秀教师的教育事迹的录像片。通过学文件、看光盘、唱八荣八耻歌曲,要求全体教职员工树立正确的社会主义荣辱观,坚持正确的理论导向,以"我是人民教师为荣"开展大讨论,用自己全部的热情为祖国的教育事业做贡献。

随着时代的发展,我校师德建设的学习内容也在不断更新。通过学习,广大教师进一步提高了对当前形势的认识,充分体会到:今天的教育就是为提高明天的生产力素质,高素质的生产力是中华民族在新世纪生存的需要。教师的责任是培养人,教师的天职是育人,教师们"以人为本""以德从教"的思想进一步得到巩固。

通过学习,广大教师加快了从传统型教育向现代教育转变的步伐,形成了边学习,边实践,在学中干,在干中学的良好学习氛围。为学生的发展创

造一个和谐、宽松、愉快的环境已经成为广大教师始终遵循的一个信条，把送给学生一句鼓励的话语，投去一束希望的目光，做一个得体的暗示动作，看作一种新思想、新理念的外在表现。学校领导在教育引导教师努力更新教育观念的各项工作中注意发现典型，树立先进，全校形成了讲学习、讲政治、讲道德、讲文明的良好风尚。

三、措施得力，师德建设工作扎扎实实

学校无小事，处处是教育。几年来，我们坚持对教师进行师德教育，因为教师的一言一行都是对学生无声的教育。学校要求教师，一要注意言行举止，以自己的人格魅力对学生进行榜样教育。尊重学生，热爱学生，不允许体罚、侮辱学生。树立文明健康的教师形象。二要以身作则，起示范作用。要求学生做到的事情，教师首先做到，信守诺言，一丝不苟。三要爱岗敬业。要求大家树立热爱教育事业，热爱学校，热爱本职工作的志向，尽职尽责。结合学校提出的"减轻学生过重的负担"，向全体教师提出"七不许"，对违反者进行严厉处罚。

为此，学校制定措施，严格执行教师考评制度，制订了《城关小学师德规范细则》。每学期，学校组织学生参加评选"我喜爱的教师"活动，通过家长、学生问卷投票，选出学生心中最喜爱的教师，学校进行表彰与鼓励。其次，学校每年评选"师德标兵"，按照师德规范细则中的评选条件和评选办法，按学科选出校级的师德标兵，把师德标兵的事迹、照片在宣传栏内宣传展出；在评选校级师德标兵的基础上推选出区级师德标兵，同时要求区级师德标兵在全校进行经验交流。第三，坚持一票否决制。对在本年度内有体罚、变相体罚行为的教师实行一票否决制，即本年度不得被评为优秀教师，不能评为先进，年考核不称职等。

有了这些措施作保障，教师们严谨教学，热爱学生，积极与家长沟通，自觉遵守职业道德规范。学校教学秩序稳定，教学质量突出，学校社会声誉良好。

四、开展"创先争优"，突出师德建设特色

在"创先争优"活动中，学校党支部精心组织，周密安排，以"减负"

研究和推进教学改革为抓手，以搭建家校沟通平台为切入点，通过教育教学一系列创新举措，深入落实学习实践科学发展观，使学习实践活动开展得生动活泼、富有成效，有力地促进了学校科学发展。

通过学习、调研、整改、落实阶段的有效实施，广大党员、教师进一步转变了思想，强化了责任意识、服务意识。学校把学习实践活动于师德建设结合起来，通过教育活动转变教师观念，提高师德水平。

学校先后举办了以"让每颗心都快乐"为主题的学习实践活动成果汇报会、"减负"成果汇报会、廉洁教育现场会。学校的学习实践活动被制作成教学光盘，面向全市进行发放，作为全市教育系统第三批学习实践活动单位的学习材料。同时，学校被昌平区教工委定为昌平区教育系统第二批学习实践活动教学点，为全区各学校开展学习实践活动提供指导和帮助，充分发挥了示范作用。

学校的"减负"经验先后在北京市各级教育教学研讨会会上进行交流，兄弟区县的 15 所学校的 200 余名校长、教师到学校学习"减负"经验。在北京市全面落实"减负"行动规划中走在了前列，得到北京市教委、昌平区教委领导的高度评价。

学校的"减负"工作吸引了《现代教育报》《中国教师报》《情商》《21世纪校长杂志》、"北京电视台""昌平电视台"等多家新闻媒体免费进行大篇幅的宣传报道，赢得了社会广泛关注与赞扬。学校的"减负"经验、做法经常在各级研讨会上获得展示，为北京市减轻小学生课业负担，提高学生全面素质起到了积极的促进作用。

学校还积极培育和树立先进典型，广泛宣传先进典型人物的先进事迹。通过树立身边的典型，宣传身边优秀教师的先进事迹，用典型教育人、感染人、激励人。张玉霞老师是学校一名普通的班主任，20 年来都在从事普通教育中的特教工作，始终关注着听障孩子的成长，给予了 3 个特别孩子特别的关爱。18 年中，她送走的 3 个毕业班，班集体的荣誉远远超过她 20 年中所有的个人荣誉，鉴于她的默默无闻、坚持不懈、无私奉献，学校于 2010 年 9 月 26 日召开了"大爱无疆自芬芳——张玉霞老师的爱心故事现场会"。她对学生爱得真、爱得久、爱得实，教育需要这样平凡的老师。她用行动诠释着教师的责任和崇高价值。

五、师德建设成效显著

长期以来，学校党、政、工、团密切合作，广大教职员工认真遵守教师职业道德规范。多年来学校没有发生过任何违反师德的行为，学生满意、家长放心、社会声誉很高。

连续几年我校先后被昌平区委、区政府评为"首都精神文明建设先进集体"、昌平区师德建设先进集体、北京市"精神文明单位标兵"、昌平区"法制宣传教育先进集体"、昌平区"综合治理先进校"、北京市"礼仪示范校"，连续几年获得"昌平区小学综合质量考评先进学校"。朱镕年、柏继明被评为"昌平区改革30年先锋人物；陈金枝、宗惠莲、张玉霞先后被评为"我身边的好人"。

加强师德建设，提高教师的师德修养是一项长期的工作。我校党、政、工、团将会与时俱进，再创佳绩，构建和谐校园，增强教职工的凝聚力，为昌平教育的发展做出贡献。

2012年6月

加强师德教育　永葆教师先进性

教师是人类文化、科学知识的传播者，是人类开发理性、奔向光明的引路人。没有教师，人类难以摆脱愚昧无知的状态和浑浑噩噩的境地。教师的职业是神圣的，担负着培养、教育下一代人的艰巨繁重的任务。他们用知识的力量去激励学生求知的欲望，以爱心架起师生间友谊的桥梁。老师不仅得到过崇高的赞誉，也被赋予过更多的要求。在当今社会尤其如此。江泽民总书记在《关于教育问题的谈话》中指出：老师作为"人类灵魂的工程师"，不仅要教好书，还要育好人，各个方面都要为人师表。这体现了党和国家对教师的基本要求。知识经济时代要求今天的教师要比以往任何时候都要更加重视提高自身的思想政治素质和职业道德水平，更好地贯彻落实《中小学教师职业道德规范》。作为一名党员教师则更应该加强师德教育。

教师职业道德建设很重要，为古今中外的共识。历代教育家曾经有过精辟的论述。比如，中国古代教育家孔子提出"其身正，不令而行。其身不正，虽令不从"；"学而不厌，诲人不倦"；"躬自厚而薄责于人"。唐代韩愈还专门著有《师说》一文，指出教师三大任务是"传道、授业、解惑"。十七世纪捷克著名教育理论家夸美纽斯强调教师应是道德卓异的优秀人物，要热爱学生，反对学校中使人变得呆笨的棍棒纪律。叶圣陶先生曾说过："教育工作者的全部工作，就是为人师表。"这些论述体现了对教师职业道德作用的重视。

"学高为师，身正为范"。学生时代正是世界观、品质、性格形成的阶段。在他们的心目中，教师是智慧的代表，是高尚人格的化身。同时，这个时期的学生又具有"向师性"强、可塑性大的特点。教师的一言一行、一举一动都通过他们的眼睛在心灵的底片上留下影像，对他们的精神世界起着无声无息的作用。这就好比春雨，"随风潜入夜，润物细无声"。因此，教师一定要用自己的模范行动，为学生树立前进的旗帜，指明前进的方向，点燃他们心中的火种。

面向21世纪，中国正在进行着一场全面深刻的社会改革。时代要求素质教育的目标是培养一代有创新能力，能自主学习，全面发展，具有健全人格和良好社会适应能力的一代新人。而要做到这一点，跨世纪教师的素质，特别是教师职业道德素质水平是至关重要的。因此，为了全面推进素质教育，加强教师队伍建设，以胜任21世纪教育发展的要求，就必须进一步加强师德建设，尤其是党员教师。

党员是群众的一面旗帜。党员教师要对《规范》反复深入地学习，使自己认识自身所肩负的历史重任的高度，认识什么是教师职业道德，明确《规范》是党和国家对教师应该具有的职业道德的基本要求；要提高教师遵守《规范》的自觉性，使教师联系工作、生活的实际，深入了解《规范》所包含的具体内容，把《规范》作为指导自己行为的准则，进一步强化师德教育。

长期以来，广大教师在平凡的工作岗位上辛勤耕耘。他们为了祖国的未来点燃自己，照亮别人，涌现了一大批爱岗敬业、为人师表、师德高尚的优秀教师。但是，我们也应该看到师德"滑坡"现象存在于少数教师中。虽属少数，但对于大面积教师队伍建设确是一大障碍。师德的形成就其消极因素来看，有市场经济发展中负面影响；有教师物质待遇尚低于其他行业，提职提薪重智轻德，认为师德不属业务素质等影响；有对教育改革与发展无动于衷，得过且过心理的影响；有对社会上的消极现象缺乏抵制能力，忽视自身师德修养的相互影响，等等。面对这么多而杂的消极因素，必须引导、组织教师以邓小平理论为武器，作出正确的分析、判断，提高思想理论水平，帮助他们解开心结，促进他们良好师德的形成。

师德榜样具有无穷的力量。教师要将自己的师德水准不断提高，就要以优秀典型为榜样，勤于学习，虚心学习，善于学习。首先，我们要注意从教育家那里汲取思想营养，比如陶行知以"捧着一颗心来，不带半根草去"的精神为中国的教育事业做出了重要贡献。其次，要主动了解他们的事迹，学习他们的优秀品质，升华自己的师德境界。在我国社会主义教育事业中成长起来了一大批优秀教师，他们的教育实践和先进事迹，生动地体现了新时代教师道德的崭新特点。第三，要通过联系自己的实际，找出差距，学习他们的先进思想和他们的感人事迹，提高师德认识，激发师德情感。

新时期要求我们每一个教师要真正懂得师德要求的重要性，要发自内心地对人民教师道德义务的真诚信服，要具有强烈的责任感，才会在教育实践中恪守人民教师的道德要求；要充分发挥主观能动性，更好地教书育人。党员教师应该从我做起，保持共产党员的青春本色，永葆先进性，在教育的天河里留下自己辉煌的足迹。

2009 年 10 月

以活动为载体 促进学校和谐发展

谈起学校管理应该包括很多方面，比如说教学管理、德育管理、学生管理、教师管理、行政管理等。如果要以一句综合的话来说城关小学的管理，我认为应该是"人性化管理"。在"人性化管理"理念下，我们城关的定位是：让身在这里的人珍惜的地方、让走出去的人留恋的地方、让知道它的人向往的地方、让身在这里的人珍惜的地方、让各级领导放心的地方。

城关小学的"人性化管理"体现在很多方面，今天我只从教师活动方面谈一谈我们是如何做的。

城关小学多年以来坚持以"营造和谐，创造快乐"为自己的办学理念，以"让每一颗心都快乐"为宗旨。如何让每一颗心都快乐呢？我们对学生实行了"减负"策略，学生们快乐起来；而我们的教师要保证"减负不减质"，就要比平常付出更多的辛苦。在这样一个减负增质的背景下，如何让我们的老师辛苦而快乐地工作是我们一直研究的问题。最后，我们的定位是：辛苦的是工作，快乐的是心情。

要达到这样一个目标，学校决定必须以工会为依托，以活动为载体，围绕学校的中心工作开展各项活动促进教师身心健康，从而促进学校的和谐发展，为整体推进学校工作保驾护航。

俗话说"人的生命在于运动，学校的生命在于活动"。我校领导一致认为：活动是学校工作充满活力的具体体现。没有活动的教育只能停留在口头或者表面上。要让教育鲜活起来，让学校充满生机，让教师充满活力，就必须有活动。

我们的目标是：以活动聚拢人气，以活动凝聚人心，以活动营造和谐，以活动促进发展。

一、重大节日开展庆祝活动。

每逢重大节日，学校都要组织庆祝活动，已经形成惯例，一是丰富职工生活，借节日的喜庆放松心情；二是展现教师风采，借节日的热烈抒发情感。

1. 元旦庆祝活动。

2007年元旦在瑶台山庄举行"胸怀城小，放眼教育"文艺演出，充分展示学校近几年的教育成果，展示城小教师健康向上的精神风貌。演出分为"教学篇、教育篇、风采篇、憧憬篇"。全校教师备受鼓舞，在享受欢乐的同时受到教育和震撼。

2008年感受"红色经典"，让老师们重温感受红色时代的记忆，聆听红色时代的声音，接受红色时代的洗礼，释放红色时代的激情。活动分为"集体会餐、观看演出、登台献艺"几个步骤。教师们群情激昂，随着演出翩翩起舞。老师们都感到热血沸腾、心灵涤荡，勾起许多的回忆，产生心灵的共鸣。这是一次会餐、一次演出，更是一次愉悦和鼓舞。

2009 年又举行"纪念改革开放 30 周年红歌演唱会"。全校 92 名教师纷纷上台表演，用歌声表达对祖国的热爱，用歌声表达内心的喜悦，用真情抒发对今天幸福生活的满足。

2．"三八"庆祝活动。

每年"三八"精选主题，为我校 80% 的女教师庆祝节日。2005 年主题是"三八的天空别样红"，2006 年是"畅想三八——尽显巾帼亮丽风采"，2007 年是"三八畅谈快乐人生"，2008 年是"三八'鼠'你最风流"。老师们通过唱歌、小品、朗诵、歌曲、舞蹈、时装表演等形式庆祝节日，表现自己为人师、为人母、为人妻的多重角色。每次"三八"活动都要给本命年的女教师颁发纪念品。每次活动精彩热烈，充分展示了女教师们的风采，洋溢着老师们的青春和朝气，体现着大家庭的团结和睦。

3．教师节庆祝活动。

连续多年我们在教师节到来之际都要搞庆祝活动。近两年我们在龙母山庄进行，由于开学时间紧，不宜搞大型的活动，因此我们以聚餐、发放节日慰问金、小型演出、体育竞赛等形式进行庆祝。在庆祝会的仪式上，我们为新调入的教师举行拜师仪式，聘请支教单位的相关领导参与庆祝。今年，借 2008 北京奥运会的契机，我们举行了"借奥运盛事，走奥运之路，扬奥运精神，展城关风采"为主题的长走活动。活动紧张激烈，大家带着欢声笑语，带着无尽的欢乐享受属于自己的节日。

4．"六一"庆祝活动。

每年的"六一"儿童节学校师生同台演出，邀请相关的领导和学生家长。师生同乐，增进师生感情。2005 年主题是"童心畅想，美丽节日"，2006 年主题是"欢乐城小，放飞童年"，2007 年主题是"期盼奥运，幸福城小"。

每次演出教职工们神采奕奕，积极参与。演出使老师们缓解了心理压力，消除了身体上的疲劳，增强了工作干劲。活动使老师们心态年轻了、心情舒畅了、情绪乐观了。

二、以俱乐部为龙头开展体育活动。

我校有个体育俱乐部，活动丰富多彩，知名度很高，影响越来越广。学校依托俱乐部开展了丰富多彩的体育活动，不仅在校内开展活动，而且广泛联系其他学校，促进与兄弟学校的交流。

俱乐部有组织机构，有会员章程，定期组织开展足球、篮球、乒乓球等各项体育活动。

俱乐部成立以来，以俱乐部成员为主力组织学校内部的跳绳比赛、颈椎操、健身操、长跑、拔河、登山等体育活动。

学校教师足球队连续几年在教师足球比赛中获得优异成绩。

俱乐部还先后到南绍中心、史各庄中心、流村中心、长陵中心、南口中心、昌平三中、昌平四中、区医院进行联谊交流，最远到过山西五台山与当地部队驻军进行比赛。体育交流同时带动了学校间的教学交流，长陵中心、史各庄中心、百善学校先后派老师到我校进行讲课和拜师，有力地推动了学校间各项工作的全面进行。学校体育俱乐部还先后被《昌平周刊》、昌平广播电台进行报道。

俱乐部已经成为一股力量，在学校中发挥着重要作用。大家互相帮忙，成员之间亲如兄弟姐妹，彼此是工作中的同事、生活中的朋友。俱乐部为学校的整体和谐发挥着重要作用。

三、围绕重心开展主题教育活动。

结合区教育工委、教委的要求，结合学校实际认真开展主题教育活动，如：教育系统政风、行风评议活动，深入学习党的"十七大"报告、贯彻落实科学发展观的主题实践活动，师德教育宣传月的教育活动以及廉洁文化进校园的活动等。通过学习、讲座、报告、知识问答、民主生活会、参观、演讲等多种形式让老师们明确责任，认清方向，进一步增强责任意识，树立为教育事业努力工作的信心和决心。

四、丰富假期生活开展旅游活动。

利用教师独特优势条件——假期，开展旅游活动，目的是：丰富教师假期生活，享受今天幸福生活，开阔教师眼界视野，感受祖国灿烂文化，领略祖国大好河山。在旅游中学习知识，在旅游中增进感情。

我们先后去过海南、天津、内蒙古等地。感受祖国不同地区的地域文化和自然景观。

五、挖掘文化内涵开展特色活动。

2006年9月，我校举行了老北京民俗文化展览，受民族文化进校园的启示，我们决定把中国的民俗饮食文化引进校园。

目的是：吃百人饭，品百家菜，集百家长，聚百人气儿。通过饮食文化的引进让老师们在吃喝中相互加深了解，在餐桌上增进感情，在饮食中学习文化，在和谐中促进发展。

学校先后举行了饺子宴、肉饼宴、涮羊肉、压饸饹、春饼宴、腊八粥、炸油饼等不同风格的饮食活动。

通过活动大家人人动手，各显其能，显示厨艺，展示自我。活动每学期至少举行一次，至今已经开展两年多。

六、感受幸福生活开展体验活动。

充分利用我区的独特优势——温泉资源，"与水共舞"系列活动让老师们在紧张的工作之余放松身心，享受幸福，洗去烦恼，清除顾虑，享受自然，愉悦身心。我们先后去凤山、龙脉、天龙源、温度水城等，体验和感受幸福生活。

七、情暖人心做好送温暖活动。

每年我校在"两节"期间认真做好送温暖活动。每次活动学校领导分成三个小组向退休的老教职工进行登门慰问：带去慰问金和过节的礼物、了解老教师的生活和身体状况、帮助解决一些生活困难等。除了关心退休教师以外，在职的每一位职工有了困难，学校工会还会及时地送去温暖和祝福：教师生病住院学校及时去看望；女教师生小孩儿，女工委们送去鲜花和祝福；教职员工的家属和父母生病住院学校都要去看望。2007年一年因生病住院共看望在职教师及家属8人、退休教师3人。2008年共看望教师及家属12人。

亲切温馨的关怀、真挚诚恳的帮助，给教师们以无形的精神力量，老师们展现出良好的精神面貌和积极进取的姿态，大家都表示要为构筑城关小学这个美好的大家园而不懈努力！

老师们说：工作在城小是快乐的，生活在城小是幸福的。

正是由于我们充分利用各种时机开展了丰富多彩的活动，目前学校人气很旺，教师干劲很足，人际关系良好，校园温馨和谐。老师们在和谐的氛围中工作生活，学校在和谐的环境下发展壮大。我们早已感受到：丰富多彩的活动已经达到了促进学校发展的目的，学校早已不用为如何管理教师而发愁了。

"人性化的管理"让老师们的行为成为自觉！

2009 年 2 月

传话风波

一、案情

学校三年级语文组、数学组在一个房间办公。语文组在里间，数学组在外间。

有一天，数学组长怒气冲冲地找到语文组长："是谁在校长面前打小报告说我们数学组老师不干活、不扫地、不打水？下次我在扫地的时候先拿着笤帚在操场上绕一圈，让大家都看看！"语文组长满脸诧异，平时关系非常好的老大姐今天怎么莫名其妙地朝她发火呢？语文组长满腹委屈哭着找到校长。数学组长也找到校长倾诉衷肠说自己很冤枉，平时打水、扫地、收拾房间、收发材料等活都没少干，弄得两位组长心里很别扭，两个人一晚都没有睡好觉。

校长听了两位组长的诉说以后，了解了事情的前因后果，最终断定这是一场由于个别老师传话造成的误会。在校长的劝说下两位老师和好如初。

为了教育广大老师，避免因传话影响团结的事情再次发生，校长举办了一次"拥有健康心理，自己调节自己"的讲座。全校教师深受启发，此类事情没有再发生。

二、启示

校长要成为学校内部矛盾的"灭火器"。

在学校日常工作中，教师之间难免会出现一些不和谐的因素，有的甚至是"冲突"。如何扮演好"灭火器"的角色，处理好学校的内部矛盾，是校长要关注的问题。

1. 心平气和学会倾听，不盲目下结论

面对老师的怒气或委屈，首先要进行倾听，了解矛盾产生的前因后果，全面了解情况以后再发表见解，避免因了解片面造成处理事情的不公，使老师产生不满。

2. 遇到问题主动上前，不甩"包袱"

学校教师出现了问题，校长要主动上前了解情况，弄清问题的实质，主动承担责任，积极想出对策，不要把问题推给部下，故意以"甩包袱""踢皮球"来糊弄老师。

3. 解决问题两全其美，不妨"和稀泥"

在现实工作中，"和稀泥"的做法有时是解决问题的有效方法，也是一种管理策略。大事化小，小事化了。学校的内部矛盾并不是什么敌我之间的根本冲突，没必要深究死缠。通过解决问题让老师们之间进一步加深了解，互相体谅，强化感情沟通，让矛盾成为学校发展的催化剂。

4. 通过问题引发思考，以点带面教育全体

出现问题及时总结，深入思考出现问题的原因，找到解决的问题的对策，抓住事件及时进行总结教育，让广大教师引以为戒，避免问题再次发生。让学校中矛盾的火焰在校长的"灭火器"下熄灭。

2009 年 2 月

创新理念 大胆实践 推动学校科学发展

一、案例背景

昌平区城关小学作为全区第二批学习实践活动试点单位，从 2009 年 3 月份启动仪式，到 9 月份全面总结，前后历时六个月。学校于 2009 年 7 月 8 日举办了以"让每颗心都快乐"为主题的学习实践活动成果汇报会。汇报会通过纪录片、快板、小品、情景剧、退休教师谈体会等形式，生动真实地反映了城关小学开展学习实践活动的情况，展示了学校学习实践活动的特色工作和取得的成效，得到了区委领导和教委系统各级领导的一致好评。

学校党支部以"深入学习实践科学发展观活动"为契机，在新形势下全面加强党建工作，创新实践科学发展观。在此期间学校党支部精心组织，周密安排，以"减负"研究和推进教学改革为抓手，以搭建家校沟通平台为切入点，通过教育教学一系列创新举措，深入落实学习实践科学发展观。学校党支部把学习实践活动的过程作为党建研究的过程，并以此为统领推进学校党建工作不断创新。

二、案例描述

1. 厘清脉络，科学确定活动主题

在学习实践科学发展观活动中，城关小学党支部全面总结学校近 30 年的发展历程。认真分析当前面对的新形势、新任务和人民群众的新要求，找准学习实践活动的实践载体。在认真听取各方面意见的基础上，确定了"创建城关教育品牌，办好人民满意的教育"的活动主题。并以此为主线，引领学习实践活动的扎实开展。

2. 充实头脑，强化思想理论武装

学校采取听党课、集中培训、党小组会、外出参观以及个人自学等多种形式组织全体党员进行学习，并建立了交流、自查、反思、奖惩等学习制度，强化学习培训效果。共举行集中培训 6 次，党员、干部、教师共撰写学习笔记300余万字，心得体会36篇。在《教苑在线》《红领巾之歌》两个校刊交流学习心得；设置专题橱窗，每月编发《学习实践科学发展观》专刊；不定期悬挂宣传横幅，营造良好的活动氛围。

3．找准症结，明确科学发展思路

学校党支部结合校情实际，开展了"我为昌平教育科学发展建言献策""我为创建城关教育品牌建言献策"和"科学发展在我身边"等调研活动。党员教师撰写调研报告40余篇，组织党员参加区委组织的"解放思想、科学发展、建设'商务花园城市'"大讨论活动。通过召开座谈会、走访学生家长、问卷调查等方式，从不同层面、不同渠道征求了社会各界的意见建议。针对征求到的"学校班子建设、教师队伍建设、服务意识、改革创新"等六个方面问题的100余条意见、建议，建立了边学边改、边查边改台账，明确整改责任和具体措施。学校班子召开了专题民主生活会，认真开展了批评与自我批评；深入查找了制约和影响学校科学发展的突出问题；提出了"坚持'营造和谐、创造快乐'的教育理念，减轻学生过重课业负担，办人民满意教育"的发展新思路。按照要求，学校领导班子认真撰写了由六大问题、四项对策、两个目标构成的分析检查报告并进行了广泛评议。

4．倡导体验教育，促进学生快乐成长

学校坚持"以学生为本"，积极倡导"在实践中体验，在体验中感悟，在感悟中发展"。实施了重大节日教育工程、树立阳光形象工程、荣耀城小评价工程。组织学生走进社区，开展了"我是家庭一分子"等教育活动，使学生收获了学习的快乐、成长的硕果。针对一年级学生自理能力较差的特点，通过开展举办一次穿衣比赛、一次整理书包比赛、一次系鞋带比赛、一次跳绳比赛、一次读书比赛、一次写字比赛的"六个一"活动，培养了一年级学生的自理能力和自主学习能力。

5．开展"减负"研究，减轻学生课业负担

学校以"减负"为突破口，把减轻学生过重的课业负担，办好人民满意的教育作为最突出的实践特色。把"减负"研究作为为群众办实事的实践载体贯穿整个学习实践活动的始终。精心制定"减负"的整体思路：领导给教师减负，教师给学生减负，学校给家长减负。通过发放"减负"小书包、设计"减负"记作业本、家长走进"减负"课堂、举办"减轻家长负担，促进孩子成长"专题家教讲座等一系列"减负"特色活动，形成了教师、学生、家长互动参与的良好局面。"减负"策略在学习实践活动中得到了进一步深化，形成了以"减负"科研创教育品牌的创新之路。

6. 打造名师工程，深化课堂教学改革

学校在学习实践活动中，注重课堂教学改革，让教师以精彩的课堂效果诠释科学发展。全力打造"名师工程"，坚持在中青年教师中实施"一引""二帮""三促""四奖"的培养措施。充分利用师资队伍资源，不断创新改革思路，采取拜专家为师、校内师徒结对、校外交流展示等举措，鼓励教师积极实践，扩大交流，互通有无，不断提升教育理念，为课堂教学改革打下坚实的基础。

三、案例分析

1. 坚持教育活动的高起点，领导重视是关键

俗话说"态度决定工作的质量"，对于学习实践科学发展观活动，学校领导自始至终都端正态度，保持着高度的重视，把学习实践科学发展观活动作为当前学校工作的头等大事，建立了专门的领导小组和工作机构，将学习实践科学发展观活动提上学校重要日程。学校专门购买了学习资料、下发了学习笔记本、召开了专题讲座、举行了隆重的动员大会、营造了浓郁的学习氛围等，诸多做法使教育活动与教育教学工作相结合，以科学发展观促进教育教学工作，又通过在教育教学工作发现问题、解决问题，以此推进学校科学发展观活动深入发展。

2. 围绕学校发展目标，明确学习实践科学发展观活动的具体要求

在学习实践科学发展观活动中，学校确定了"学习实践科学发展观，创建城关教育品牌"的学校发展目标。大家围绕"如何在科学发展观的指导下创建城关品牌"展开了大讨论。通过讲座、教师调研、群众建言献策，征求学生、家长意见等寻求学校工作中的不足及改进办法。同时引导广大党员教师从思想上、学习上、业务上深入剖析自己的不足并寻求解决办法，促进自身的提高，使党员、干部在各方面都有争先、创优、示范、引领的意识，真正树立起了每一名党员就是一面旗帜的威信。

3. 坚持教育活动的实效性，突出以学生为本的教育目的

科学发展观的根本出发点是以人为本，落实到学校就是以学生为本。学

校里有关学生事情的处理始终没有尽头，始终有需要提高和改进的地方，关键看我们的认识是不是从学生的角度出发。我校结合科学发展观所进行的"减负小书包"和"记作业本"，正是以学生为本的具体体现，从而突出了学习实践科学发展观注重实效的特点。

4. 坚持教育活动与其他活动并行，实行"三个结合"，避免活动"单打一"

我校把学习实践科学发展观活动与学校教学工作相结合（减负研究）、与学校师德教育相结合（为人师表，服务学生）、与党风廉政建设教育相结合（用好公权、当好公仆）。保证教育活动的广泛、深入，从而避免活动的"单打一"，避免多项活动造成活动对学校教育教学工作的冲击。

5. 坚持科学发展观活动重在联系实际

在学习实践科学发展观活动中，我们结合实际深刻剖析、找到目前存在问题的原因，理清发展的思路，实施创新发展的举措。学校的发展取决于学生的发展，学生的发展取决于教师的发展。所以，通过学习实践科学发展观，我们要求所有的教师进行调研，结合自己的工作寻求工作中的不足，满足学生的需要，改正不足，改进方法，从而收到了很好的效果。教师的发展、学生的发展是一切学校发展的根本。

总之，通过开展学习实践科学发展观活动，使学校支部全体党员充分认识到用科学发展观指导各项工作发展的重要性，增强了全体党员进一步树立和落实科学发展观的主动性和自觉性，为今后创建学校教育品牌奠定了基础。

2010 年 12 月

昌平区城关小学（2008年—2012年）发展规划

昌平区城关小学在"九五、十五"规划期间，经历了十年发展的辉煌时期，如今正面临生存与发展的挑战。"十一五"规划期间，我校将与时俱进，全面推动素质教育，加快教育改革的步伐，抓住机遇，明确目标，形成合力，超越自我，再创佳绩，为昌平教育率先实现现代化做出贡献。为了更好地适应现代社会对教育、对学校的需求，为了我校更好地生存和发展，明确学校前进的目标和方向，经过分析论证特制定本规划。

一、学校现状分析

（一）学校内部分析

我校位于昌平区城区镇西环里小区内，占地约 10000 平方米，现有 33 个教学班，教职工 99 人，学生 1342 人。专任教师中：北京市特级教师 1 人，市级学科带头人 1 名，市级骨干教师 4 名，区级学科带头人 6 名，区级骨干教师 23 名；大专学历 52 名，本科 37 名，研究生 1 名，占专任教师的 98%；职称结构比例日趋合理：中高 5 名，小高 56 名，一级教师 34 名。

多年来，学校坚持"功在课前，利在课上"和"课内打基础，课外求发展"的自主发展目标不动摇；坚持结合"名师工程"在青年教师中实施"一引""二帮""三促""四奖"的培养措施；不断改革课堂教学结构，努力更新教与学的内容和呈现方式，强化信息技术与学科教学整合的教学研究和校本教研的力度；坚持将发展性评价与课程三维目标（知识与技能、过程与方法、情感态度与价值观）、学校办学特色整合；确立了学校可持续发展的基本战略："以学生发展为本，引领教师向专业化发展"。

经过几年的努力与探索，学校各方面取得了显著成效，教师和学生的综合素质得到了提升，教育教学改革不断深化，为学校今后的发展打下了坚实的基础。近年来，学校先后两次被市、区教委命名为"全面育人办有特色先进校""北京市健康促进学校""昌平区质量监控十佳学校""北京市德育工作先进单位"等；承担市、区级学科教学公开课、观摩课、研究课和教改专题现场会多次；干群同心，师生人心思上，教育、教学、科研等各项工作捷报频传，社会声誉稳步提高。

目前，学校领导班子力量强大。学校中层以上领导 8 人，校内任命干部 1 人，老中青相结合。领导团结协作，干群关系和谐，学校人气旺盛，学校师资队伍成熟。教师学历全部达标，中级以上职称人数 61 人，区级骨干以上教师人数 35 人，占专任教师人数的 40%。教师爱岗敬业，业务水平较高，工作态度认真，工作能力较强，教改意识强，教师干劲十足；校园风气良好。校园和谐，人际关系朴实，教职工齐心合力，学校成绩显著，社会声誉较高。

（二）学校外部分析

西环里小区是昌平镇最早的一个居民居住区，家庭人员年龄构成基本老化，这些家庭中的在校生属第三代的居多，接辈人教育孙子女的方法路人皆知，这就对学校正常的教育提出了更高的要求。小区内居住人员虽然复杂，家长文化水平参差不起，但对教育的需求和质量要求较高。近几年辖区内新建"高苑""珺璟花园""西环北里""天成苑"等居民小区，人口增长，生源充裕。加上慕名而来的外地农民工子女不断增多，使目前我校的硬件建设急需加强，专用教室的短缺，严重制约着我校的发展，直接影响着教育教学质量和办学水平的稳步提高。学校周边环境较差，商铺店面、摆摊卖菜、私人黑车等遍布学校周围，人员复杂，卫生很差；学校对门是昌平区教工幼儿园，每天上、下学时人员拥挤、车辆堵塞，学生上学安全受到严重影响。

学校附近有城北中心六街小学、三街小学。我校辖区内学生每年都有部分新生择校到两所学校。据以往经验，凡择校学生家长素质相对较高，生源质量相对较好，一部分好生源的流失这对我校形成一定影响，这对我校而言是一种压力，同时也是一种动力。

我校现有教学班 33 个，其中楼房教室 18 个，平房教室 15 个，多用途教室 2 个，急缺计算机、音乐、劳动、语音、美术、科技等专用教室 12 个。

几年来，由于我校特别是教委的有效投入，目前，我校硬件设施建设特别是现代教育手段的应用方面基本能满足教学的需求，但接踵而来的诸如电网改造、办公用房、无纸化办公条件等又摆上议事日程，需要大量投入。

目前我校已经被列入 2008 年教委系统重点改建工程，一座现代化的校园指日可待，按照北京市最新颁布的办学标准。就硬件而言，我校在专用教室建设、教学设备设施、音体美器材和图书资料等主要项目上达到新颁标准，硬件设施一定能够得到满足。按照昌平区教委的规划，我校硬件建设将在 2009 年新校建成后全部完成，制约学校发展的矛盾一定能够得到解决。

（三）面临的困难和问题

（1）教师队伍老龄化。46 岁以上教师 31 人。年轻教师少，30 岁以下教师 8 人。需要补充新鲜血液。

（2）学科教师差异较大。语文、数学、英语教师实力较强，三个学科中区级以上骨干教师 27 人；其他学科教师的现状与课改的要求还有一定差距。在推进课改的进程中，仍存在教师发展的不平衡性和滞后性问题。打造一支学习型、科研型、智慧型的整体教师团队，还需要一个艰辛而漫长的过程。

（3）生源情况复杂。学校的地理位置决定了复杂的生源，1300 多名学生中，借读学生占学生总人数的 30％左右，一定程度上对提高教育教学质量带来了难度。

（4）学校课程的开发和实施还需强化。学校课程方案还不够完善。在校本课程开发方面，缺少理论支撑和实践操作经验，同时受到校舍和场地的限制，缺少专业指导教师，制约了课程的开发与实行。

二、学校发展的思路

坚持党的教育方针，大力推进素质教育，深化学校教育教学改革，减轻学生过重负担，全面提升学校办学水平。以"营造和谐，创造快乐"为理念；以建设昌平区"特色鲜明、质量一流、和谐发展"的现代化小学为目标；以"减负"研究为抓手，深化教学改革与研究；以加强师资队伍建设，提高教师专业化水平，培养昌平名师，促进师生的可持续发展为实施策略，让城关小学成为学生成长的乐园、教师成长的沃土、区域领先的学校。

三、学校发展总目标

以实施素质教育为中心，以教育科研为引领，走"以学生发展为本，引领教师专业化发展"之路，把城关小学办成教学设备先进、办学特色鲜明、教学质量一流，具有一定影响力的、人民满意、同行认可的规范加特色的和谐学校。

（一）打造整体和谐、特色鲜明、办学优质、有知名度的品牌学校。
（二）培养身心健康、基础扎实、乐学勤思、有特长的学生群体。
（三）塑造师德高尚、合作进取、善学会教、有智慧的教师群体。
（四）打造勤政廉洁、高效务实、善管能做、有实绩的管理群体。

四、学校五年发展整体框架

第一阶段（2008 年 2 月—2009 年 1 月）打好基础，和谐发展。"和谐"指人际交往和谐、教师发展和谐、学生发展和谐、校园文化、管理文化和谐。

第二阶段（2009 年 2 月—2011 年 1 月）凸现特色，加速发展。"特色"指教有特点、学有特长、挖掘潜能、彰显个性。打造特色项目、品牌学科、特色教师、特长学生。

第三阶段（2011 年 2 月—2012 年 1 月）品牌优质，创新发展。"优质"指管理优化、师资优良、办学优质。

五、具体目标、措施和达成标识

（一）学校管理工作

1. 具体目标

（1）以"营造和谐，创造快乐"为管理理念。创建和谐、文明、活泼的校园文化，让学生在快乐的环境中求知，让老师在和谐的氛围中育人。加强校园环境建设，充实师生精神文化，完善制度文化，规范行为文化，建设学术文化。

（2）完善学校管理机制，发挥党支部政治核心和保证监督作用；继续完善校长负责制；明确分工，各司其职，形成相互协调的管理格局，实现行政管理规范化、决策程序民主化、工作进程有序化的局面。

2. 保障措施

（1）学校将根据时代的特点及教育发展的需要，科学规划校园环境，合理布局。在校园建设规范化、标准化的基础上，形成自己独特的文化风格，使整个校园整洁、美观、有序。

（2）根据队伍建设和教育教学需要开展形式多样的主题活动，丰富师生精神生活，凝聚教师队伍，创建和谐发展的人际交往环境。

（3）加强班子队伍建设。坚持行政会议学习制度，学习教育教学理论，提高领导成员的工作能力和决策水平。

（4）完善评价体系。包括学校评价、干部评价、教师评价、学生评价等。

（5）坚持和完善教代会制度。积极探索民主管理的有效途径。

（6）探索现代学校管理制度，形成人文、科学的管理方式，强化学校目标管理和层级管理，提高管理实效。

3. 达成标识

修订和完善《昌平区城关小学管理规程》，并经教代会讨论、审议通过后实施。

（二）干部队伍建设

1. 具体目标

打造干部队伍，提高干部的管理水平。使学校干部成为管理的高手、业务的能手、校长的帮手。培养和使用年轻干部，让干部队伍年轻有活力，管理有能力。

2. 保障措施

（1）加强学校干部队伍建设，提高中层以上干部的理论素养、统筹协调能力和工作效率，健全中层干部遴选制度和考评制度。

（2）完成干部培训任务，培训率达100%，干部大学本科率达100%。

（3）建立竞聘上岗的竞争机制，消除干部终身制。

（4）建立干部考核、奖惩机制，明确岗位责任，注重工作实效。

3. 达成标识

（1）干部队伍100%达到大学本科学历，群众满意度达到90%以上。

（2）干部在德、能、勤、绩、廉（包括道德修养、工作能力、工作水平、工作实绩）等方面考核均属优良。

（三）师资队伍建设

1. 具体目标

在"营造和谐，创造快乐"的办学理念下，让教师在快乐的环境下工作、学习，在和谐的氛围中提高、成长，培养骨干，打造名师。建设一支思想过硬、业务精湛、乐于奉献、善于合作、敢于创新、可持续发展的教师队伍。

2. 保障措施

（1）加强校本培训。学校以"减负"为主线，搭建人人成长的平台。通过"减负"研究开发培训资源，组织培训活动，最大限度地满足不同层次、不同类型教师的实际需要，促进教师专业化发展，提高教育教学质量。

（2）专家引领。走出去，请进来。学校以"专家"为依托，搭建"冒尖"教师成长的平台。与名校建立协作关系，选派骨干教师走出校门，学习取经。聘请本地、外地专家来校讲学，努力在校内形成以素质教育为核心的现代化教育思想体系。

（3）同伴互助。开展名师讲坛、拜师学艺、青年教师教学比武等活动，提高青年教师教学水平。学校以"名师"为资源，搭建骨干教师成长的平台。

（4）自主学习。完善学习计划，定期考核。结合落实"十一五"教师培训，完善培训考核制度，建立教师个人发展档案。

（5）通过多种培训形式，如集中培训、教研培训、基本功培训等，提高教师业务素质。

3．达成标识

（1）培养昌平名师2人，市级学科、骨干教师10人，区级学科、骨干30人。70%以上的专任教师成为校级骨干。

（2）校级以上骨干教师能够做不同程度的区级研究课；每位教师有研究成果，在有不同级别评比中获奖。

（3）2012年，学校专任教师结构比例达到市规定的标准，专任教师全部达到大专以上学历。

（4）学科教师水平均衡，加强薄弱学科的师资力量，促进各学科的均衡发展。力争各科教学处全区领先水平，学科教学a级课率2010年达到65%，并逐年递增，2012年消除c级课。

（四）德育工作

1．目标

（1）德育目标素质化：以培养合格建设者和接班人为总目标，遵循教育规律，着力养学生良好的道德品质和健康心理素质，依托课堂德育、数字德育，加强班主任、小干部队伍建设，创城关小学阳光教育行动，全面推进校园文化建设，努力提高"三结合"教育绩效，为学生健康发展创造有利条件、打下坚实基础。

（2）德育内容基础化：全面实施《城关小学教师日常行为规范》，加强校园文化基础建设，构建和谐团队，创建"两型"班主任队伍，不断增强"四心、八能、一特长"的班主任培训效果，全力打造城关小学"三大教育工程"，即：树立阳光形象工程、重大节日教育工程、荣耀城小评价工程。教育学生学会合作、学会学习、学会生活、学会创造、学会做人。

（3）德育方法科学化：科研引领，以爱国主义教育为主线，以养成教育为重点，以实践活动为载体，以内心体验为途径，以课堂渗透为主渠道，注重心理健康教育，在"体验教育活动中，促进学生个性发展"课题研究中取得成效。建设一支专兼结合、功能互补、信念坚定、业务精湛的德育队伍，打造专业化发展的班主任队伍。

2. 措施

（1）实行全员、全过程、全方位德育，成立德育中心组，制定部门德育职责，将学校德育工作贯穿于学校各方面工作之中，主题教育活动坚持开展、传统体验活动坚持不变、重点实践活动坚持创新，增加生活化的德育素材，通过实践参与、体验教育，增强学校、社会、家庭三结合教育绩效。

（2）以班主任校本培训为抓手，创建班级特色文化品牌，促班主任专业化发展。培养出一批在班主任工作中具有领先精神和才干的名班主任。

（3）做好以文明守纪为中心的行为规范养成教育，分年级，有重点。运行课堂常规、活动常规评价考核体系，狠抓校风、班风、学风建设，创设和谐校园环境，提高校园文化品位。

（4）开展丰富多彩的体验活动，丰富学生的校园生活，锻炼学生的能力，"在实践中体验，在体验中感悟，在感悟中自我发展"。

（5）加强德育校本研究，促进德育工作整体化发展。

3. 达成标识

（1）形成良好的校风、学风、班风，学生行为习惯良好。

（2）寓德育于各学科教学中。

（3）培养10名骨干班主任，在全区有一定影响的名班主任、师德标兵。

（4）培养全面发展，学有特长的、有素养的小学生，加大奖励机制。

（5）形成班级特色文化建设。

（6）争创北京市德育工作先进学校。

（五）教学工作

1. 目标

以"减负"研究为切入点，探索"减负不减质"的有效做法；以提高教师的专业素质、提高课堂教学能力为着眼点，全面提升各科教学质量。

2．措施

（1）规范学校教学管理流程，完善教学管理制度。

①抓制度完善：对教师的上课、备课、听课、作业批改的检查评价制度进行修改、完善，对学科质量监控考核制度进行调整和完善。

②抓过程管理：全程关注组内教学动态，教学常规不定期的进行检查；实行年级组教学视导，及时了解反馈各年级组教学情况。

③抓质量监控：形成教学质量分层负责、分层管理、目标达成的管理机制。

④抓学习习惯：改革课堂教学评价体系，引导教师关注学生良好学习习惯和学力的培养。

（2）拟订教师发展性评价机制，激励教师成长。

①组织开展校级学科教师教学评优活动。

②重视骨干教师建设，开设骨干教师论坛和每周课堂教学开放日活动，充分发挥骨干教师引领作用。

③结合"减负"课题，人人制定研究专题，针对本学科特点、内容制定研究计划，定期汇报研究成果，加强反思、改进，促进教学研究，提高教学质量。

（3）加强教研组建设，引领学科教学质量的提升。

①加强对教研组长的培训力度，激发组长工作的主动性和创造性。

②加强教研组的课题研究意识，每个教研组有课题作为提高课堂教学质量的主要抓手。

③加强教研组对学科质量分析的研究，制定改进措施。

（4）加强信息技术与学科整合。继续开展课题《信息技术与语文学科整合的实践与研究》；逐步完善学校教学资源库；指导各个学科教师有效运用现代教学手段，提高课堂教学效率。

（5）培养有较强事业心、责任心、进取心的教学管理人员。提高教学管理人员的素质能力，使其成为全校教师的教学引领。形成"理论学习好、团结协作好、工作实绩好"的强有力的管理集体，不断提升管理水平，提高办事效率。

3．达成标识：

（1）在区综合监测中，课堂教学优良率达到90%左右。

（2）区学科质量监控中合格率、平均分、三科合格率力争逐年稳步提升，超区平均成绩。

（3）每年有 3-4 个教研组被评为区优秀教研组。

（4）每年推出特色教研活动，力争承办区级现场会。

（5）争取评为昌平区素质教育先进学校。

（六）科研工作

1．具体目标

（1）建立一套有效的科研管理制度，促进教师向科研型教师发展。提倡人人有课题，人人参与课题研究，形成浓厚的学校科研氛围。

（2）完成国家级重点课题《基于网络下基础教育跨越式研究》。

（3）以教师专业化发展为基点，以课堂教学研究为重点，整合教学管理、师训工作，明显体现科研工作的实效性。

（4）开展课题《及时反馈评价、提高课堂教学有效性的实践与研究》，积累研究经验，形成初步的研究成果。

（5）利用 3-5 年完成北京市课题《减轻学生课业负担，提高学生质量的研究》。

2．保障措施

（1）在教师个人发展档案中增加科研内容，突出"减负"课题的研究，学校加大对课题的过程监控，体现课题研究对提高教学质量的促进作用。

（2）营造课题研究氛围，通过科研讲座、培训、小组例会、小组活动、课题组头脑风暴等活动营造学校科研氛围，提升教师科研能力，提高课题普及率。

（3）争取足够的经费，为教师培训、外出学习、参加交流、外聘专家提供资金保障。

（4）健全考核制度，把教育科研列入教师考核范围，对承担课题的教师在评先、评职等方面给予优惠。

3．达成标识

（1）形成一支 100% 的教师参加科研活动，行程 50% 以上的科研骨干队伍。专任教师中课题研究普及率从 40% 提高到 80%。

（2）出版我校的"减负"科研文集，深入推广"减负"经验。

（3）每年有教师的科研成果能在区级以上各类杂志中发表或在各类比赛

中获奖。

（4）争创市级科研先进单位。

（七）体育艺术和卫生工作

1. 目标

树立"健康第一"的指导思想，培养学生终生热爱体育的思想；指导学生掌握 1-2 项运动技能；培养学生养成良好的运动和卫生习惯；要求学生懂得正确的健身方法；全面提高学生的身体、心理素质。加强艺术实践活动，培养学生欣赏美、体验美、创造美、感受美的能力，提高审美情趣。建设环境优美、干净整洁的优美校园，师生具有良好的卫生习惯。

2. 措施

（1）严格执行《学校体育和卫生工作条例》和《学校艺术工作规程》，保证体育、艺术课程、广播操全面落实，注重课堂质量。

（2）深化体育、艺术教学改革，加强体育、艺术教师队伍建设，提高师资水平。

（3）严格实施《学生体质健康标准》，积极开展体育课外活动，保证学生每天一小时体育锻炼落到实处。

（4）开展全民健身，营造体育锻炼氛围，借奥运契机推动群体健身活动的开展。定期召开学校田径运动会，提高学生运动竞技水平。

（5）组建学校艺术小组，举办学生艺术节，开展艺术竞赛，培养艺术人才。

（6）打造科技教师队伍，转变教师的教学观念，确保科普活动的顺利开展。

（7）加强体育卫生知识的宣传学习，健康课纳入课程。

（8）开发体育校本课程，让小足球队、独轮车形成体育学科教学特色。

（9）坚持每学期给学生体检，检查结果及时通知学生和家长。

3. 达成标识

（1）坚持体育、艺术课开足开齐，学生体育、艺术课普及率 100%。

（2）保持区体育工作先进单位称号，确保足球项目的领先地位，田径等项目在区小学生运动会男女运动队均进入区前八名，其他项目成绩优良。

（3）学生健康指数逐年递增。

（4）学生近视率逐年下降。

（5）学生艺术素养逐渐提高。

（八）心理健康工作

1．目标

营造和谐校园，培养城小阳光少年，使其具有健康人格、健康身心。

2．措施

（1）按照国家心理健康教育规定，学校开设心理健康教育课。

（2）加强心理健康教师的培训，提高心理健康师资水平。

（3）规范"心理健康室"的管理，逐步规范心理健康档案，畅通心理咨询热线，关注个别生的心理动向，建立"爱心关注档案"——个别生备案。

（4）加强教师职业道德教育，要求教师不断调整心态，注重个人心理保健，树立关心学生心理健康的意识，积极、健康、向上。只有心理健康的教师才能培养出心理健康的学生。

（5)寓心理健康教育于各学科教学中,全员行动,共同关注心理健康问题。

（6）畅通"心理热线"，努力增强"三效合一"的教育效果，加强相互联系，增强合作效力。

（7）努力办好《教苑在线》校报和《红领巾之歌》队报，办好"李老师工作室"和"阳光心语"专栏。

3．目标达成

（1）98%以上学生没有心理障碍，喜欢上学，热爱学校。

（2）2009年建成心理咨询室，完善心理辅导室制度。

（3）2010年重新制定各年级学生心理辅导的内容、方法和目标，深化"模式"研究。

（九）校园文化建设

1．目标

坚持校园的文化建设与学校"营造和谐，创造快乐"的办学理念相结合，创设良好的育人氛围。努力挖掘城关小学的优秀历史文化，突出传统特色和历史底蕴，充分利用各种潜在的环境教育因素，营造整洁美观的校园环境、人文环境，努力打造和谐、活泼、有特色的文化校园。最终，把校园文化积淀成人的文化。

2．措施

（1）学校即将改造建新校舍，建校以后在校园干净整洁美观上下功夫，做到将教育融于环境中，让外部环境适合教师、学生身心健康，适合学生发展。

（2）从教师的实际出发做到以人为本，深入浅出，制度文化建设和精神文化建设从学校的实际出发，给教师一个舒适温馨的港湾。

（3）构建学校、家庭、社会文化建设的合作网，进一步提高学校的教育教学威望。

（4）争取资金加强学校的外部环境建设。

（5）积极营造良好的校风、教风、学风，形成自己独特的校园文化，构建和谐快乐的校园。

3．达成标识

使学校成为师生身心愉悦、情感陶冶的成长乐园，从而形成能够充分展示学校个性魅力和办学特色的校园文化。办成让学生成才、让家长放心、让教师满意的学校，争创昌平区校园文化建设先进校。

（十）教育资源管理和后勤服务

1．目标

（1）以优质的教学资源为教育教学服务。创建安全、温馨、文明、健康的育人环境。

（2）高标准做好校园的环境建设，做到绿化、美化、净化、教育化，发挥环境育人的作用。

（3）保证满足全校师生在总务后勤中的需要。

（4）完善学校电教信息中心，建立电教课件制作室，使校园网络与国际互联网联结，充分发挥网络信息资源的作用。

（5）在引进高标准资源库的同时，收集整理教师自制的教学资源。五年内建成标准较高的电教信息资料库。

2．措施

（1）完善后勤管理制度，强化后勤职员的服务意识，加强岗位培训；完善考核机制，以学生满意、家长满意、教师满意作为后勤管理的重要指标。

（2）进一步加强校产管理，细化图书馆管理、财物保管、食品卫生、环境卫生等制度建设，保证各种设施的正常使用。

（3）认真做好教育经费的预算，合理使用好教育经费，强化财务管理，加强监督力度。

（4）进一步加强社会治安综合管理，落实好值班、值日制度，定期对重点场所、关键设施进行检查，落实水、电、火、交通等安全措施。

3．达成标识

（1）教师对后勤服务部门的满意率达 90% 以上。

（2）学生、家长对后勤服务部门的满意率达 90% 以上。

（3）力争每年不出现安全事故。

（十一）学生素质发展水平

1．目标

学生思想道德素质高；学生身体健康素质发展良好，心理健康素质发展状况良好，审美素质较高。

2．措施

（1）针对学生存在的学习障碍问题，加强学生思想道德教育，明确学习目的，树立正确的学习观。

（2）加强教育，增强学生体育锻炼意识，改进评价学生的机制，把学生体育健康素质的评定纳入学生整体评价之中。

（3）加强心理研究与指导，消除学生考试心理障碍，改革评价学生制度，促进学生健康成长。

（4）加强美育教育，提高音乐、美术的教学水平，增加美育活动，陶冶情操，提高审美素质。

（5）学校与家长配合，加强劳技教育，创造劳动机会，将劳动技能纳入学生综合素质评价之中。

3．达成标识

（1）95% 的学生在学习上积极乐观，热爱学习。

（2）90% 以上学生身体状况符合国家健康标准的要求。

（3）存在心理障碍的学生逐年减少。

（4）学生审美素质不断提高。

（5）学校、家长对学生劳动技能素质的满意程逐渐提高。

六、保障

（一）组织保障

1. 三个关键因素

（1）上级行政部门领导和社区的大力支持是规划顺利实施的首要因素。

（2）建立一个高效、务实、合作、创新的领导集体是规划顺利实施的必要因素。

（3）建立一支"团结、自信、勤奋、创新"的教师队伍是规划顺利实施的关键因素。

2. 组织系统：决策系统（校长室）、执行系统（德育室、教导处、总务处、教研组、年级组）、参谋系统（科研室、学校发展顾问组、专家）、监督系统（党支部、团支部、工会、教代会、少代会、家委会）。

3. 坚持"三位一体"，即支部保障监督、校长全面负责、教职工民主管理。依法治校，以德治校，认真贯彻落实国家教育法律法规，严格执行学校各项规章制度。

（二）制度保障

1. 健全各项规章制度

2. 完善评价体系（干部评价、教师评价、学生评价）

（1）干部评价包括：基本素质、工作过程（数量、质量、态度）、工作成果（部门工作成效、协同工作能力、述职评议结果），教师、学生、家长、社会对学校干部的评价。

（2）教师评价包括：基本素质、工作过程（数量、质量、态度）、工作成果（学生学习习惯、学习能力、学业成绩、全面发展），学生、家长、社会对学校教师的评价。

（3）学生评价包括：德、智、体、美、劳、个性特长的评价。

（4）探索现代学校管理制度，形成人文、科学的管理方式。

城关小学在昌平区教委的领导下，认真实施五年规划，突出重点，分步实施，努力整合学校、家庭、社会三个方面的教育资源，互为补充，形成合力，按时、按质完成制定的各项工作目标。

2008 年 5 月

第七章 三小"致辞" 弥补心中遗憾

以下几篇"致辞"是我在《我当校长这几年》书中没有收录进去的。犹豫很长时间，还是决定把它们收录进来。这些内容作为这本书来讲可能牵强附会，但我觉得是为了弥补自己的一点遗憾。虽然还有很多"致辞"没有收录其中，但这几篇对我来说是很重要的。

开创新纪元 建设新学校
——在第 28 个教师节庆祝活动上的讲话（2012 年）

尊敬的人大郑主任，教委李主任，尊敬的镇党委张镇长、各位领导、村党支部各位书记、主任，亲爱的实验三小的老师们，大家下午好！

又是一年芳草绿，又是一季百花香，又是一个金秋九月，又是一个属于人民教师的盛大节日。

今天，我们非常荣幸地邀请到各位领导和来宾到我们这样一所刚刚成立的昌平第三实验小学和我们一起庆祝属于我们教师的节日。首先，我代表实验三小的全体教职员工对前来参加今天庆祝活动的各级领导、来宾表示热烈的欢迎和衷心的感谢。

一直以来，土沟小学得到了小汤山镇党委、政府以及各村党支部、村委会的高度关注和大力支持。在各级领导的亲切关怀下，原土沟小学形成了教风严谨、学风纯朴的良好风尚。教师爱岗敬业，学生文明上进，教学质量稳步提高，社会声誉不断提升。学校的发展进步离不开政府的支持，更离不开在座各位领导的关怀，是老百姓的关注与期待让我们不敢懈怠，不断努力；

是各级领导的支持与信任让我们充满信心，不断前行。

2012 年的 9 月 10 日是一个普通的教师节，对于我们实验三小而言，那是一个极其重要的日子。因为那是属于我们三小教师的第一个教师节。

第一，意味着一元复始万象更新；

第一，意味着一往无前史无前例；

第一，意味着迎接挑战希望无限。

2012 年注定成为不平凡的一年。我们在举世瞩目下创造了"上天入海"的奇迹，我们在伦敦奥运会上创下境外比赛金牌第一的历史，我们在与大自然的抗击中书写了人间大爱……科技的进步让我们感受到祖国的强大，大自然的无情让我们感受到祖国的温暖。我们与祖国同呼吸，我们与祖国共命运！

对于我们实验三小的教师来说，2012 年同样是一个不平凡的年份。学校的成立对于实验三小的每一名教职员工来说是新的起点、新的契机、新的开始、新的希望！

开创新纪元，建设新学校。我们将继续发扬土沟小学严谨、朴实、踏实、务实的工作作风和无私奉献、潜心育人的精神品质，立志培养具有"博学知识、拼搏意识、蓬勃朝气"的优秀少年；脚踏实地，面向未来，开创属于实验三小的教育天地；用我们的爱心和汗水浇灌祖国的花朵，用我们的智慧和力量建设学校的未来！

老师们，新的学期已经开始，新的学校已经建成，新的气息已经显现，新的希望已经起航！让我们团结一心携手前进，共同创造昌平第三实验小学美好的明天！

最后再次感谢各位领导的光临！祝老师们节日快乐，身体健康，万事如意！预祝今天的庆祝活动圆满成功！

谢谢！

2012 年 9 月 10 日

猜猜我有多爱你们!

——在第 29 个教师节庆祝活动上的讲话（2013 年）

尊敬的各位领导，亲爱的实验三小的老师们，大家下午好!

又是一年芳草绿，又是一季百花香，又是一个金秋九月，又是一个属于人民教师的盛大节日。今天是第 29 个教师节，我们在这里举行隆重集会来庆祝自己的节日同时为新教师拜师。今天，我们非常高兴地邀请到各位领导和来宾到实验三小和我们一起庆祝节日。首先，我代表学校的全体教职员工对前来参加今天庆祝活动的各级领导、来宾表示热烈的欢迎和衷心的感谢。

建校一年来我们得到了各级领导的高度关注和大力支持。在领导们的亲切关怀下，学校形成了教风严谨、学风纯朴的良好风尚。教师爱岗敬业，学生文明上进，教学秩序规范良好，社会声誉不断提升。是老百姓的渴望与期待让我们不敢懈怠，不断努力；是各级领导的大力支持和高度信任让我们充满信心，不断前行。

2013 年的 9 月 10 日是一个普通的教师节，而对于我们实验三小而言，是一个极其重要的日子。因为今年的教师节我们从 17 人的小部队一下成为 36 人的大集体。学校的人气这么足，学校的吸引力这么大! 作为校长的我是多么自豪啊!

看到你们朝气蓬勃的身姿，看到你们灿烂纯真的笑容，看到你们初为人师的青涩，看到你们着急但又非常自信的神情，猜猜我有多爱你们!

刚刚认识你们十几天，我已深深地喜欢上你们了。

我喜欢你们拥有崇高的政治素养，一个三十几人的团队却有着十五名党员，我们的力量无比强大!

我喜欢你们稳重的做事风格，年龄虽小可行为端庄，干起活来一板一眼。

我喜欢你们对工作的高度负责，不分你我，没有分内与分外，抢着干活争着上前。

我喜欢你们对孩子的无私关爱。升旗仪式上晕倒的孩子一定会感到有那么多老师冲上前去伸出手臂的力量，一定会感到老师怀抱的坚实与温暖。

我喜欢你们穿上校服整齐列队的风采，喜欢你们表演节目时的倾情投入，喜欢你们开会时的守时、参会时的肃静，喜欢你们高雅的谈吐、走路的轻盈。

我们学校的"大锅饭"独树一帜，没有人计较得失，没人抱怨菜是咸了还是淡了。

看，一年级的两位副班主任多么认真、多么负责，不管孩子出现在哪里，总有他们的身影。

看，开学典礼上全员参与的场面，人人各负其责，事事有条不紊。你们赢得领导的赞扬，博得来宾的夸奖，深受学生的欢迎。多么可爱的老师啊！是你们给了我一次次强大的精神暖流，让我飞快地自信起来，猜猜我有多爱你们！

今年的教师节对于你们来说多么珍贵啊！那是你们作为教师的第一个节日，它意味着你们要遵守教师的职业道德，提高自身的专业素养，探究科学的教育方法，实现教师的崇高梦想。

老师们，新的学期已经开始，新的学校已经建成，新的气息已经显现，新的希望已经起航！让我们团结一心携手前进，用爱心和汗水浇灌祖国的花朵，用智慧和力量成就学校的未来！让我们牢记领导的重托，脚踏实地，面向未来，共同创造昌平第三实验小学美好灿烂的明天！

最后再次感谢各位领导的光临！祝老师们节日快乐，身体健康，万事如意！祝今天的庆祝活动圆满成功！

猜猜我有多爱你们！

2013 年 9 月 10 日

2014年教师节致辞

尊敬的各位领导。（谭超）

亲爱的老师们。（王凤新）

大家下午好！（合）

我是昌平实验幼儿园的王凤新。（王）

我是昌平实验三小的谭主席。（谭）

在这里我们代表两单位的全体教职工，向前来参加教师节庆祝的各位领导，表示衷心的感谢！

向全体教职员工表示节日的祝贺！

今年是第 30 个教师节，是我们两个单位迎来的第三个教师节；

也是我们两个单位建园办校的第三个年头。

回望两年前的今天，我们单位从十几名初出茅庐的小姑娘，发展到现在拥有 43 名教师的中等规模的学校；

回首 2012 年的教师节，我们从 18 棵青松发展为现在拥有 46 人的大集体。

教师队伍的不断壮大，让我们的工作不断取得新的进步；

年轻老师的不断加入，让我们的队伍不断增添新的力量。

建园两年来，我们得到了各级领导的高度关注与大力支持，幼儿园俨然成为土沟新村小区亮丽的风景；

建校两年来，我们得到了社会各界、学生家长的广泛认可，实验三小已经在昌平东部地区小有名气。

实验幼儿园的科学特色，让孩子们从小体验科学的神奇与魅力；

实验三小的新成功教育，为培养个性智慧、卓越追求的学生打下坚实的基础。

是老百姓的渴望与期待让我们不敢懈怠，不断努力；

是各级领导的大力支持和高度信任让我们充满信心，不断前行。

今天，我们加强校园之间的联盟，三小、幼儿园全体教师在这喜庆的日子里欢聚一堂，共同庆祝我们的节日；

今天，我们互帮互爱，和谐发展，共同展望学校、幼儿园的美好明天。

本次教师节我们以歌舞展示、游戏合作的形式，给教师搭建展示自我的舞台，让教师们更加自信与阳光，彰显个人的魅力；

同时，我们为青年教师拜师，让他们在同伴互助下更快地成长、进步。

教育事业是人类崇高的事业，教师是天底下无上光荣的职业；

教书育人，为人师表，是人民教师的神圣职责和重要使命。

让我们团结一心携手前进，用爱心和汗水浇灌祖国的花朵，用智慧和力量成就明天的未来！

让我们牢记领导的重托，脚踏实地，面向未来，共同创造昌平基础教育美好灿烂的明天！

最后预祝教师节庆祝活动圆满成功！

2014 年 9 月 10 日

我依然爱着你们！
——在第 32 个教师节庆祝活动上的讲话（2016 年）

亲爱的实验三小的老师们，大家下午好！

今天是第 32 个教师节，我们在这里举行简单的活动庆祝自己的节日同时为新教师拜师。今年，我们非常高兴地迎来三位新老师加入我们的行列，为我们的集体增添新的血液。今天是教师节，我代表学校向全体教职员工祝以节日的祝贺，祝大家节日快乐，身体健康，工作顺利，万事如意！

2016 年的 9 月 10 日是一个普通的教师节，回想刚刚成立的那年，我们还是 17 人的小部队，今天成为 43 人的大集体。年轻的你们逐渐成熟褪去青涩，智慧的你们摆脱茫然拥有自信。看到你们朝气蓬勃的身姿，看到你们灿烂纯真的笑容，看到你们享受人师的从容，看到你们悄悄努力的精神，我的话少了。少了一些表扬，更少了一些批评，但是我的心里依然爱着你们！

建校四年来我们得到了各级领导的高度关注和大力支持。在全体教职员工的共同努力下，我们取得了很大进步。我们的老师教风严谨爱岗敬业，我们的学生学风纯朴文明上进。学校秩序规范良好，社会声誉不断提升。"昌平区教育教学质量评价优秀学校、昌平区师德建设先进集体、昌平区党建工作先进基层党组织、北京市毽绳运动启蒙示范学校、北京市校园文化建设示范学校"等一项项荣誉让我们备受鼓舞。是地方百姓对学校教育的渴望与期待让我们不敢懈怠努力拼搏，是社会各界的高度关注和大力支持让我们充满信心不断前行。

教育事业是人类崇高的事业，教师是天底下无上光荣的职业；教书育人，为人师表，是人民教师的神圣职责和重要使命。今天，我们以红色颂诗的形式庆祝教师节，一方面展示我们的个人魅力，让老师们更加自信与阳光；同时，我们为青年教师拜师，让他们在同伴互助下更快地成长、进步。

又是一个金秋送爽的九月，又是一个瓜果飘香的季节，让我们满怀激情迎接属于自己的节日；让我们充满信心踏上奔赴新征程的教育之路。

老师们，让我们振奋精神，鼓足士气，收拾心情，重新起步，共同创造昌平第三实验小学"十三五"期间美好灿烂的明天！

2016 年 9 月 10 日

2013年三八妇女节致辞

实验三小的女士们、先生们：大家好！

伴着春天的脚步，又一个"三八"妇女节向我们走来，在今天这个美好的时刻，我代表实验三小的干部教师，祝福辛勤耕耘的女教师们，节日愉快，身体健康，万事如意！

三月的大地，春意盎然；三月的阳光，温暖馨香；三月的校园，喜庆吉祥；三月的我们，激情飞扬！

在这温暖的阳春三月，我们迎来了实验三小的第一个国际三八妇女节；在这新学期的开始，我们为实验三小的教坛巾帼庆祝属于你们的节日。

今天，我们相聚在这里，享受缘分带给我们的欢乐；

今天，我们幸福地在这里，一起用爱来感受真情；

今天，我们欢笑着在这里，敞开心扉，绽放笑容；

今天，我们天真地在这里，尽情玩耍，欢乐开怀；

让我们歌颂实验三小的女教师，奏响实验三小"半边天"的乐章。

回首过去的一年，实验三小度过了不平凡的2012。这与全体女教工们的辛勤工作是分不开的。是你们培养起孩子们的良好习惯，是你们树立起孩子们的品德修养，是你们提升着三小的社会信誉。如果说孩子是学校的希望，那你们就是学校的脊梁。

三小的女教师们，是你们肩负起全部班主任的职责，是你们肩负起语文、数学、英语学科的教学重任。我想用这样几句话赞颂你们：抛家舍业为学校，淡泊名利甘奉献；三尺讲台不平凡，只为学生身心健；孝敬父母疼子女，中华美德尽展现。

2013，我们迎来了崭新的一年，走进了全新的校园，让我们怀着满腔豪情，奏响三小崭新的乐章！让我们携着多彩的梦想，共同创造美好的明天！

谢谢！

2013 年 3 月 8 日

2013年新年致辞

尊敬的各位老师，亲爱的来宾朋友们，大家好！

今天，是 2012 年的最后一天，我们大家欢聚一堂，共同迎接 2013 年新年的到来。借此机会，我代表学校向全体老师以及家属同志们致以新年的问候！向辛勤工作的全体教职员工致以崇高的敬意！对大家在过去一段时间里为实验三小的建设发展付出的辛勤劳动和不懈努力表示衷心的感谢！

2012年注定成为不平凡的一年。我们在举世瞩目下创造了"上天入海"的奇迹。"十八大"的胜利召开，让我们看到祖国更加美好的未来。我们为祖国的伟大而自豪，我们为国家的强盛而骄傲！

对于昌平实验三小来说，2012年同样是一个不平凡的年份。2012年的8月28日将是一个值得记忆的日子。学校的成立对于我们实验三小每一名教职员工来说预示着新的起点、新的契机、新的征程、新的希望！

在这幽静纯洁的三小，我感受到了学校"严谨、朴实、文明、上进"的良好校风，我看到了老师"敬业、爱生、勤奋、踏实"的良好教风。同时，我也高兴地看到我们的孩子"蓬勃、向上、文明、刻苦"的精神面貌。多好的学校啊！多么可爱的老师、学生啊！

老师们、同志们！新的一年已经开始，新的校园已经建成，新的气息已经显现，新的希望已经起航。让我们携起手来，脚踏实地，面向未来，勤奋学习，努力工作，共同创造昌平第三实验小学幸福美好的明天！

最后，我祝愿每一位老师身体健康，祝福每一个家庭幸福快乐，祝愿我们的学校早日腾飞！预祝昌平第三实验小学新年庆祝活动暨"相约2013诗文朗诵会"圆满成功！

2012年12月29日

2016年新年致辞

亲爱的兄弟姐妹们，大家好！

今天，是2015年的最后一天，我们大家欢聚一堂，共同迎接2016年新年的到来。借此机会，我代表学校向辛勤工作的教师们致以崇高的敬意，对大家在过去的一年里的不懈努力表示衷心的感谢！同时，也向全体同学致以新年的问候，对你们在过去一年里的不断进步表示衷心的祝贺！

新年，这个节日属于冬天，严寒只是它的外表，其间孕育着满腔的热情和无穷的智慧才是它的内涵。它是一年的开始，它是成功的起点。

翻开实验三小的日历：2012 年，我们平稳起步；2013 年，我们扬帆起航；2014 年，我们拼搏奋进；2015 年，我们重塑习惯。

过去的一年我们收获平安，收获进步，收获荣誉，收获成长。昌平区教育教学质量监控先进单位、昌平区学生综合素质评价先进单位是对我们工作的肯定；昌平区校园足球联赛第三名、北京市健美操比赛二等奖、昌平区英语剧展演一等奖、昌平区古诗文诵读特等奖、昌平区校园长跑评比一等奖是对我们学校特色项目的回馈；青年教师评优课一等奖、干部评优课一等奖、语文教师朗诵一等奖、青年教师代表昌平区参加北京市说课比赛是对我们年轻老师的奖赏和鼓励。

教师获奖的证书越来越多，学生获奖的项目越来越广。体育节、艺术节、合唱节、读书节、文化节让我们的学生活动丰富多彩；国家课程、地方课程、校本课程、综合实践、社会大课堂让我们的学生智慧成长。开学典礼、入学仪式、升旗仪式、毕业典礼、结业庆典让我们把培养学生的核心素养变得常态持久潜移默化。

是谁让我们的学生变得灵动可爱？是谁让我们的课堂开放鲜活？是你们，我最亲爱的老师们。是你们的爱岗敬业，是你们的脚踏实地，是你们的辛勤付出，是你们的悄悄努力。

回忆昨日的你们逐渐退去青涩，看到现在的你们开始显现锋芒。新的一年已经开始，新的新的希望再次起航。让我们携起手来，脚踏实地，面向未来，勤奋学习，努力工作，共同创造昌平第三实验小学幸福美好的明天！

最后，我祝愿每一位老师身体健康，祝福每一个家庭幸福快乐，预祝今天的庆祝活动圆满成功！

2015 年 12 月 31 日

2017年新春致辞

作为联盟校，2017年新年之际，实验三小和回龙观中心联合举行新年庆祝活动。以下是我和柏久文校长的致辞。

1. 尊敬的各位领导、各位来宾。（柏）

2. 亲爱的老师们、朋友们。（刘）

合：大家下午好！

1. 我是回龙观中心柏久文。

2. 我是实验三小刘忠武。

1. 我们两个是一文一武。

2. 我们两个是文武双全。

1. 在这里我们代表两单位的全体教职工，向前来参加新春庆祝的各位领导、来宾，表示衷心的感谢！

2. 向辛勤工作的全体教职员工表示新春的祝福！

合：（一起鞠躬）

1. 今天是我们两个单位第一次携手新春大联欢。

2. 也是我们两个单位在联盟合作方面的又一次新的尝试。

1. 成立联盟我们为的是相互学习共同提高。

2. 加入联盟我们的私心是搭上联盟教育的快车马上提速。

1. 如今联盟足迹已经走过了三年多。

2. 我们学校今天也已经四岁半了。

1. 三年来我们开展集中培训、我们进行学科比武，集体阅卷，联合出书。
2. 我们组织集体拓展、我们进行联合画展，相互送课，召开现场会。

1. 联盟让我们有了共同的目标和方向。
2. 联盟让我们享受到了很多免费的"教育午餐"。

1. 联盟把我们紧紧地捆绑在一起，大家彼此收获了友谊和智慧。
2. 联盟让我们得到了发展和进步，我们的老师与昌平最优秀的教师同场竞技。

1. 联盟校是我们志同道合的事业伙伴，结伴行走我们会走得更长更远。
2. 联盟人是追求至善至美的教育精英，相互鼓励我们会走得更加豪迈。

1. 活动多了、视野宽了、思路清了、效果显了。
2. 人气足了、干劲大了、水平高了、校长美了。

1. 联盟活动越来越丰富，我们得到了教委领导的高度关注。
2. 联盟影响越来越大，我们还得到了市级专项的资金支持。

1. 联盟联的是心，没有人能阻止我们对教育的倾心。
2. 联盟联的是招儿，校校有招儿，招儿可学。

1. 联盟联的是智，启迪智慧携手前行。
2. 联盟联的是情，情投意合大爱无疆。

1. 建校四年来，我们得到了各级领导的高度关注与大力支持，回龙观中心俨然成为昌平教育的名片。
2. 建校四年来，我们得到了社会各界、学生家长的广泛认可，实验三小已经在昌平东部地区小有名气。

1. 回龙观中心的友善教育，给孩子们种下"善"的种子，传播"善"的行为。

2. 实验三小的新成功教育，为培养个性智慧、卓越追求的学生打下坚实的基础。

1. 是老百姓的渴望与期待让我们不敢懈怠，不断努力。

2. 是各级领导的大力支持和高度信任让我们充满信心，不断前行。

1. 今天，我们加强校际联盟，回小、三小全体教师共同庆祝新春的到来。

2. 今天，我们互帮互爱，和谐发展，共同展望两所学校美好的明天。

1. 让我们团结一心携手前进，用爱心和汗水浇灌祖国的花朵，用智慧和力量成就明天的未来！

2. 让我们牢记领导的重托，脚踏实地，面向未来，共同创造昌平基础教育美好灿烂的明天！

1. 最后祝老师们：

合：春节快乐，阖家幸福，身体健康，万事如意！

2. 预祝今天的庆祝活动——

合：圆满成功！（一起鞠躬）

平凡之处见伟大 细微之中显精神

——在 2015 年 12 月 31 日李宝成老师退休仪式上的讲话

今天，2015 年即将走过。在我们欢庆 2016 年新年即将到来的时刻，首先祝贺全体老师新年快乐，身体健康，工作顺利，万事如意！

同时，今天又是一个特殊的日子，我们在这里共同为在教育天地辛勤工作四十一年的李宝成老师举行退休仪式。祝贺李老师，感谢李老师。祝贺您光荣退休，感谢您为祖国的教育事业奋斗了四十一年。我代表学校的全体教职员工向您表示崇高的敬意！

时间过得真快！一眨眼我们实验三小成立三年半了。时间都去哪了？我说不清，因为我们太忙碌，根本无暇顾及日历的翻动。

刚来的时候，知道有一位老教师还有三年多就要退休。见了面才知道原来这位老教师长得如此年轻。李老师可以算得上学校的"美男"，红润的脸庞，有神的双眸，乌黑的头发，匀称的身材，每天开着小汽车，夹着小皮包。这哪是一个即将退休的老者？如果让我、谭校长和李老师站在一起让别人猜，真的不好说谁更像该退休的人。

李老师没有把自己当成老人。记得刚开学，操场上满是杂草，他和年轻人一样拿起铁锹，冒着酷暑，整理操场。

2012年冬天的大雪频繁而至，每一次雪后李老师又和大家一样清扫积雪，给孩子们创造干净的活动场所，一干就是两个多小时。

搬入新学校，我们倡导校园长跑。李老师始终坚持和孩子们一起跑步，从不间断，给学校所有老师和学生树立了榜样。

李老师德高望重，被大家推选为学校第一届"综合智能小组"人员。在任期间，李老师发挥着重要的代表作用，认真参加每一次会议，积极维护全体教师的利益，公平公正发表个人见解，实事求是反映群众诉求。综合智能小组在学校的发展过程中发挥着重要的作用，是学校的最高决策机构，是学校稳定发展的保障。

你们大家也许不知道，每年的年终考核评议，李老师都在校级先进的行列。而他主动让出优秀名额，让给其他年轻的教师。在李老师的带领下，谭校长、学明、李健、禹芳、剑影等几位干部先后纷纷让出自己的名额。这是何等高尚的人格？何等高尚的胸怀境界？

其实，这就是我们实验三小人的精神，是这些人让我们的校园充满无限的正能量，让我们的学校充满无限的希望！

临近退休的这几年，李老师从没有倚老卖老，也从未得过且过。您始终主动服从学校工作的需要，能够真心尊重学校行政的安排，能够自觉遵守学校的规章制度，能够按质按量完成学校交与的各项任务。

在我的印象中，李老师没有提出过任何需要特殊照顾的请求，没有提出过一点点额外的要求。而每次建言献策李老师都是那样诚恳质朴、切中时弊。在此，我要真诚地说一声："李老师，谢谢您！"

李老师，我们在一起工作的时间尽管短暂，但您给我们留下了深刻记忆。您留下了默默无闻、踏实肯干的工作态度，您留下了甘于奉献、不计名利的人格品质，您留下了平淡人生、始终如一的良好心态。"平凡之处见伟大，细微之中显精神"，您是我们学校的骄傲。我们要把这段记忆珍存起来，当成我们实验三小的学校精神不断传承。

伴随着不舍和祝福，衷心地希望李老师科学合理地安排好自己的晚年生活，同时继续为学校的发展献计献策。学校永远是您的家，希望您常回家看看。最后，真诚地祝愿李老师心情舒畅，退而不休，老有所乐，健康长寿！

2015 年 12 月 31 日

附：

个人简介及获奖情况

刘忠武，男，1968年9月29日出生，汉族，北京市昌平区人，中共党员，在职本科学历，高级教师职称。

1987年7月参加工作，1996年12月加入中国共产党，先后任昌平区城关小学副校长、工会主席，昌平第三实验小学书记、校长，十三陵中心小学书记、校长。

工作简历：

1987.7—1991.12 兴寿中心小学教师

1992.1—2004.3 城关小学教师

2004.3—2004.12 城关小学副主任

2005.1—2007.4 城关小学工会主席、副主任

2007.4—2012.7 城关小学工会主席、副校长

2012.7—2019.3 昌平第三实验小学书记、校长

2019.3—2022.9 昌平区十三陵中心小学书记、校长

期间：

2002.1—2004.1 借调昌平区教委体育美育科工作

2007.9—2008.7 长陵中心小学支教一年

获奖情况统计表

序号	时间	类别	级别	获奖内容
1	1990.2	作品创作	区级	北京市首届农民艺术节在区艺术作品评展中，作品（书法）被评为优秀作品
2	1990.7	评优课	区级	在1989—1990年度昌平区小学评优课中被评为优秀课

序号	时间	类别	级别	获奖内容
3	1990.11	观摩课	区级	音乐课乡土教材——昌平民歌《我有一只小毛驴》在昌平区教师进修学校列入观摩课
4	1991.12	论文	区级	《快乐教学在农村音乐教学中的应用》论文，被评为昌平区第八届教育科研成果奖三等奖
5	1992.1	基本功	区级	在昌平区青年教师文艺比赛中获二等奖
6	1992.1	基本功	区级	获昌平区小学青年教师五项全能比赛优胜奖
7	1992.12	论文	区级	《创设愉快的教学环境，激发学生兴趣》论文，被评为昌平区第九届教育科研成果奖三等奖
8	1993.1	荣誉	区级	在昌平区小学"园丁杯"知识竞赛中获二等奖
9	1993.10	评优课	市级	在1993年北京市小学地理评优活动中，《东北的林海》一课，获北京市二等奖
10	1993.11	观摩课	区级	五年级地理《东北的林海》在昌平区教师进修学校列入观摩课
11	1994.12	论文	区级	《在地理教学中渗透辩证法观点》论文，被评为昌平区第十届教育科研成果三等奖
12	1994.3	观摩课	区级	长陵中心骨干教师送课交流《只要妈妈露笑脸》
13	1994.4	辅导	区级	在1994年昌平区中小学生声乐比赛中获小学组辅导三等奖
14	1994.4	辅导	区级	在1994年昌平区中小学生合唱节合唱比赛中获小学组一等奖
15	1995.4	辅导	区级	在1994年昌平区中小学生声乐比赛中获小学组辅导二等奖
16	1995.5	辅导	区级	在1995年昌平区中小学生独唱比赛中获辅导三等奖
17	1995.5	荣誉	区级	被评为1994年度昌平区优秀共青团员
18	1996.12	基本功	区级	荣获昌平区小学教师基本功比赛三笔字一等奖

序号	时间	类别	级别	获奖内容
19	1996.12	基本功	区级	荣获昌平区小学教师基本功比赛即兴发言二等奖
20	1996.12	基本功	区级	荣获昌平区小学教师基本功比赛个人全能一等奖
21	1996.12	论文	国家级	论文《改革音乐教学方法全面实施素质教育》获全国首届青年教师教育教学研究成果征集评比二等奖
22	1996.12	论文	区级	《谈唱歌教学中的轻唱与艺术处理》论文被评为昌平区第11届教育科研成果二等奖
23	1996.5	发表	区级	《创设愉快的教学环境 激发学生学习音乐的兴趣》发表在《昌平教育信息》1996年第3期第20页
24	1997.8	荣誉	区级	在1996—1997学年度被评为昌平区十佳教研组长
25	1998.12	论文	区级	《因材施教，提高山区儿童的音乐素质》在昌平区12届教育科研成果评审中获得二等奖
26	1998.5	辅导	区级	在1998年昌平区第六届中小学合唱节班级歌唱比赛辅导二等奖
27	2001.10	论文	国家级	论文《浅谈多媒体在课堂教学中的应用》获"第二届全国少年儿童发展与教育研讨会"论文评比二等奖
28	2001.11	论文	区级	在2001年昌平区第二届科技交流学术月科技论文评比中，荣获鼓励奖
29	2001.12	荣誉	区级	被评为昌平区"九五"期间家庭教育工作先进个人
30	2001.3	论文	区级	《课堂教学中使用多媒体效果好》一文荣获昌平区第13届教育科研成果评审纪念奖
31	2001.4	论文	国家级	论文《课堂教学中使用多媒体效果好》获"远志杯"全国电化教育优秀论文
32	2001.4	荣誉	区级	被评为2000年度老干部工作先进个人

续表

序号	时间	类别	级别	获奖内容
33	2001.6	论文	区级	《共产党员要有过硬的政治素质》获2000年度党建研究论文二等奖
34	2004.12	荣誉	市级	被评为北京市校外教育先进个人
35	2004.5	辅导	市级	辅导的节目在北京市第九届学生合唱节中荣获三等奖
36	2005.10	论文	市级	《新课标下谈提高唱歌教学质量的关键》一文获北京市基础教育课程教材实验2005年优秀论文三等奖
37	2005.3	骨干称号	区级	被评为2005—2007年昌平区音乐学科骨干教师
38	2005.3	荣誉	区级	被评为2003—2004年昌平区中小学主管体育工作先进个人
39	2005.4	辅导	区级	荣获昌平区第八届学生艺术节器乐比赛集体组辅导一等奖
40	2005.4	辅导	区级	荣获昌平区第八届学生艺术节声乐比赛小学5—6年级组辅导一等奖
41	2005.4	辅导	区级	荣获昌平区第八届学生艺术节西乐比赛5—6年级组辅导二等奖
42	2005.5	辅导	区级	在2005年昌平区中小学生科技节航模比赛中荣获辅导二等奖
43	2005.5	论文	区级	《新课标下谈提高唱歌教学质量的关键》荣获昌平区15届教育科研成果评审一等奖
44	2005.6	荣誉	区级	被评为昌平区教育系统优秀共产党员
45	2006.12	荣誉	市级	荣获第12届"北京市中小学生自然科学知识竞赛"优秀辅导员
46	2006.4	辅导	区级	荣获昌平区第九届小学生艺术节合唱比赛小学组辅导二等奖
47	2006.5	辅导	区级	在2006年昌平区中小学生科技节初级航模比赛中荣获辅导一等奖
48	2007.1	指导奖	国家级	在昌平区第三届红领巾才艺大赛中，荣获指导一等奖

续表

序号	时间	类别	级别	获奖内容
49	2007.12	骨干称号	区级	被评为2008—2010年度昌平区音乐学科骨干教师
50	2007.3	论文	区级	《以人文关怀促进教师工作积极性的探究与实践》荣获昌平区16届教育科研成果评审二等奖
51	2007.3	荣誉	区级	被评为昌平教育系统2006年度优秀工会干部
52	2007.4	辅导	区级	荣获昌平区第十届中小学生艺术节长笛比赛小学组辅导一等奖
53	2007.4	辅导	区级	荣获昌平区第十届中小学生艺术节钢琴比赛小学组辅导一等奖
54	2007.4	辅导	区级	荣获昌平区第十届中小学生艺术节集体器乐比赛小学组辅导二等奖
55	2007.5	荣誉	区级	被评为昌平区2005—2006年度学校体育工作先进主管领导
56	2007.5	荣誉	区级	被评为2006年昌平区青少年科普活动先进工作者
57	2007.6	辅导	区级	在2007年昌平区中小学生科技节航模比赛中荣获辅导一等奖
58	2007.8	荣誉	区级	在昌平区2006—2007学年度，教导主任听课记录评选活动中，荣获二等奖
59	2008.11	荣誉	市级	在2008年北京市青少年"CSA"自制火箭比赛中评为优秀辅导员
60	2008.12	荣誉	区级	被评为昌平区2007—2008年度主管学校体育工作先进个人
61	2008.12	荣誉	区级	被评为北京市昌平区教育系统奥运会、残奥会先进个人
62	2008.2	教学设计	区级	在"昌平区中青年教室课堂教学设计评比活动"中，撰写的《愉快的梦教学设计》，荣获二等奖

序号	时间	类别	级别	获奖内容
63	2008.3	辅导	区级	荣获昌平区第十一届中小学生艺术节工艺美术比赛中年级组辅导二等奖
64	2008.3	辅导	区级	荣获昌平区第十一届中小学生艺术节软笔书法比赛小学高年级组辅导二等奖
65	2008.3	荣誉	区级	在昌平区第二届科普知识大赛中，被评为优秀辅导教师
66	2008.4	发表	市级	《寻找"同心结"伙伴的苦与乐》发表在《拨动奥运的心弦》一书中
67	2008.4	论文	市级	论文《让美在学生心灵中生根发芽》获北京市首届"京美杯"征文三等奖
68	2008.4	荣誉	区级	被评为2007年昌平区青少年科普活动先进工作者
69	2008.4	征文	区级	在"拨动奥运的心弦"故事征文中，荣获一等奖
70	2008.5	荣誉	市级	2007年度被评为首都"城乡携手迎奥运 共建文明京郊行"活动先进个人
71	2008.6	辅导	区级	在2008年昌平区中小学生科技节航模比赛中荣获辅导一等奖
72	2008.7	发表	市级	《寻找"同心结"伙伴的苦与乐》发表在《同心结故事》第290页
73	2008.7	荣誉	市级	2007.9—2008.7在农村学校完成1年的支教任务
74	2008.8	发表	区级	《搭建平台 促教师成长》发表在《昌平教育研究与实践》2008年第7-8期
75	2009.11	交流课	校际	在湖南师范第一附属小学与昌平区城关小学校际交流活动中，所讲音乐课《高唱国歌》获得好评
76	2009.11	荣誉	区级	被评为昌平区2008—2009学年义务教育课程教材改革先进个人

续表

序号	时间	类别	级别	获奖内容
77	2009.12	荣誉	区级	被评为昌平2009年度科普工作先进个人
78	2009.2	发表	学校出版物	《六年试验 创造辉煌》发表在《城关跨越》一书第1页
79	2009.2	发表	学校出版物	《促进学校发展 实现真正跨越》发表在《城关跨越》一书第197页
80	2009.3	荣誉	区级	被评为昌平区教育系统2008年度优秀工会干部
81	2009.4	辅导	区级	荣获昌平区12届学生艺术节西乐比赛小学组辅导二等奖
82	2009.4	辅导	区级	荣获昌平区第12届学生艺术节舞蹈比赛小学组辅导二等奖
83	2009.4	辅导	区级	荣获昌平区第12届学生艺术节硬笔书法比赛小学组辅导一等奖
84	2009.4	辅导	市级	在北京市第12届学生艺术节中荣获区集体器乐展演辅导一等奖
85	2009.4	论文	区级	《新课标下谈提高唱歌教学质量的关键》荣获区17届教育科研成果评审三等奖
86	2009.4	论文	区级	《让孩子在独轮车运动中感受体育的魅力》荣获区17届教育科研成果评审三等奖
87	2009.4	荣誉	区级	荣获2008年昌平区青少年科普活动先进工作者
88	2009.5	辅导	市级	北京市十二届学生艺术节辅导二等奖
89	2009.5	荣誉	区级	在昌平区"喜迎建国60周年——五月的鲜花"歌咏比赛中荣获一等奖
90	2009.6	辅导	区级	在2009年昌平区中小学生科技节航模比赛中荣获辅导一等奖
91	2009.6	观摩课	市级	在2009年北京基础教育新课程改革项目"学与教策略""学习者分析"举办的现场研讨会上做小学音乐"外婆的澎湖湾"观摩课

续表

序号	时间	类别	级别	获奖内容
92	2009.7	交流	区级	《家校携手谱写跨越式教学的成功篇章》——城关小学"基础教育跨越式发展创新实验"总结汇报会
93	2010.12	骨干称号	区级	被评为 2011–2013 年度昌平区小学音乐学科教学带头人
94	2010.4	荣誉	区级	昌平区教育系统"十一五"中青年后备干部培训班优秀学员
95	2010.4	任职培训	区级	2008.8–2009.12 参加北京市"十一五"中小学领导干部任职资格培训成绩合格
96	2010.5	辅导	市级	北京市十三届学生艺术节辅导二等奖
97	2010.5	指导奖	市级	在北京市第十三届学生艺术节中指导的节目荣获三等奖
98	2010.6	发表	学校出版物	《和谐发展 快乐成功》发表在《减负——我们的责任》一书中
99	2010.7	交流课	校级	在内蒙古太旗永丰小学与北京两地交流教学活动中所做的"高唱国歌"一课，受到好评
100	2010.8	征文	市级	在《2010 年"我运动 . 我快乐 . 我健康"北京市中小学奥林匹克教育系列活动》征文 . 摄影 . 绘画作品展活动中荣获征文一等奖
101	2010.8	发表	国家级	《减负——让老师愉快地工作》发表在《情商 – 家教》2010 年第 7–8 期第 91 页
102	2010.9	论文	市级	论文《运用教材整合策略创造性地落实国家课程》在北京市新课程改革项目征文中获一等奖
103	2010.9	论文	市级	论文《结合减负研究创造性地落实国家课程》获北京市基础教育课程教材试验优秀论文评比二等奖

续表

序号	时间	类别	级别	获奖内容
104	2010.9	论文	市级	论文《运用教材整合策略创造性的落实国家课程》在2010年北京市新课程改革项目教学策略分析征文中被评为一等奖
105	2010.9	论文	市级	《结合"减负"研究进行教材整合创造性的落实国家课程》一文获北京市基础教育课程教材实验2010年优秀论文二等奖
106	2011.1	荣誉	区级	被评为昌平区2010年度科普工作先进个人。
107	2011.10	作品创作	区级	小品《品尝传统美食，凝聚职工人心》荣获庆祝中国共产党成立90周年昌平职工文艺作品优秀创作奖
108	2011.10	论文	国家级	《减负——让老师愉快地工作》在教育部基础教育一司举办的"学业负担兴趣责任大家谈"活动中，荣获征文纪念奖
109	2011.10.21	交流	区级	《全面育人科学管理 创建城关教育品牌》——昌平区小学规范化验收、素质教育督评工作会
110	2011.11	指导奖	市级	在"北京市中小学廉洁教育优秀成果征集"活动中，指导的《别拿"贪小"不当事》一课，荣获优秀指导奖
111	2011.11.22	交流	市级	《"减负"增质 幸福成长》——北京市中小学课程改革样本建设项目"质量与代价"研讨会
112	2011.11.23	交流	市级	《减轻学生过重负担 促进学生健康成长》——北京市小学"减轻学生负担，促进学生健康成长"交流研讨会
113	2011.11.3	交流	市级	《以"减负"为平台 促进教师专业成长》——2010-2011北京市基础教育课程改革工作总结会
114	2011.12.28	交流	市级	《创新理念 大胆实践 推动学校科学发展》——北京市党建工作示范点工作会

续表

序号	时间	类别	级别	获奖内容
115	2011.3.22	交流	区级	《工会凝心聚力 学校和谐发展》——2011 年昌平区教育委员会工会工作大会
116	2011.4	论文	区级	《结合"减负"研究进行教材整合创造性的落实国家课程》在昌平区第 18 届教育科研成果评审中获三等奖
117	2011.4	荣誉	区级	在 2011 年昌平区中小学生春季运动会开幕式暨学校阳光体育艺术教育成果展示大会中荣获优秀组织管理干部
118	2011.5	辅导	市级	在北京市第 14 届学生艺术节中指导的节目荣获一等奖
119	2011.6	发表	国家级	《减负增质 扬帆远航》发表在《情商 - 家教》2011 年第 1 期一书中第 25 页
120	2011.6	交流课	校际	赴内蒙古太仆寺旗永丰中心小学教学交流时，做研究课《我是草原小骑手》，受到好评
121	2011.6	论文	市级	《改革教学方法 探索减负增质的有效做法》在北京市新课程改革项目征文活动中获一等奖
122	2011.6	荣誉	区级	在 2010—2011 学年度昌平区中小学生科技节中被评为组织工作先进个人
123	2011.6	荣誉	区级	昌平区教育系统优秀党务工作者
124	2011.9	论文	市级	《整合教材"减负"增效》一文获北京市基础教育课程教材实验 2011 年优秀论文三等奖
125	2012.1	荣誉	区级	2011 年度昌平区科普工作先进个人
126	2012.12	论文	市级	《"减负"——让学生"富"起来》获 2012 年北京市"减负大家谈"征文一等奖。（北京教科院基础教育研究所）
127	2012.12	示范课	区级	在 2012-2013 学年第一学期承担骨干教师示范课《哦，十分钟》
128	2012.2.23	交流	市级	《减负增质 扬帆远航》首都 14 家媒体记者调研访问
129	2012.3	荣誉	区级	2011 年度昌平区教育系统优秀工会工作者

续表

序号	时间	类别	级别	获奖内容
130	2012.4	出版物	主编	《我们的责任：减负案例　减负高招　减负教案》团结出版社出版
131	2012.4	发表	学校出版物	《减轻学生负担提高综合素质》发表在2012.4《减负高招》16页
132	2012.4	规划评比	区级	在昌平区小学教学干部"十二五"个人发展规划评比活动中荣获二等奖
133	2012.4	发表	市级	《减负增质　幸福成长》发表在北京基础教育课程教材改革实验工作简报2012年第4期23页
134	2012.5.24	交流	区级	《"减负"—让学生"富"起来》在昌平区"减轻学生课业负担　全面提高教育质量"—走进城关小学现场会上发言
135	2012.7.10	任命	区教委	北京市昌平第三实验小学校长、书记
136	2013.11	任职培训	国家级	参加教育部第54期全国小学校长高级研修班培训结业
137	2013.11	培训	市级	参加北京市"十二五"第二期中小学书记高研班培训结业
138	2014.12	培训	国家级	参加"基于远郊区需求的培学研做一体化国际培训"结业
139	2014.9	骨干称号	区级	被评为2014–2016年度昌平区小学教育管理学科教学带头人
140	2015.3–12	培训	市级	参加2015年北京市中小学国际合作培训高研班（北京教育学院）
141	2015.7	发表	市级	"新成功教育奠定学生成长之基"发表在《北京教育》2015年7月刊第75页
142	2015.3.27–28	培训	市级	北京乐成教育研究院"善于使用大脑的课堂"培训
143	2015.3–12	培训	市级	2015年北京市中小学国际合作培训—小学校长高级研修班

续表

序号	时间	类别	级别	获奖内容
144	2015.12	评优课	区级	昌平区 2015-2016 第一学期"创先杯"课堂教学大赛一等奖
145	2016.1	指导	市级	在"全国生本课堂展示交流会"上，指导《外婆的澎湖湾》一课荣获一等奖
146	2016.6	荣誉	区级	2016 年昌平教育工委基层党建工作优秀党务工作者
147	2016.7	发表	市级	《书信沟通助力教师快速成长》发表在《北京教育》2016 年 7 月第 70 页
148	2016.3	继教	市	参加"十二五"教师培训，达到规定学分标准，准予毕业
159	2016.9	论文	市	《书信沟通更有力量》获北京市第五届"智慧教师"教育教学研究成果一等奖
150	2016.11	继教	市	参加"北京教育理事会年会论坛——基于核心素养的校本课程建设"，研修时间 4 学时
151	2017．3	继教	网络	参加 2017"星教师"小学数学创新课程峰会培训 16 课时
152	2017.4	论文	市	《"书信效应"引发教育力量》获北京市第八届"京研杯"教育教学研究成果三等奖
153	2017．6	发表	市	在《联盟的足迹——综合实践活动课程建设的探索与实践》一书中任编委，并发表文章《在联盟中追求教育的至善至美》
154	2017．6	主编	市	主编出版物《初见花开》并发表文章《用新成功教育引领学校发展》
155	2017.7	继教	国家	2017 年度校长育人能力提升专项培训。32 学时　发证：中国基础教育质量检测协同创新中心　北京师范大学
156	2018.5	继教	国家	2018.3—2018.5 参加教育部教师工作司举办的"加强师德师风建设 做新时代党和人民满意的好老师"网络培训示范班，考核合格，计 32 学时

续表

序号	时间	类别	级别	获奖内容
157	2018.5	继教	市	2018 年参加北京市内审协会组织的基础知识培训，累计继续教育 30 学时，考试合格，准予毕业
158	2018.7	论文	区	在 2017–2018 学年北京市基础教育课程建设优秀成果评选中，《节约用水，点滴做起》三年级综合实践活动方案被评为昌平区一等奖
159	2018.9	荣誉	区	被评为 2018 年度昌平区依靠职工办好学校的好校长（好书记）
160	2018.10	荣誉	区	荣获 2018 年昌平区"红领巾教育奖章"
161	2019.3.26	任命	区教委	昌平区十三陵中心小学校长、书记
162	2019.3	荣誉	区	昌平教育系统重视支持关工委工作好领导称号
163	2019.11	代表	区	当选昌平区市红十字会第一次代表大会理事
164	2020.1.14	交流发言	市	在"京津冀中小学奥林匹克教育及校园冰雪运动推广经验交流研讨活动"大会上进行发言。题目是《冬奥圣火点燃冰雪运动蓬勃开展》北京市市教委 . 北京市体育局组织
165	2020.10	发表	国家	《冬奥圣火点燃冰雪运动蓬勃开展》发表在《中国教育科学》杂志 2020 年第五期 第 1 页
166	2020.10	发表	国家	《传承满族文化 培养民族情感》发表在《中国教育科学》杂志 2020 年第五期 第 34 页
167	2020.11	论文	市	《以冬奥圣火点燃校园冰雪运动蓬勃开展的实验研究—以昌平十三陵中心小学为例》一文，荣获北京市第二届学校体育科学大会三等奖
168	2021.4	发表	国家	《我坚信书信的力量》发表在《新基础教育研究》杂志 2021 年第三期 卷首语。

续表

序号	时间	类别	级别	获奖内容
169	2021.5.25	交流发言	市	在 2021 年北京市教育系统支援合作干部能力提升项目培训会上，做经验交流。题目是《福爱童心 民族同心》
170	2021.4	论文	区	在 2020 年度昌平教育系统党建研究成果征集评选活动中，您的党建研究成果《基于农村学校现状及发展方向的调查报告》获得二等奖
171	2021.6	发表	全国	《福爱童心 民族同心》发表在《新基础教育研究》2021 年 4 月第 22—23 页
172	2021.1	继教	市	北京市中小学教师"十三五"培训结业证书。
173	2021.7	继教	国家	中国内部审计规范网上培训课程 12 学时。
174	2021.9	继教	市	2021 年北京市专业技术人员及事业单位工作人员公共知识专题培训，获得 10 学时。
175	2021.9	发表	区	《基于农村学校现状及发展方向的调查报告》发表在昌平教育系统 2020 年度党建研究成果汇编。　（昌平区教育党校）
176	2022.3.	出版物	个人文集	《我当校长这几年》（北京出版社出版）
177	2022.3	荣誉	区级	2021 年度昌平区教育系统"尊老敬老好校长"荣誉称号
178	2022.3	荣誉	市级	获得荣誉证书：为北京 2022 年冬奥会和残奥会做出贡献
179	2022.3	考核	区级	在 2021 年度基层党组织书记抓党建述职考核中，评议考核等次为：较好
180	2022.5	发表	国家级	撰写教育案例《减员增效——干部领导力提升的关键》发表在《有效的学校改进》（作者：赵德成）一书第 65 页。华东师范大学出版社出版
181	2022.6	发表	国家	撰写文章《我想批评却没开口》发表在《教育家》杂志 2022 年 6 月第 72 页

后记

走过之后才懂得什么是"弹指一挥间"，经历之后才懂得什么叫"幸福"！对比之后才明白为什么要"珍惜"。

人生的经历说长也长，说短也短。幸福的时刻总让人觉得过得很快，碌碌无为、平淡无奇会让人觉得时间过得漫长。

我庆幸，我在城关小学的时光是幸福的，收获满满，不断成长。

如今，回望起那段时期的教育生活，依然美好。